岳麓经济论丛

Research in the Impact of
China Agricultural Product Price Fluctuation
on Economic Growth

中国农产品价格波动对经济增长影响的研究

罗永恒　著

湖南大学出版社

HUNAN UNIVERSITY PRESS

图书在版编目（CIP）数据

中国农产品价格波动对经济增长影响的研究/罗永恒著．—长沙：湖南大学出版社，2021.12（2022.8重印）

（岳麓经济论丛）

ISBN 978-7-5667-1670-5

Ⅰ.①中… Ⅱ.①罗… Ⅲ.①农产品价格—物价波动—影响—经济增长—研究—中国 Ⅳ.①F323.7 ②F124.1

中国版本图书馆 CIP 数据核字（2018）第 248225 号

中国农产品价格波动对经济增长影响的研究

ZHONGGUO NONGCHANPIN JIAGE BODONG DUI
JINGJI ZENGZHANG YINGXIANG DE YANJIU

著　　者：罗永恒
责任编辑：郭　蔚　金红艳
印　　装：河北文盛印刷有限公司
开　　本：710 mm×1000 mm　1/16　**印　张：**14.25　**字　数：**241 千字
版　　次：2021 年 12 月第 1 版　　**印　次：**2022 年 8 月第 2 次印刷
书　　号：ISBN 978-7-5667-1670-5
定　　价：58.00 元

出　版　人：李文邦
出版发行：湖南大学出版社
社　　址：湖南·长沙·岳麓山　　**邮　编：**410082
电　　话：0731-88822559（营销部），88821594（编辑室），88821006（出版部）
传　　真：0731-88822264（总编室）
网　　址：http://www.hnupress.com
电子邮箱：xuejier163@163.com

目　次

第1章 导 论

1.1 选题的目的与意义

1.1.1 研究的目的

在建设中国特色社会主义市场经济阶段,中国农产品价格问题无疑是促进社会稳定和经济稳定快速健康增长的一个非常重要的问题。农产品价格问题在过去的计划体制下,对经济发展的影响没有引起足够的重视。但是随着中国改革开放的进一步深入,尤其是加入世界贸易组织(WTO)之后,农产品价格问题的重要性引起了各方关注,农产品定价机制和农产品价格波动对人民生活的影响越来越大。本书运用经济增长理论、发展经济学及农业经济学等相关理论,从中国农产品价格波动性的角度出发,研究在中国经济发展过程中,农产品价格波动性规律,尤其是对波动性的本质原因进行研究分析,进而研究中国农产品价格波动与经济增长之间的内在机制和相互作用机理。研究发现,在中国环境下,农产品价格波动性与经济增长之间的关联性,为中国农产品在国际竞争中争取更大的竞争优势,同时也为中国农业经济增长提出新的观点和建议。

1.1.2 研究的意义

1. 研究的理论意义

理论研究为实证研究提供指导和研究范围。在中国,经济理论研究相对比较薄弱,在很多情况下都是通过借鉴西方的理论研究成果并结合中国国情开展

1

研究。尤其是在农业经济理论研究方面,有突出成果的理论比较少。基于中国特色的三农问题,本书通过将中国农产品价格波动与经济增长理论联系起来,对于中国农业经济增长理论是一个新的探索,有利于丰富我国经济增长理论体系。

经济增长理论一直以来都是国内外专家和学者研究的热点。在经济增长理论研究方面,很多学者提出创新研究是研究的核心问题之一。经济增长理论在不同国家有不同程度的创新和发展。本书试图结合中国特色的社会主义市场经济这个国情,对经济增长创新理论方面进行探索,希望能找出符合国情的经济发展理论和经济发展思想。

本书在分析中国农业的发展现状及存在问题的基础上,根据世界现代农业发展的客观规律,以及农业在国民经济发展的独特产业定位,进一步研究中国特色的农业经济发展理论;从我国人多地少、资源不足的现实国情出发,通过农业经济制度创新和组织创新,探索具中国特色的现代农业可持续发展的路径选择。

本书主要以经济增长理论和计量经济学原理等为主要定量分析工具,建立经济数学模型,对影响中国农产品价格波动的各种相关因素进行分析与研究,以期从理论上对中国农产品价格波动性及其规避制度的建立与健全进行探讨。

2. 研究的实践意义

中国农产品价格问题是中国政府关注的焦点问题之一。随着中国与世界经济的联系越来越紧密,农产品价格波动对我国经济的冲击影响越来越大。本书试图从价格波动入手,分析价格波动与经济增长的关系,把农产品价格波动所带来的风险尽量控制在一个合理水平。

通过对经济增长与农产品价格变化关系的研究,我们试图找出经济的高速增长与农产品价格波动之间的关系,在市场经济体制下发挥价格机制的作用。研究农产品价格波动的情况,有助于中国国民经济健康、稳定和可持续发展,同时也有助于理解经济增长的内涵。并在此基础上提出一系列的政策建议,如提出构建农产品价格宏观调控体系,建立有效的农产品价格保护机制,完善农产品储备制度等政策建议。

农产品价格波动性使农产品生产者收益面临不确定性,并增加了农业生产决策与融资的难度,是制约农业发展的重要因素。农产品价格支持政策与包括保险及衍生品市场在内的各类风险管理市场,分别为农户提供了政策性与市场性价格风险规避机制,对稳定农户收入及促进农业生产发挥了重要作用。另外,市场化机制在农产品价格波动性管理中也非常重要。市场的规范发展与持续创新、政府对农户市场参与能力的支持是各类风险管理市场功能发挥的基础。针对农产品价格波动形成的具体原因,结合我国现实情况,本书提出了缓解我国农产品价格波动的相关对策,为在我国建立起有效的农产品价格风险管理体系提供了借鉴。

1.2 国内外研究现状述评

1.2.1 国外研究动态及评述

1. 西方学者关于农产品价格研究现状

在欧美发达的市场经济国家,学者对农产品价格的研究十分重视。在关于国际农产品价格的研究中,海蒂和范(Headey and Fan,2008)、吉尔伯特(Gilbert,2010)等分析影响价格水平的因素。梅耶和冯(Meyer and Von,2004)、弗雷和曼内拉(Frey and Manera,2007)研究粮食价格的传导机制。伊万尼克和马丁(Ivanic and Martin,2008)分别就农产品价格上涨对国民经济的影响进行了研究。

Nerlove 模型在研究发展中国家农民对价格的反应引起很大的争议(Nerlove,1956)。福克斯(Fox,1953)建立了空间价格均衡模型,从需求角度对农产品价格进行研究。加德纳(Gardner,1975)采用均衡移动模型,从产业组织角度对农产品价格波动及其传递进行了研究,推导出了农产品收购向食品零售环节的双向价格传递模型。

拉普和史密斯(Lapp and Smith,1992)的研究证明农产品价格波动受宏观经济政策影响。弗兰克尔(Frankel,1986)证实货币非中性的假定和由此引起的粮食价格超调假说。法肯姆普斯(Fafchamps,1992)指出农产品价格的波动与农产品的产量之间具有很高的相关性。

特尔(Trostle,2010)对影响农产品价格波动的外部冲击因素进行分析,指出从中长期来看,农产品价格将会持续上涨。恩格尔(Engle,1982)提出 ARCH 模型后,波勒斯勒夫(Bollerslev,1986)提出了另一个经典 GARCH 模型。GARCH 模型是研究市场波动的一种成熟的方法,被大量运用到农产品价格波动的研究中。与此同时,新的方法不断被开发出来,如一般均衡模型(Tongeren,2001)、Spline-GARCH 模型(Engle,2008)等方法也被用于对农产品价格波动进行实证分析。西姆斯(Sims,1980)提出了 VAR 模型,VAR 模型以及脉冲响应函数等被运用到农产品价格波动的传递研究。但也有学者认为,正交化的方差分解及脉冲相应分析技术对变量的排序很敏感(Koop,1996),而一般化的预测误差方差分解以及脉冲响应函数分析技术则不受影响(Resaran,1998)。

对农产品价格的研究也涉及对农产品供应链的研究,发现农产品供应链在短期内普遍存在非对称性价格传递。如道格拉斯(Douglas,2001)、张(Zhang,1995)和威利特(Willett,1997)等研究了农产品供应链中价格传递的非对称性问题。

在价格的传递研究中,约翰逊(Johnson,1999)等发现通货膨胀上升导致投机性存粮上升,进而导致真实粮价上涨。卡明斯(Cummings,2006)等指出,大多数亚洲国家在发展农业时,政府都采取了相关政策确保农产品价格的稳定。

夏夫利(Shively,1996)等利用线性 GARCH 模型和加纳数据研究发现,非洲玉米市场的价格波动存在明显的价格门槛效应。德纳(Dana,2006)等指出,不论是玉米期货,还是玉米现货,都能分散玉米进口价格波动风险。

罗斯(Rosen,2008)强调指出,农产品价格在短期内存在不可预见性。特尔(Trostle,2008)分析了全球农产品供需变动的主要影响因素,指出国际农产品市场存在非常大的不确定性。农产品价格在局部地区短期内可能下跌,但从中长期来看,农产品价格将会持续上涨。

阿佩吉斯(Apergis)和瑞兹蒂斯(Rezitis)研究了农业价格传导关系。研究表明,农业投入品价格和农业产出品价格变化相互影响。农业投入品价格变化率每提高 1%,将导致生产者价格变化率提高 0.75%。

2. 西方学者关于农产品价格风险管理研究现状

在欧美发达的市场经济国家,学者十分重视对农产品价格风险及其管理的研究。国外的研究重点分成两个方向:一是从政府角度分析。主要分析政府部门应怎样对农场主、农业中介组织提供合适的服务和援助。美国政府部门提出了"农产品购买力计划",为了稳定市场以及生产者实现农产品价值而采用的"无追索权贷款"和"农户自储"等措施和政策,为了确保生产者收入提出了"目标价格"和"差额补偿"等措施,通过"休耕"政策避免地力的下降等。二是从农户角度分析。研究农户为了应对风险需采取的营销策略,提出了"抗风险投入""多样化经营""经营性储备""远期合约"和"保险"等方法来防范和规避相应风险。典型的学术观点如下。

施达丝高(Stasko,1997)研究"谷物营销"领域,发现农场主在购买生产资料时会采取农产品价格风险的防范措施。常见的方式和策略是购买农业保险、套期保值、利用信息等。贝弗利·弗莱舍(Beverly Fleisher,1990)分析农户的销售策略来防范风险。卡斯滕、桑德和科海·维特(Karstens,Sand and Cohyvetter,1998)认为,农业风险管理可以从农场主的各种风险管理手段及其组合的运用上进行分析。布拉格(Brag,1996)和特维和罗曼(Turvey and Romain,2000)通过期权方式进行风险防范和监控。

国外学者对于农产品价格风险管理研究有以下四个特征:(1)注重研究农业生产合同问题和国家对农业生产者的保护政策。农业生产通过合同把农业生产与市场紧密联系起来,解决了农业生产者的后顾之忧,同时保障了农产品加工部门的原料来源,促进了农业产业化发展,可以避免农业生产过程中的盲目性。由于农业生产合同化导致农业生产结构单一问题加剧,加大了农业生产自身的风险,所以要求国家采取相应保护手段。(2)农产品价格风险管理研究重视实际应用。国外农产品价格风险管理大多涉及农产品经营的具体问题,通过对某一农场的分析,例如牛肉、猪肉、小麦等,分析其价格的风险识别、风险衡量和风险控制。(3)国外农产品价格风险管理问题研究以定量研究为主。国外农产品市场化程度高,对于农产品风险认识较深刻,而且有一定的市场操作经验可供借鉴。由于有数据基础,学者通过建立各种数学模型,因而分析具体问题准确可靠,应用性较强。(4)农产品价格风险管理研究范围广。其不仅涉及农产品品种、农业生产、农产品加工过程、农产品市场、农业政策、食品安全等过程中的风险问题,还涉及农产品期货、农产品期权、农业保险、农产品关税及配额、贸易保护和汇率等金融工具在农产品价格风险管理中的运用。

3. 西方学者关于经济增长的研究

西方的经济增长理论经历了多年的发展,从决定论的角度来看,经历了劳动决定论、资本决定论和技术决定论三个重要的理论研究阶段。如果从形成理论的时间来看,经济增长理论可以分为古典经济增长理论和现代经济增长理论。

经济增长理论是一种研究怎样提高和增加国民生产总值的经济学说,在特定情况下,是指一个国家或者地区如何增大产出成果的理论和观点。从经济增长的研究内容来看,不同时期经济增长的标准和要求不同,但都包含一些相同的地方,比如经济增长的结构、模式、数量、质量等具体指标,有时也包括与经济增长相关的政策的研究①。经济增长理论已经出现了百家争鸣的局面。不同的经济增长理论在研究内容和研究结果上存在一定的区别。基于不同的经济增长理论,产生了各具特色的理论和数学模型。在这些研究中,有的强调生产要素的重要性,有的侧重于研究生产要素对经济增长的影响。但有一个共同点,一般认为,资本、劳动力、人力和技术水平是经济增长的生产性要素。经济增长的研究越来越复杂,从单要素经济增长模型到多要素经济增长模型;从外生经济增长理论到内生经济增长理论;从注重有形资本到注重无形资本的经济增长理论。古典经济增长理论的代表有亚当·斯密、李嘉图等。

亚当·斯密(Adam Smith,1997)在《国民财富性质和原因的研究》中指出,劳动、资本、土地的数量决定一国的总产出,是经济增长的基本要素。新技术的采用是财富增长和收益递增永不枯竭的源泉。亚当·斯密认为,提高生产率只能通过两个办法来实现:一是提高有用劳动的生产率;二是增加实际雇佣的有用劳动量。李嘉图(David Ricardo,1951)经济增长理论强调劳动力和资本积累。李嘉图发现,收益递减规律是造成经济增长趋势不能长期高速增长的本质原因。他认为,资本的增长不可能无限制的发展,而是在很大程度上受到很大的限制。亚当·斯密的《国民财富性质和原因的研究》中强调劳动分工,李嘉图的《政治经济学及赋税原理》中强调资本积累,这些经济增长理论观点的出现标志着经济增长理论的萌芽。

进入 19 世纪后,边际分析和均衡观点开始被引入经济增长理论的研究领域。这标志着对经济增长理论的研究开始进入新古典经济学研究阶段。众多

---

① 理论界通常认为,决定一个时期国民收入情况的主要因素有四个,即技术水平、人力资源、可供利用的物质资源、管理效率。

知名学者纷纷提出各自的模型和理论。哈罗德(Harrod,1981)和多马(Domer,1981)建立了相同的经济增长模型,习惯称为 H-D 模型。根据 H-D 模型的观点,经济增长率受到储蓄率和资本产出比两个因素的影响。一般地,在这两个因素共同作用下,最终使经济增长达到一种理想化的稳态。

美国经济学家索洛(Solow,1956)提出了新古典经济增长理论。新古典经济增长理论对经济增长中是否存在刃峰和非稳定性问题进行了研究,建立了比较完整的经济增长理论体系。1957 年,索洛进一步揭示了技术进步在经济增长背后所起的巨大作用。他认为,经济具有两种不同来源:一是要素数量增加所带来的"增长效应";二是要素技术水平提高所带来的"水平效应"。在《技术变化与总生产函数》一文中,索洛发展了生产函数理论,应用柯布-道格拉斯生产函数研究经济增长。

罗默(Romer,1986)和卢卡斯(Lucas,1988)确立了内生经济增长理论。两位学者各自从不同角度出发,最终都得到了内生经济增长理论。在随后的研究中,罗默于 1990 年指出,不同国家经济发展水平差别的根源在于知识和人力资本,知识能提高投资效益;知识和资本一样,可以通过投资而得到,是经济增长最主要的投入要素。卢卡斯的人力资本溢出模型也解决了全要素生产率的分析。最终,他们从不同层面解决了新古典经济增长理论中的难题。罗默的内生经济增长模型为解释创新活动的外部经济效应提供了新的思想,同时也很好地解决了全要素生产率的分析。总之,罗默和卢卡斯等人将技术进步作为内生经济增长的源泉,强调经济增长是经济体系内在机制作用的体现,在理论上提出了技术进步的内生经济增长模型。

西方学者对经济波动性问题进行了大量研究,已经形成了相对成熟的研究范式和基础理论,而且实证研究成果非常丰富。学者们从不同角度研究了经济波动性或差异性的成因。米切尔(Mitchell,1927)认为需要在世界范围内研究经济周期。格拉克(Gerlach,1988)认为各个国家间的产出在经济周期频带上是相互联系的。当世界各国经济变量具有良好的相关性并表现出时间序列运动的高度同步性时,一些经济冲击扰动造成的经济波动,通过国际传导途径(如贸易和金融等渠道),迅速传递到各国,各国经济呈现同步的扩张、收缩、再扩张和再收缩运动,最终形成世界经济周期。贾诺瓦和德拉斯(Canova and Dellas)在 1993 年《贸易依存度和全球商业周期》一文中认为,贸易的相互依存(trade interdependence)是宏观经济波动同步运动(co-movement)的原因。他们随机抽样,选择世界上的贸易模式,并将其与经济指数的关系进行相关性分析,并得出了一个非负的相关系数。关于经济波动性问题,美国进行了大量的实践工作。通过立足地方经济特色,建立了地方经济景气监测系统和指标体系,许多学者在进行持续不断的跟踪研究,以便使监测指标能够动态地适应地方经济发展特别是经济结构变化的趋势和要求。

在国外经济增长理论的发展中,对真实经济状态的实证分析和研究能力不断增多和增强。第一,影响经济增长的因子除人力、物力和资本之外,其他的影响因素同样重要,比如把投资类型、宏观经济政策、人口素质和制度与环境等纳入一个经济体系中进行研究。第二,在实证的研究上,样本的选择更具有代表性,比如采用大样本的数据分析方法。第三,更加注重分析不同时间段各个国家或区域各种因素与实际经济增长的关系。经济增长理论从不同的角度进行分析,从而对经济增长做出满意解释。

1.2.2　国内研究动态及评述

1. 关于农产品价格管理研究现状

国内学者对农产品价格波动的理论研究较为薄弱,早期研究主要是对农产品价格的形成基础进行研究,研究的出发点是马克思主义政治经济学。1978年改革开放以后,随着市场化进程的进一步加快,开始用供求关系进行理论分析。比如蛛网模型和供给反应模型。近年来,随着研究的深入,国内学者开始对农产品价格的纵向传递效应进行研究。以王秀清(2007)为代表的学者运用均衡移动模型研究农业生产者与食品零售商之间的纵向价格传递关系。

国内学者在研究国际农产品价格的剧烈波动现象时,发现生产资料价格的上涨可能是农产品价格上涨的根本原因,同时,研究也表明,国际农产品价格波动对国内的传递效应也越来越明显。

丁守海(2009)研究大米、小麦、玉米、大豆四类农产品是否存在国内外价格的传递关系。研究发现,不论是从长期还是从短期波动的角度来看,国际农产品价格的变动都存在传递效应,其中以大豆尤为明显。

顾国达和方晨靓(2010,2011)研究发现,中国农产品价格波动具有长期平稳性,高位运行为短期现象,农产品价格及其国际影响因素的波动均具有非对称性。农产品价格波动的国内传导路径中,上中游传导和中下游传导作用程度、时滞、方向均存在不对称。这个特征也说明农产品价格波动存在一些本质规律,还需要我们去进一步研究。

胡华平和李崇光(2010)指出,农产品价格波动在垂直传递过程中,表现出非对称传递的特点。

李兴平和严先溥(2004)、杜鹏(2004)、肖六亿和常云昆(2005)指出,价格的传导机制可能出现变异受阻。程建华、黄德龙和杨晓光(2008)的研究发现,从价格传导角度来看,价格传导畅通与否跟市场化程度有很大关系。一般情况下,市场化程度越高,价格传导越畅通。研究发现,垄断行业中存在价格传导不畅的现象。

何新华(2006)则认为,中国价格传导机制并未发生变异现象。顾海兵、周智高和王晓丽(2005)对中国价格的传导效应研究发现,上游到下游的价格传导大致存在一年左右的时滞,而下游向上游的价格传导很迅速。张利庠和张喜才(2011)研究表明,农产品价格可以传导到上下游。

针对农产品大幅度上涨的现象,吴宗源(1996)、康竹君和马红瀚(2007)、郭晓慧和葛党桥(2009)等从不同角度解释了这一现象,认为农产品价格上涨是价格向价值理性回归的表现。周姁和张建波(2008)认为,造成我国农产品价格上涨的主要原因是农产品消费结构升级以及对农产品需求快速增长。

为了对农产品价格波动进行适当的控制,杨芳(2009)在分析日美欧发展农产品市场的经验后,提出加强对农产品的补贴。而戴冠来(2009)提出,应当设置目标价格和干预价格的政策来对农产品生产者提供补贴。另外,胡冰川等(2009)证明了生物质能源对农产品价格的影响。

卢锋和谢亚(2009)发现,我国粮价走势在短中期情况下存在不确定性。方松海和马晓河(2008)指出,国际市场的投机行为会引起农产品价格的涨价过程,而生产成本和比较收益造成了农产品价格的上涨。

林建永和赵瑾璐(2009)认为,农产品价格波动是非典型因素作用的结果。这些非典型因素包括垄断环境下的价格操纵、政府的价格干预、产品的地区差异和品质差异等,另外,期货市场也是一种非常重要的非典型因素。在解释农产品价格上涨的原因时,杨波(2004)指出,我国工业化过程中,农产品价格上涨是由农业基础地位的退化以及农业劳动生产率低下两个方面的原因所造成的。

何炳生和唐仁健(1995)把1993年底以来的农产品价格上涨的原因归纳为两个层次:长期的和短期的。长期的因素主要是:农产品供求关系的长期发展趋势短缺;农业生产的成本不断增加。而短期的因素为:消费基金膨胀的拉动;进出口政策与国内市场政策的不协调;国内市场调控措施不健全,运用不力,尤其是粮食的存储体系未能充分地发挥出应有的作用;粮食购销政策的变动,也是一个对价格的短期上涨起到了一定影响的因素;供求结构矛盾;此外,长期通货膨胀的因素也累积拉动农产品价格上涨。

吴宗源(1996)指出,农产品价格上涨,首先是市场化前提下的价值回归。在国家统购统销的时候,农产品价格偏低,市场化以后,价格自然上升。其次是通货膨胀条件下对价格高位运行的追逐。主要表现在生产成本的推动,消费扩张的拉动和比较效益的攀比。而且农产品价格的上涨,赶不上通货膨胀的速度。最后是宏观调控乏力情况下暴利因素的影响,主要是中间商的逐利行为导致的。

彭光凤(2005)指出,自2003年以来农产品价格上涨,主要原因有五个:第一,农产品需求缺乏弹性,损伤了农民的生产积极性,即谷贱伤农,打击了农民的信心;第二,生产力落后,制约了农业生产的发展;第三,国家产业政策的调整;第四,自然灾害的影响,导致农业减产;第五,国际农产品价格上涨的大环境。

汪寿阳(2007)提出,近年来在原油和一些资源性原材料(如金属、贵金属等)价格的持续上升影响下,能源、化肥等农资的价格普遍上涨,导致了生产成本的增加,随之推动了农产品价格的上涨。同时还指出,成本推动因素在中国近期农产品价格上涨中也起到很大作用。国家对农产品实行保护性收购价格调动了农民生产积极性,农资需求扩大的同时,电、气等能源价格不断上涨,农资成本上升,农资生产企业开工不足,进一步推动了农资价格的上涨。

曹慧和韩一军(2008)指出,影响我国农产品价格的主要原因发生明显变化,由原来的供给主导转变为现在的消费尤其是深加工需求为主,与国际市场价格的联动作用也更加明显。

张永生(2008)指出,中国目前的农产品价格上涨,更多的是受短期扰动因素和国际市场的影响。这些短期扰动因素包括:自然灾害、畜疾病、进口化肥价格大幅上涨、国际粮价上涨等。与此同时,粮食流通、生猪屠宰等体制不能充分适应市场要求,以及农牧业生产的季节性特点等因素。

郭晓慧和葛党桥(2009)对中国农产品价格波动特征进行研究。通过研究发现,分类农产品价格波动方向趋同、波动幅度有异,粮食价格偏离种植业产品价格和总体农产品价格的程度有扩大趋势,其对两者的带动作用趋弱。种植、畜牧业产品价格指数与农产品价格总指数的拟合程度较好,并且它们的波动幅度小于林业、渔业产品的价格波动幅度。说明在我国农业产业结构中,种植业比重大,种植业产品的价格走势对于总体农产品价格水平影响较大。

李国祥(2010)认为,中国农产品价格波动受农产品供求关系、农业生产要素价格和货币供给量等主要经济因素急剧变化的显著影响。得出结论,无论是从短期来看,还是从长期来看,中国农产品价格都面临较大的上涨可能性。

蔡风景、李元和王慧敏(2009)通过 DAG 方法和动态因果检验研究货币政策对农产品价格的传导效应。实证研究表明,货币供应量和汇率机制对农产品价格存在弱传导效应,市场利率对农产品价格几乎没有影响,工业品价格对农产品价格长期传导效应显著。

2. 关于农产品价格风险管理研究现状

由于我国长期实行国家计划体制,农业风险集中在生产风险方面,农业生产风险主要由国家进行灾后救济,国内对农业风险管理研究起步较晚。国内对农业市场风险的研究随着我国农产品流通体制市场化改革的深化而不断得到重视。学者从农业风险和农产品市场、价格风险及其管理等角度进行了大量研究,并取得了一系列成果。

熊存开(1997)进行了市场经济条件下农业风险管理的研究和国外农业风险管理研究。董智汉(1999)论述了建立我国农业风险管理体系。孙良媛(2001)分析认为,在经济转型时期,农业的自然风险已经让位于市场风险,体制风险与市场风险相互交织。金万才(2002)论述了国有农场农业风险管理问题和对策。甘正在(2003)分析了农产品期货市场规避农业风险的经济功能。陈传波(2005)考察研究了中国小农户的风险及风险管理状况。王吉恒、西爱琴(2006)论述了农业生产经营风险决策与管理对策研究。

王福林(1995)、杨卫路(2000)探讨了我国粮食市场的价格风险成因及对策。李纯英(2002)从农业的弱质性和我国农民收入低的特殊性及当前农民增加收入困难几个方面,论证了农民增加收入需要政府扶持。

高志杰(2006)从农产品期权品种、成交量以及政府对期权产品的支持三个方面分析,指出我国推出农产品期权的必要性。这些研究对丰富我国有关农业风险的研究及应用均起到了重要作用。

何启志(2010)利用 VAR 模型、ES 模型以及后验检验方法计算国际农产品价格波动的风险特征。实证结果表明:国际农产品市场的价格波动性风险比较大;国际农产品市场中极端事件发生的可能性大于正态分布下的可能性;2005 年以来,国际农产品价格波动性风险有明显增大的趋势。

杨芳(2010)研究发现,市场化机制在农产品价格风险管理中的重要性正在不断上升,市场的规范发展与持续创新以及政府对农户市场参与能力的支持是各类风险管理市场功能发挥的基础。

李瑞(2010)通过对经济增长与农产品价格关系的研究分析,说明农产品价格受到经济增长和通货膨胀的双重影响,进而通过政府对农产品价格的宏观调控,促进经济增长。

随着国际社会、国际经济组织、各政府职能部门和学术界对利用各种工具管理农产品价格风险问题的高度关注,越来越多的研究机构、学者对这一课题进行了研究尝试,并取得了不少成果。

3. 关于经济增长问题的研究

中国的经济理论研究起步较晚,但是通过借鉴西方成熟的经济增长理论,根据我国特殊的国情,对经济增长理论进行了广泛的研究。

曾德超(2005)增长极理论是建立在经济学和系统科学基础上的区域经济非均衡发展理论。他认为,应以增长极理论基本原理来研究现阶段我国区域经济的特点,以地区经济发展相对指标来确定地区经济发展水平,并在此基础上制定区域经济发展规划的设想。

姜照华(2004)在《中国区域经济增长因素分析》指出,制度创新和知识进展是经济增长的主要影响因素。他在结合劳动力、知识和资产等生产要素基础上,建立了反映我国经济增长的理论模型。

汪同三和周明武(1998)通过对中国经济增长情况的分析,提出了增长成本的新概念,也就是说,用一些描述经济运行质量的重要指标比上增长速度的平均弹性这一指标来刻画中国经济增长质量。

蒋伏心(1996)认为,转变经济增长方式是提高经济运行质量的关键。他还指出,计划经济体制的遗留问题依然对中国经济增长产生了巨大影响,中国经济增长质量偏低、效益不高的主要原因是缺乏相应的激励机制。

华民和袁锦(1996)提出,经济增长方式的转变受动因、路径和条件的影响,同时要素禀赋状况和相应的制度决定经济增长方式。他们指出,只要符合实际的经济情况的增长,那么其经济增长方式就是有效率的。

胡兵和乔晶(2006)发现中国对外贸易与经济增长相互促进。

改革开放以来,世界经济增长与波动对中国经济增长与波动的影响日渐明显。胡鞍钢(1997)分区段对中国和美国、中国和世界生产总值年增长率波动特性进行了相关性检验。结果发现,1960—1979年间,中国经济波动与美国及世界经济波动的相关系数非常小,仅分别为0.131 8和0.044 4。而到了1980—1989年间,中国与美国、中国与世界经济波动的相关系数均显著提高,分别达到了0.477 4和0.489 9。

薛敬孝和张兵(2001)采用计算东亚各国(地区)经济增长率之间的斯皮尔曼相关系数的方法,研究了东亚各国经济波动的协动性问题。得出结论:从20世纪70年代到90年代初,东亚各国(地区)经济波动表现出了比较明显的同期性,而此后数年则表现出了离散的倾向。

余芳东、寇建明和杨红军(2001)在分析了国际经济波动对中国经济的影响后,指出:中国经济增长的波动随世界经济的趋强而走强,随世界经济的趋弱而走弱,经济周期的"拐点"与世界经济动态的一致性越来越明显。

任志祥和宋玉华(2004)用向量自回归和脉冲响应函数等计量经济学分析工具,探讨了中国经济周期与世界经济周期的协动性问题,并得出结论:外生冲击的类型及冲击力度直接影响中国经济增长及周期的波动特征。

刘树成和龚益曾(1997)指出:随着我国工业化进程的推移,农业大省在工业增长中的地位和作用突出起来;工业生产和整个经济的增长,在年度之间、月度之间都不可能呈线性的、固定比率的增长;我国经济过去之所以呈"大起大落"型波动,人为因素占主导作用。今后,随着我国宏观调控政策理性化,经济波动会克服过去反复出现的"大起大落"而进入相对平稳的增长态势,但不会进入"无波动状态"。

孙天琦(2004)分析了1953—2004年我国各省与全国经济景气的同步性。在绘制了各省和全国对应指标波动的直观对比图后,得出了绝大部分省与全国经济景气同步,但波动幅度有差异;绝大部分省与全国经济景气循环的年度相关性强,基本同步,不存在一年以上的滞后期,中长期相关性更高;产业间表现为第二产业增长指数相关性最高,第三产业次之,第一产业基本不相关等结论。

梁双陆(2004)以全国经济波动为参照系,比较全面地研究了从 1949 年以来西部地区经济波动的具体特征。

总之,对经济增长问题的研究开始从各个角度进行,比如宏观经济理论从量的角度分析各种因素对经济增长的贡献。但是经济增长理论研究成果主要来自国外,如以索洛为代表的新古典经济增长模型,以技术内生化为核心的内生经济增长理论等。在实证研究方面,国内外学者都进行了广泛的研究,研究主要以因子分析为主,在经济增长的评价和预测等方面的理论研究取得了很大的进展。我国对国内经济增长与波动问题的研究成果,数量不少,但没有深入分析其本质原因。这也正是本书力求有所突破和创新的方向。

1.3　本书视角与方法

第一,理论研究与实证分析相结合的方法。农产品价格领域的理论研究在中国逐渐引起学者的关注。目前,理论研究从一般经济分析、经济增长理论、博弈论、计量经济学方法等角度进行研究。在实证研究领域,认为农产品价格波动是市场重复博弈的结果,通过全面深入地研究农产品价格的现状、波动和效果,对理论研究进行验证。

第二,一般分析与个别分析相结合的方法。中国农产品价格研究是当前热点。本书的目标是如何从经济增长的角度出发,以中国农产品价格波动性为研究对象,是一般分析指导下的个别分析、共性规律指导下的个性问题探讨。

第三,定性与定量分析相结合的系统化研究方法。通过统计数据和应用合适的经济计量模型分析,支撑所阐述的理论原理。在定量研究方面,对所用统计数据进行分析,根据数据特征建立合适的计量模型并开展研究。在研究过程中,将系统化的观点贯穿始终,并特别注重研究结果的逻辑性和合理性。

1.4 本书的内容框架

1.4.1 研究目标

本书运用西方经济学、经济增长理论、发展经济学、区域经济学及农业经济学等相关理论,以中国农产品价格的波动性作为研究的切入点。研究在中国经济发展过程中,农产品价格波动规律,并对波动性的本质原因进行研究分析。然后进一步研究中国农产品价格波动与经济增长之间的相互影响内在机制、相互作用机理。通过研究,分析农产品价格波动性与经济增长之间关联性的本质。最终提出农产品价格波动的管理体系,为中国农产品在国际竞争中争取更大的竞争优势,同时也为中国农业经济增长进行新的探索研究。

1.4.2 研究内容

本书从以下几个方面进行研究。

1. 国内外研究现状综述

主要是对国内外农产品价格波动原因、影响因素,以及经济增长理论等方面进行全面了解。尤其针对中国经济增长,结合我国国情,对一些有较大影响力的理论观点进行梳理,从全局的角度把握目前国内外研究状况和发展趋势。为后续研究奠定坚实的理论和实践基础。

2. 经济增长相关理论创新研究

经济增长理论创新研究是理论界的研究核心。在不同国家,经济增长理论得到了不同程度的创新和发展。本书试图结合中国特色的社会主义市场经济这个国情,对经济增长创新理论进行探索,希望能找出符合国情的经济发展理论和经济发展思想。

在分析中国农业的发展现状及存在问题的基础上,根据世界现代农业发展的客观趋势和农业在国民经济发展中的独特产业定位,进一步研究中国特色的农业经济发展理论;从我国人多地少、资源不足的现实国情出发,通过农业经济制度和组织创新,探讨具中国特色的现代农业可持续发展的路径选择。

3. 中国农产品价格波动研究

中国农产品价格波动问题研究涉及多个方面。首先,对中国农产品价格本身波动性规律的研究,是从农产品历年来价格发展趋势出发,研究其一般特征和影响因素。本书主要是从农产品价格的视角考察其对波动的影响因素,并尽可能地考虑所有相关变量的影响,通过计量经济学方法,建立计量模型,然后进行更深入的研究。其次,从风险的角度出发,对农产品价格波动进行微观分析。借鉴风险管理、风险控制等理论和实证研究结果,在多种 GARCH 类模型族假设下,对农产品价格指数进行深入研究,同时利用 VAR 模型对农产品价格波动的特征进行研究。通过研究发现中国农产品价格波动情况,为中国农产品价格做出预测,避免因国际农产品价格的大幅波动而造成过大的影响。

4. 中国农产品价格波动对经济增长影响的分析

从中国农产品价格波动对中国经济的影响角度分析,中国农产品价格波动通过怎样的作用机制来推动或刺激中国经济增长。

经济增长与农产品价格的变化有很大的关系。一般来说,经济增长会导致农产品价格波动,同时农产品价格的波动影响会对经济增长产生刺激作用。市场经济体制本质就是发挥价格机制的调节作用。研究农产品价格波动对经济增长的影响,在此基础上提出一系列的政策建议,如构建农产品价格宏观调控体系,建立有效的农产品价格保护机制,完善农产品储备制度等。

5. 中国农产品价格波动性管理研究

农产品价格波动性使农产品生产者收益面临不确定性,并增加了农业生产决策与融资的难度,是制约农业发展的重要因素。农产品价格支持政策与包括保险及衍生品市场在内的各类风险管理市场,分别为农户提供了政策性与市场性价格风险规避机制,对稳定农户收入及促进农业生产发挥了重要作用。另外,市场化机制在农产品价格波动性管理中也非常重要。市场的规范发展与持续创新以及政府对农户市场参与能力的支持,是各类风险管理市场功能发挥的基础。本书为在我国建立起有效的农产品价格风险管理体系提供了借鉴。

本书主要以西方经济学理论为基础,通过运用计量经济学工具进行分析,建立经济数学模型对影响中国农产品价格波动的各种相关因素进行分析与研究,以期对中国农产品价格波动性及其规避制度的建立与健全从理论上进行探讨,技术路线如图 1-1 所示。

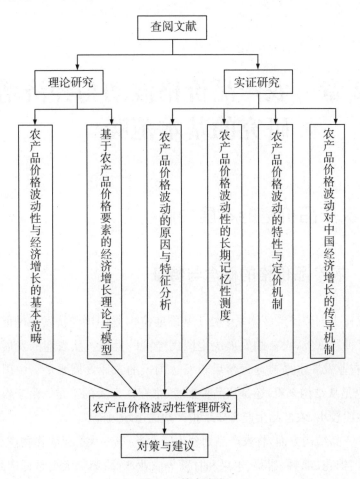

图 1-1 技术路线

第2章　农产品价格波动与经济增长研究的基本范畴

2.1　农产品价格的本质内涵

2.1.1　农产品价格的概念与特征

农业在中国国民经济体系中处于基础地位[①]，是中国经济发展的前提和源泉。在某种程度上，农业的发展决定国民经济的发展。从农业的发展水平来看，中国农业发展水平要远远落后于发达国家的农业发展水平。中国的农产品[②]，无论是从结构来看，还是从品种来看，都存在很大的不足。由于农产品的需求弹性比较小，农产品生产者要承担严峻的市场风险。

在农产品结构方面，将农产品划分为四大类：第一大类是农作物产品，主要包括粮食、棉花、油料、甜菜、水果和甘蔗等农业产品；第二大类是林产品，主要包括木材、橡胶、松脂、生漆、油桐籽和油茶籽等林业产品；第三大类是畜产品，包括肉类（如牛肉、猪肉、羊肉）、奶类、绵羊毛等牧业产品；第四大类是水产品，包括海水产品和淡水产品等渔业产品。对各类农产品的产量进行分类汇总，得到的结果如图 2-1 所示。在 1990—2010 年间，第一大类农作物产品和第二大

[①]　农业的基础地位体现在提供了衣食之源，解决的是人类的吃饭问题；农业为工业提供了主要原料；农业为工业和其他部门的发展提供了大量的剩余劳动力；农业还为发展工业和其他部门积累了大量的资本。

[②]　农产品这个概念有狭义和广义之分。狭义的农产品仅指粮；而广义的农产品是指农业部门所生产出的产品，包括农、林、牧、副、渔等所生产的产品。本书所研究的农产品是个广义的概念。

类林产品两大类产品增长比较快。尤其是第一大类农作物产品，一直保持较高的增长速度。而第四大类水产品的增长幅度相对平缓，产值不是很高。

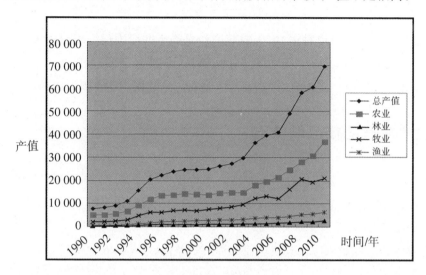

图 2-1　产值变动分析

对这四大类产值的环比增长指数进行分析，我们得到的结果如图 2-2。图中"total"表示农、林、牧、渔总产值指数，"ny"表示农业总产值指数，"ly"表示林业总产值指数，"my"表示牧业总产值指数，"yy"表示渔业总产值指数。

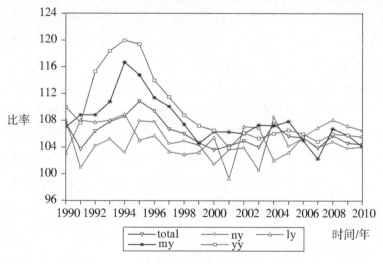

图 2-2　产值增长比率分析

从图 2-2 发现,在 1990—2000 年间,总产值的增长比率波动比较大;在 2001—2010 年间,总产值的增长比率波动相对平缓,其中牧业的波动幅度最大。

通过上述分析,可以看出,中国农业产业总的生产能力保持着稳步提高的趋势,农产品生产结构正在按比较优势的原则进行调整,不同类型农产品的内部结构趋向更加合理,从总的趋势来看,中国农产品结构正逐步走向成熟。

2.1.2 农产品商品的特点

农产品作为关系到国民经济基础的一类重要产品,具有跟其他类型产品不同的特性。与工业产品等其他非农产品相比,农产品具有以下特点。

1. 农产品对价格反应的有限性

农业的边际经济效应比其他产业的边际效益低,这是由农业生产与再生产的特点决定的。农产品生产具有季节性、周期性和收成的不稳定性等特点,农产品消费呈连续性特征,这种状况决定了农产品生产者在决策上经常处于被动和盲目的状态。

由于农业生产依赖于自然的光合作用过程和植物生命周期过程,因而具有自然属性。农产品大多都是碳水化合物,具有易腐败变质、不易保存等特点,如蔬菜、水果等成熟后若不及时销售,就容易腐烂、变质,失去原有的使用价值。即使是一些不易腐败、变质的农产品,如小麦、大米等,随着储存时间的增加,也会变质或者部分失去价值。

农产品消费具有明显的时间限制。消费者在选择农产品消费时不可避免地受到季节性因素的影响。在农产品市场上,农产品生产者在价格博弈中常常处于不利地位。由于农产品不易保存,因而在与消费者的价格博弈中,较难获得价格决定的主动权。农产品的生产周期长,易腐烂,大量储存农产品在经济上不合理,在技术上也比较困难。因此,农产品销售压力大,农产品消费者往往利用农产品生产者急于出售的心理,取得农产品价格的主动权,最大幅度地压低产品价格。

2. 农产品质量标准化困难

农产品的规格化、标准化是现代农业的基础。农产品质量具有经验品特性和信任品特性。由于农产品的质量特性,受其自身生长、发育、繁殖规律与自然环境条件的影响,构成产品质量的重要元素如水分、维生素、蛋白质等存在非均衡现象,即时而丰富,时而缺乏。鉴于农产品质量具有高度的差异性和不确定性,农产品具有典型的经验品特性。

工业品根据标准化的设计方案,并通过标准化生产,因而可以对工业产品提出严格的标准。但是农产品的生产依赖于自然环境,自然环境复杂多变,无法用一个统一的标准来限定农产品的质量状况。

3. 农产品质量鉴定的不可逆性

农产品质量鉴定往往需要损坏样本,无论是从鉴定抽样来看,还是从鉴定过程来看,都存在很大的破坏性。如要鉴定农产品的质量特性,需要进行物理分析,甚至化学分析。如果想获得农产品的营养成分等质量数据时,对农产品样品的测定是具有毁灭性的,测定完之后,样品也就失去了其使用价值。

农产品大小、颜色、新鲜程度等外观品质可以通过直接观察得到,但是关于农产品营养品质和卫生品质的信息无法通过人眼直接获得。要获得这些产品质量信息可以采用化学分析手段,但是化学分析手段需要消费者承担昂贵的分析成本,而且现实中也不容易获得。农产品质量的这种特性,使得消费者很难获得农产品质量的全部信息。而消费者要获得完整信息,必须支付高昂的成本。这也使生产者产生侥幸心理,在农产品质量上打折扣。

4. 农产品效用滞后性

商品的使用效果对消费者产生很大的影响。有些产品的使用可以迅速显现出其效用,但农产品使用后的效应往往存在滞后性。例如营养或保健效果,往往需要一段时间才能显现;而被环境污染的农产品,食用后可能会产生慢性致病效果。有时因为滞后期过长,消费者无法确认疾病是否由于食用不合格农产品所致。农产品食用效果的滞后性和不确定性,导致消费者对农产品的安全意识没有采取相应的防范措施,从而影响消费者行为;同时,食用效果的滞后性和不确定性也使农产品生产者对产品有害物和污染物的控制难以及时采取措施。

5. 农产品的公共性

人类生存仍然依赖于农业,农产品是人类生存和发展的基础。随着人类认识世界和改造自然的能力不断提升,农产品供给的数量和质量也在不断提高。

从世界发展的角度来看,农产品的有效供给确保了人民生活水平得以不断提高。农产品的供给一直以来受到世界各国的关注。从全球来看,农产品的消费存在不均衡的状况,而且农产品领域的竞争也日益激烈。从宏观角度来看,农产品具有社会公共产品的属性。从农产品安全的角度来看,世界各地都十分重视农产品的供给数量和供给质量。世界各国为了满足对农产品的需求,都采取了各种制度和措施来保障农业经济的发展。在农业经济的发展过程中,政府一般都予以特别的关注。随着全球对农产品战略作用认识的深化,各国政府出于发展本国农业经济的考虑,所采取的政策和措施也越来越严谨。

2.1.3　农产品价格定义

价格是价值规律作用的表现。通过价格机制调节资源的配置,促进农产品总供给和农产品总需求的平衡。从形成机制来看,农产品价格有市场价格和政策价格。农产品价格波动直接关系着农产品生产者的切身利益和生产积极性,并影响到农业自身的生产和发展。因此,很多国家和地区都具有政策价格,即政府从宏观角度出发,对农产品价格作一些制度上的规定。

同时,价格也部分反映了资源稀缺的程度,它是生产者进行生产经营决策的基础。农产品价格的周期波动对市场参与者盈利状况产生周期性的影响和变化。农产品是一种特殊的商品,农产品价格往往因农产品市场的特点而呈现出有异于工业商品的波动规律。

在我国工业化、城市化的过程中,第二、三产业的比重不断上升,农产品价格是调节劳动力和资源在农业和非农产业之间流动的主要信号。农产品是人类基本的生活必需品,又是工业的主要原材料,所以在整个经济发展中起着基础性的作用。而农产品价格事关农业自身的发展、农民的生活水平以及整体物价水平的稳定,作为基础性价格,它的变动必将会对整个社会产生很大的影响。农产品价格稳定,对全社会价格水平稳定具有至关重要的意义,直接关系到党和国家政策的落实,关系到农民增收和整个国家社会经济的稳定。

2.1.4　我国农产品价格特征

中国是一个农业大国,农业在国民经济中的作用更加明显。在这种情况下,掌握和了解农产品价格特征对中国农业经济的发展有着重要的意义。但是我们也知道,随着工业化、商业的迅速推进,农业产值在 GDP 中的比重越来越低。历年来国内生产总值(按照当年价格计算的 GDP 分布情况)变化情况如图 2-3 所示。

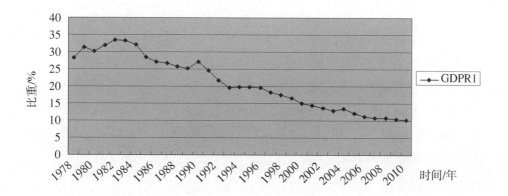

图 2-3　农业产值占 GDP 的比重

图中 GDPR1 是农业产值占 GDP 的比重。从图 2-3 可以看出,农业产值占 GDP 比重最高的时候达到 33.4%,但是到了 2010 年,农业产值占 GDP 的比重只有 10.1%。这个现象不能质疑农业在国民经济中的基础地位和作用,只能说明目前中国农业经济的发展远远不能满足工业发展的需要,也体现出发展农业经济的重要性和紧迫性。因此,我们要更加重视农业,尤其是农产品对国民经济的影响。农产品的价格受各种因素的影响,具有以下特征。

1. 农产品价格的基础性

农产品市场是社会中最基本的市场,是基本生活资料和其他生产领域生产原材料的主要来源。农产品是各农业生产部门所生产的产品,是指源于农业的初级产品。例如在农业生产中获得的动物、植物及其他农产品,包括食品(如植物性、动物性、食用菌类)、饲料、药材等。农产品的供给与农产品的消费情况相互影响。因此,农产品市场是一个具有广泛关联性的市场。它与国民经济体中其他的市场紧密相连。农产品的价值,很大程度上取决于农产品在物流过程中能否顺畅流通。农产品能为工业生产提供丰富的原材料,这也是农产品作为基础产品的价值体现。通过农产品的流通,为社会带来更多更好的福利。同时,也存在农产品物流成本高,且农产品规格和质量参差不齐的问题。

2. 农产品价格周期性

农产品市场的周期性是农产品价格周期性的一个重要影响因素。农产品生产的周期性和农产品消费刚性之间的矛盾,导致农产品价格具有周期性的特点。由于农产品产量受到自然因素,比如日照、雨水和温度等影响,且自然因素呈现出周期性波动,所以在农产品的供给上也会呈现周期性的特征。而农产品的需求弹性较小,在短期内,农产品消费具有刚性。在这两方面的共同作用下,农产品价格波动在所难免。农产品的生产时间与劳动时间具有明显的不一致,加上有些农产品生产周期长,使得农产品供给反应相对迟滞。但是农产品是必需品,所以在农业发展过程中,存在农产品生产的不稳定性与农产品消费的稳定性并存的局面。

3. 农产品价格的复杂性

由于农产品生产周期较长,农产品生产者针对市场变化而采取的有效措施具有滞后性。农产品生产地域性特点非常突出,农产品品质受气候、土壤、水质等影响。因此,不同地域产出的农产品种类和品质差异很大。农产品的产地与销地往往相隔比较远,导致部分地区供过于求与部分地区供不应求的局面同时出现。解决这些矛盾还是要依靠农产品物流。因此在这些情况下,农产品价格具有很大的局限性。在农产品现货市场上,不同品质、不同区域、不同的消费习惯等,都会形成不同的价格。

在生产和流通过程中,由于农产品领域是集中供给和常年消费,所以农产品价格的年度特征很明显。同时,从形成过程来看,农产品价格具有非公开性、非竞争性,在农产品市场上,即使是同一种商品,也可能存在较大价格差。市场价格与政策价格并存,并且这些价格分别代表了不同的含义,缺乏权威性。

2.2　农产品价格波动的概念与特征

2.2.1　农产品价格波动的概念

西方经济理论认为,供求关系决定商品的价格,农产品的价格随农产品供求关系发生变化。马克思价格理论认为,价格是物化在商品内的劳动,受商品供求关系的影响,价格围绕价值上下波动。这两种理论关于价格的分析虽然有很大的差异,但也同时注意到了农产品价格波动。农产品价格的波动影响着国民经济的发展。

关于价格波动的定义起源于风险概念的提出,但风险管理问题从 20 世纪50 年代才真正引起人们的关注。艾伦·雷特(Allan H. Willet)(1901)认为,所谓风险,就是关于不愿发生的事件发生的不确定性之客观体现;奈特(Frank Heyneman Knight)(1921)定义风险为"可测定的不确定性";著名风险管理学家小阿瑟·威廉姆斯(C. A. Williams Jr.)(1990)认为,风险是在给定情况下特定的期间内可能发生的损失的变动。

这些风险的定义强调了一些共同的特点,如不确定性等。具体来说,风险是指事件发生的可能性。风险影响具有不确定性,可能产生损失,但同时也应当考虑盈利的不确定性。因为波动会产生影响,这个影响可能是有利的,也有可能是不利的。如果单纯地只考虑损失的不确定性,显然缺乏应有的严谨性。为了更好地理解盈利的不确定性,可以认为是产生了负的损失。

农产品价格波动是指因农产品价格的不确定性而产生的波动。市场中农产品价格波动是正常现象。由于各种因素影响,农产品价格围绕其市场均衡价格波动。总的来说,农产品价格波动受农产品投入要素价格等因素影响。

2.2.2　农产品价格波动的特征

1. 农产品价格波动的客观性

在经济发展过程中,农产品价格波动是客观存在的。只要市场机制在起作用,农产品价格就必然会发生波动。造成这个现象的原因是决定风险的各种因素相对于风险主体来说是独立存在的,风险在一定条件下变为现实。所以农产品价格波动是市场经济体制下的必然现象。农产品价格风险和市场经济体制互相产生影响。因此,农产品价格风险是客观存在的。

2. 农产品价格波动的差异性

不同农产品的价格波动是不同的,具体来说,农产品在不同的时期,价格风险具有差异性。受价格影响的程度不同,农产品价格在波动上表现出差异性。农产品价格波动的差异性本质来源于其产品的差异性,但同时也受到外部环境的影响。

3. 农产品价格波动的可转移性

当风险从预期变为现实时,风险将在相关的当事人之间或当事人与其周围的客观环境之间进行转移。农产品价格波动的风险发生会影响农民收入,降低农民生产积极性。与此同时,农产品价格波动增加了农户生产决策的难度和收益的不确定性。农产品价格风险使农户收益面临不确定性,并增加了农业生产决策与融资的难度,是制约农业发展的关键性因素。

在实践中,农产品价格的变化给农民收入以及农业自身的生产发展造成一定的影响。更重要的是,农产品价格波动还使得国民经济其他部门价格水平以及整个物价水平发生波动。总的来说,农产品价格的宏观调控比较重要。同时,研究农产品价格波动与经济增长问题有助于促进农业经济增长。

2.2.3　农产品价格波动原因分析

在实际经济运行中,农产品价格剧烈波动给宏观经济运行带来了极大的损害,农民承担了农产品价格剧烈波动所带来的影响。在这些影响中,周期性运行冲击和超预期农产品价格波动带来的不确定性是两个重要方面。农产品价格波动是对农产品生产者和消费者的主要考验。认识价格波动的本质原因,有助于加强对农产品价格的监督和管理,有利于降低农产品价格波动带来的负面影响。因此,有必要对农产品价格波动的原因进行分析。本书认为,农产品价格波动的原因主要有以下三个方面。

1. 农业领域的弱质性

农产品生产是自然性生产①和社会性生产②的统一。这说明农产品的生产方式和农产品的特点与它所处的自然条件有关,同时也与现代科技有很大关系。虽然现代农业引入了工业化的成果,也极大地增强了人类对大自然的控制,但是自然条件依然影响着农产品生产,甚至在很多情况下,是农产品生产非常重要的条件。自然条件尤其是有些自然灾害存在不可抗拒和无法预测的特点。显然,自然条件的深刻变化,必然会影响到农产品生产活动进行。如果影响程度轻,只会造成农产品品质降低或者产量减少;如果自然条件变化剧烈,则有可能造成农产品绝收。因此,自然灾害发生后,政府应加大对农产品生产的支持。因为这种风险不仅会对农业产生很大的影响,还会波及其他产业,甚至整个社会。虽然非农业生产在一定程度上也会受到自然条件影响,但是这种影响带来的冲击比农业领域受到的冲击要小。更重要的是,非农业领域在受到冲击后,大多数情况下,很难把这种影响传导到整个经济体系;而农业领域所面临的这种自然风险很难准确预测,目前,在实践中尚没有有效的预防机制来对这种冲击进行处理。

2. 农产品市场失灵

农产品生产的过程是各种生产要素投入形成产品的过程。在这个过程中,农产品的生产和消费主要通过市场机制对农产品价格产生着比较大的影响。也就是说,供求关系对农产品价格产生影响。在农业生产活动过程中,需要成熟灵活的市场机制进行调节。但是由于市场机制本身不完善,同时农产品生产和农业生产要素调节可能具有滞后性,所以在农业经济领域可能存在市场失灵现象。农业生产调节失灵和对农业生产要素投入调节失灵是市场失灵的两种主要原因。

首先,农产品供求关系会导致农业生产调节失灵。农产品的需求价格弹性和需求收入弹性都比较小,导致农产品价格机制的调节能力非常有限。在满足完全竞争的市场条件下,农产品价格上升时,农产品生产者为了获取更多的收益,会扩大生产规模,生产出更多更好的农产品;如果情形相反,农产品价格降

---

① 自然性生产指农业生物体在自然力作用下生长、发育和繁殖的过程。
② 社会性生产指农业劳动者以动植物生长为对象的劳动过程。

低，由于农业生产领域存在"踏轮效应"，供给法则对农业生产不起作用，农产品生产规模不但不会减少，甚至还有可能扩大。因为农产品价格下降后，根据农业生产"收入＝产量×价格"这个恒等式，农产品生产者收入维持或增加只能依靠产量的增加。因此，农产品供求关系对农业生产的调节作用有限，甚至是无效的。

其次，对农业生产要素投入调节失灵。农业生产要素供给调整的"黏滞性"是调节失灵的关键。农业生产要素的黏滞性是指农产品市场价格变化对调节的缺陷性。当农产品价格上升时，会促使农产品生产者加大农业生产要素投入；当农产品市场出现相反的情况，即农产品价格下降时，由于受到农业生产要素专有属性的影响，农产品生产者不愿意把农业生产要素投入到非农产品生产领域中。市场机制调节农业生产要素存在时滞性是农业生产要素黏滞性的体现。这也表明市场机制调节农业生产活动能力的有限性。

3. 农业的外部性

农业源自于人类生存和发展所需。任何其他部门都无法替代农业产业的地位和作用。随着人类改造自然和改造社会的进步与发展，人类对农业经济的认识也在不断深化。农业不只是提供农产品的最原始的经济功能，它已经发展为集经济功能、社会生活功能、生态环境功能和文化功能为一体的综合性产业。在建设中国特色的市场经济中，农业需要为社会提供充足的农产品，才能不断提高人民生活水平，才能为其他产业提供充足的原材料和产品。在确保生态环境、水土保护和可持续发展等前提下，农业产业要提供更多、更丰富的农产品。在农业产业的这些功能中，经济功能是基础，对农产品生产者具有直接意义。农产品生产的数量和种类越多，就越能保障从业人员的经济收入，提高其生活水平，这样就会产生更大的正外部性。农业经济活动也具有负外部性，比如盲目无序的农业经济发展模式对可持续发展产生极为不利的影响。因此，为了充分发挥农业产业的各项功能，应采取相应的措施和对策，使农业产业的正外部性得到充分的体现，而对农业产业的负外部性进行有效的监控，避免因负外部性过大给经济增长带来巨大冲击。

2.2.4　农产品价格波动性衡量

1. 农产品价格波动集中程度

农产品价格波动的衡量指标多种多样。在这些指标中,有一类指标用于度量农产品价格波动的集中程度,它反映了农产品价格向某一个中心值靠拢的倾向。判断集中趋势需要找出一般水平下的农产品价格代表值或农产品价格中心值,常见的代表值有众数、中位数、均值等。

(1)众数。

众数是在农产品价格数据中出现次数最多的变量值,用 M_0 表示。众数适用于测量定类数据的集中趋势,也可用于定序数据、定距数据和定比数据集中趋势的测量。对于定距数据和定比数据的度量,如果进行分组处理,则会因处理方式不同而得出不同的结论。因此,对于这类分组数据处理,还需要假定众数组的频率在组内均匀分布。众数是一个位置代表值,不受数据中极端值的影响。从统计学的角度来看,在一组数据的中心点附近,价格值出现的频率较高,这样就可以确定中心点的位置。应用众数时,必须是数据分布具有明显的集中趋势。否则,众数的代表性就很差。

(2)中位数。

中位数是一组数据按照从大到小或者从小到大的顺序排列后,处于中间位置的变量值,用 M_e 表示。中位数将全部数据分成两部分,其中一部分数据比中位数小,另外一部分比中位数大,每个部分各包含 50% 的数据。中位数主要用于测量定序数据的集中趋势,也可用于定距数据和定比数据集中趋势的测量,但不适合定类数据。

根据分组数据计算中位数时,先进行数据排序,然后确定中位数的位置,最后确定中位数的具体数据。

设一组数据 $X_i, i=1,2,\cdots,N$;按照从小到大的顺序排序后为 $X_{(i)}, i=1, 2,\cdots,N$。若 N 为奇数,则中位数为 $X_{\frac{N+1}{2}}$;若 N 为偶数,则中位数为 $X_{\frac{N}{2}}$ 和 $X_{\frac{N}{2}+1}$ 的平均数。

另外还有分位数,它与中位数很类似。例如四分位数、十分位数和百分位数等等,计算方法也与中位数类似。

(3)均值。

均值在统计应用中是集中趋势的最主要度量值,是一组数据的重心所在,往往反映了事物必然性的数量特征。适用于测量定距数据和定比数据的集中趋势,不适合定类数据和定序数据。常见的有简单均值、加权均值和几何均值。

①根据未分组整理的原始数据计算均值。

设一组数据 $X_i, i = 1, 2, \cdots, N$,则均值 $\overline{X}$(读 $X\text{-}bar$)的计算公式如下:

$$\overline{X} = \frac{X_1 + X_2 + \cdots + X_N}{N} = \frac{\sum\limits_{i=1}^{N} X_i}{N} \tag{2.1}$$

②根据分组整理的数据计算均值。

设原始数据被分成 K 组,各组的组中值为 $X_i, i = 1, 2, \cdots, K$;各组变量值出现的频数分别为 F_i,则均值的计算公式如下:

$$\overline{X} = \frac{X_1 F_1 + X_2 F_2 + \cdots + X_K F_K}{F_1 + F_2 + \cdots + F_K} = \frac{\sum\limits_{i=1}^{K} X_i F_i}{\sum\limits_{i=1}^{K} F_i} \tag{2.2}$$

③几何均值。

几何均值也称几何平均数,适用于测量特殊数据集中趋势的一种平均数,在计算频率或速度的平均数时被广泛应用。在实际应用中,主要用于计算社会经济现象的年平均增长速度。它是 N 个变量值乘积的 N 次方根,计算公式为:

$$G_M = \sqrt[N]{X_1 X_2 \cdots X_N} = \sqrt[N]{\prod_{i=1}^{N} X_i} \tag{2.3}$$

④众数、中位数、均值的关系。

从数据分布的角度分析,众数始终是一组数据分布的最高峰值,中位数是处于一组数据中间位置上的值,而均值则是全部数据的平均值。当用这三个不同的指标去衡量一组数据的集中趋势时,存在以下关系:

单峰分布条件下,如果数据对称分布,则众数、中位数、均值必定相同,即 $M_0 = M_e = \overline{X}$;如果数据呈左偏分布,表明数据存在极小值,由于众数和中位数是位置代表值,不受极值影响,而均值受到极值影响,所以三者之间的大小关系为：$\overline{X}<M_e<M_0$；如果数据呈右偏分布，表明数据存在极大值，则相反，即三者之间的大小关系：$M_0<M_e<\overline{X}$。

总之，众数是一组数据分布的峰值，是位置代表值，不受极端值的影响，但是同一个数据中可能存在多个众数，也有可能不存在众数。在这种情况下，可以使用中位数，中位数也是一个特定位置的代表值。均值是实际应用中使用最多的一个指标。它有不同的表现形式，可以适应很多场合的分析，而且也是最能体现数据集中趋势的一个指标。但是均值存在一个比较大的缺点，就是容易受到极端值的影响。因此，在具体使用的时候，需要根据分析的目的来选择适合的集中趋势度量指标。

2. 农产品价格波动离散程度度量

反映价格波动特性的指标除集中趋势之外，还有离散趋势。在统计分析中，数据的离散性也是一个很重要的特征，它反映了数据离中心值的程度。数据离散程度大，集中趋势测度值的代表性越差，表明波动的幅度也越大。测量数据离散程度的常见指标有异众比率、极差、标准差和离散系数等。

（1）异众比率。

异众比率（variation）又称变差比，是非众数组的频数占总频数的比率。异众比率越大，说明众数的代表性越差；异众比率越小，说明众数的代表性越好。它主要用于定类数据的离散程度测量。计算公式如下：

$$V_r = \frac{\sum F_i - F_m}{\sum F_i} = 1 - \frac{F_m}{\sum F_i} \qquad (2.4)$$

其中，V_r 为异众比率，F_m 为众数组的频数，$\sum F_i$ 为变量值的总频数。

（2）极差。

极差（range）也称全距，是一组数据中最大值与最小值之差。它是描述数据离散特征的最简单的测度值。优点是计算简单，容易理解。缺点是容易受到极端值的影响。由于极差只利用了一组数据中的两个极端值，无法反映中间数据的分散状态，因而不能准确描述数据的离散程度。计算公式如下：

$$R = \max(X_i) - \min(X_i) \qquad (2.5)$$

其中，R 为极差，$\max(X_i)$ 和 $\min(X_i)$ 分别代表数据中的最大值和最小值。

如果是分组数据,那么极差也可以近似计算:

$$R \approx 最高组上限值 - 最低组下限值 \tag{2.6}$$

(3)标准差。

标准差是广泛应用的一个离散度量指标。尤其是对社会经济现象进行分析时,我们倾向于使用标准差度量离散程度。标准差具有量纲,它与变量值的计量单位相同。标准差是根据方差得到的,方差是各变量值与其均值离差平方的平均数。根据所使用的数据不同,可以将标准差分为总体标准差和样本标准差。计算公式如下:

①总体标准差。

$$对于未经整理的原始数据:\sigma = \sqrt{\dfrac{\sum\limits_{i=1}^{N}(X_i - \overline{X})^2}{N}} \tag{2.7}$$

$$对于分组数据:\sigma = \sqrt{\dfrac{\sum\limits_{i=1}^{K}(X_i - \overline{X})^2 F_i}{\sum\limits_{i=1}^{K} F_i}} \tag{2.8}$$

②样本标准差。

$$对于未经整理的原始数据:S_{n-1} = \sqrt{\dfrac{\sum\limits_{i=1}^{n}(X_i - \overline{X})^2}{n-1}} \tag{2.9}$$

$$对于分组数据:S_{n-1} = \sqrt{\dfrac{\sum\limits_{i=1}^{k}(X_i - \overline{X})^2 F_i}{\sum\limits_{i=1}^{k} F_i}} \tag{2.10}$$

(4)离散系数。

极差、标准差等指标均反映数据离散程度的绝对值水平,即数值大小与原变量均值大小有关。变量值绝对水平高,其离散程度的测量值也就大;变量值绝对水平低,其离散程度的测量值也就小。另外,计量单位的选择不同,离散程度的测量值也不一样。因此,对于平均水平不同或计量单位不同的数据组,不能用上述离散程度指标进行直接比较。为了消除它们的影响,可以采用离散系数这个指标。

离散系数(coefficient of variation)也称为标准差系数,是测量数据离散程度的相对指标,它是根据标准差和均值来进行计算的。计算公式如下:

$$V_{\sigma} = \frac{\sigma}{\overline{X}} \tag{2.11}$$

$$V_{s} = \frac{S}{\overline{X}} \tag{2.12}$$

离散系数用于总体数据或样本数据的离散程度测度。离散系数小,说明数据的离散程度小;离散系数大,说明数据的离散程度大。

3. 农产品价格波动分布特征度量

全面反映数据分布的特征,除要知道集中趋势和离散程度之外,还需要知道数据分布的偏度和峰度等指标。数据分布的形状、偏斜的程度可以通过偏度和峰度等指标来描述。

(1)偏度。

偏度(skewness)是对数据分布偏斜状态进行度量的指标。数据是否对称,可以通过众数、中位数和均值等指标来判断。但是要测度偏斜的程度,则需要计算偏度系数。常见的偏度计算公式如下:

$$\alpha_3 = \frac{\sum_{i=1}^{K}(X_i - \overline{X})^3 F_i}{N\sigma^3} \tag{2.13}$$

其中,α_3 为偏度系数,其他符号含义同前。

α_3 的正负值衡量数据分布的对称性,其数值的大小代表偏离的程度。当数据分布对称时,$\alpha_3 = 0$。当数据分布不对称时,形成正或负的偏度系数。当 $\alpha_3 > 0$ 时,表示正偏离数值比较大,可以认为数据分布有正偏或右偏特点;当 $\alpha_3 < 0$ 时,表示负偏离数值比较大,可以认为数据分布有负偏或左偏特点。另外,α_3 数值越大,表明数据分布特性的偏斜程度越大。

(2)峰度。

峰度(kurtosis)是数据分布集中趋势高峰形状的衡量指标。它通常与正态分布相比较。若分布的形状与正态分布形态相比更瘦高,属于尖峰分布。反之,则为平峰分布。计算公式如下:

$$\alpha_4 = \frac{\sum_{i=1}^{K}(X_i - \overline{X})^4 F_i}{N\sigma^4} \tag{2.14}$$

其中,α_4为峰度系数,其他符号含义同前。

一般地,正态分布的峰度系数为 3。当 $\alpha_4 < 3$ 时,数据呈平峰分布;当 $\alpha_4 > 3$ 时,数据呈尖峰分布。

2.3　经济增长的界定

2.3.1　经济增长的基本含义、分类和功能

1. 经济增长的基本含义

经济增长[①]问题的研究是历代经济学家关心的话题,而对经济增长的定义也各不相同。在这些对经济增长定义的描述中,大致可以将其分为广义的经济增长和狭义的经济增长。狭义的经济增长只强调经济增长数量,而广义的经济增长更加强调经济增长质量。

(1)狭义的经济增长。

狭义的经济增长观点侧重于研究经济增长数量方面的问题。在相当长的一段时期内,经济学家只专注于研究经济增长的数量问题。通过研究,他们都得出了很多有价值的理论和观点。在这些通过数量去研究经济增长的学者中,代表性学者有美国经济学家道格拉斯·格林沃尔[②]和查尔斯·金德尔伯格[③]。美国经济学家保罗·萨缪尔森认为[④],可以把经济增长视为是生产可能性边界

[①]　经济增长是指一国经济在一定时期内总产量或人均产量的持续增加以及实际生产能力的持续上升,从价值角度来看,就是国民生产总值和人均国民生产总值的持续增长。

[②]　美国经济学家道格拉斯·格林沃尔认为,经济增长是在某一个国家或地理上、政治或社会上的其他单位,诸如一个区域,一个城市,或某一居民群体,也可以包括一群国家或整个世界经济中所产生的物质产品和劳务的数量在一段较长时期内的持续增加。

[③]　美国经济学家查尔斯·金德尔伯格认为,经济增长不仅包括因投资而获得的增产,同时也包括更高的生产效率,即单位投入所生产的产品的增加,也就是说经济增长指更多的产出。

[④]　美国经济学家保罗·萨缪尔森认为,经济增长的具体表现就是一个国家潜在的国民产量或者潜在的实际国民生产总值(GNP)的扩展。

随着时间而推移的结果。

库兹涅茨(Kuznets)于 20 世纪 50 年代,根据英、法、美等 14 个国家近百年的经济增长分析,总结出现代经济增长的特征:人均国民生产总值(GNP)和人口都表现出加速增长的趋势;生产率不断提高;经济结构不断完善;社会结构和意识形态改变迅速;虽然世界各国都在谋求经济增长,但是经济增长发展严重不平衡。库兹涅茨从研究分析中还得到一个重要结论:人均 GNP 的增长,其中 25％的影响因素来源于投入要素的数量,75％是来源于生产率的提高,而投入要素生产率的提高主要是由技术进步引起的。因此,科学技术进步为现代经济增长开发了新的源泉。我国经济学家谷书堂[1]和张维达[2]也提出了适合中国经济发展的经济增长理论观点。

这些学者大多是从数量的角度出发研究经济增长。在结合国内外学者观点的基础上,本书认为,狭义的经济增长就是指经济在数量上的增长,侧重于研究产品和劳务总量的增长。在狭义的经济增长中,内在包含了实际增长率和潜在的生产能力两方面的内容和观点。

(2)广义的经济增长。

经济增长不仅是数量的增加,更是质量的提高。越来越多的经济学家开始对广义的经济增长理论进行研究和探讨。1971 年,美国著名经济学家库兹涅茨给经济增长做出了全面的阐述[3]。他认为,经济增长包括了生产能力的提高,同时也包括了技术改进、制度和意识形态的调整。

关于经济增长质量的内涵,不同学者有不同的观点,存在很大的分歧。但是,从目前讨论的观点来看,他们都承认,广义的经济增长具有以下几个方面的含义和内容。

①经济增长质量是经济增长的基本要求。要实现经济增长质量的提高,必须以科技推动和需求拉动为导向,依靠生产要素质的提高。通过生产要素资

---

[1] 谷书堂认为,经济增长是指生产的增长,或产出的增加,具体来说,就是工农业总产值的增长,或社会总产值的增长,或国内生产总值的增长,或国民收入的增长。

[2] 张维达认为,经济增长是指一个国家和地区生产产品和劳务总量的增加,意味着国民经济规模的扩大和数量的增长,即国民经济的更多产出。

[3] 一个国家的经济增长,可以定义为向它的人民提供品种日益增加的经济商品的能力的长期上升,这个增长的能力,基于改进技术,以及它要求的制度和意识形态的调整。

源的有效配置和农业产业结构的优化等方式来提高国民经济整体素质。

②经济增长质量反映了经济增长的有效性程度。更具体的是指经济增长反映了可持续性以及增长效率等各个方面。

③经济增长质量的衡量标准是以投入要素的产出效率来衡量。在高效的经济增长中,表现为以相同的生产要素投入,取得更多、更好的产品和产量。反之,经济增长效率就比较低。

④经济增长质量包含经济整体素质、经济运行质量、经济社会效益三个相互联系的基本方面。经济增长质量不排斥以经济增长速度为基础,但强调必须以提高经济增长效率为中心。

经济增长质量是相对于经济增长数量而言的。经济增长质量强调生产要素效率的提高,同时也强调生产要素素质的提高。只有不断提高生产要素的生产效率,应用更先进的技术,才能促使经济效益不断提高、经济结构不断优化以及经济规模逐渐合理,也才能使国民经济快速、平稳、持续地发展。

经济增长的实质就是社会生产力的各种要素在总体上的均衡协调发展,同时使社会生产力与人类社会之间保持一种良性的整体发展关系,是经济增长数量和经济增长质量的共同发展。

经济增长的质量理论认为经济增长具有以下特征。

第一,必须满足人们日益增长的物质和文化生活的需要,这是经济增长的最终目标。因此,经济增长要求提供满足社会需要的大量产品和服务。

第二,在经济增长方式方面,必须具有合理的经济增长速度,经济增长不仅是经济质量的提高,同时也是经济数量的增长。

第三,在一个国家和地区,经济增长必须具有一定的稳定性和可持续性。如果经济增长不能相对稳定,就会对经济的整体发展产生巨大的破坏作用,最终也使得经济增长目标无法实现。

第四,必须重视经济增长方式的重要性,随着经济的发展,经济增长方式也应发生相应改变。从经济发展趋势来看,经济增长必然会更加重视生产要素素质的提高和资源配置效率的提高。

2.3.2　经济增长方式的内涵

经济增长方式①是指经济增长的实现途径。根据生产要素的组合方式及其在经济增长中的作用,可以把经济增长分为不同的经济增长方式。一般来说,经济增长是前提和基础,经济增长方式是经济增长的延伸和深化。

2.3.3　经济增长方式的分类

根据影响经济增长的主要因素,如劳动力投入、技术进步、资本积累、产业结构等对经济增长的作用,把经济增长方式分为不同类型。

1. 从生产经营角度划分

可以把经济增长方式分为粗放型经济增长和集约型经济增长两种。

粗放型经济增长方式是指依靠生产要素的投入和扩张来实现经济增长。本质是以数量的增长为核心,主要依靠大量投入资本和劳动力等要素来促进经济发展。在这种经济增长方式下,必然会导致"两高两低"(高消耗、高投入、低效益和低质量)的经济状况出现。由于这种经济增长方式消耗大量资源,不重视生产要素的效率,所以这种经济增长方式是不可持续发展的。

集约型经济增长方式是指在生产规模不变的基础上,通过采用新技术、新工艺,加大科技含量的方式来促进经济增长。其基本特征是通过提高生产要素的质量和效率来实现经济增长。这种经济增长方式消耗较低,成本较低,同时产品质量不断提高,经济效益较高。通过提高生产要素的效率来促进经济增长,这是一种可持续发展的经济增长方式。

2. 从生产规模扩张的角度划分

根据生产规模是否扩张,可以将经济增长方式分为外延型经济增长和内涵型经济增长。外延型经济增长方式主要是通过增加生产要素的投入来实现生

---

① 经济增长方式(economic growth pattern),在西方经济学中并不多见。"pattern"是一个内涵非常丰富的概念,译成"方式"或"类型"。著名发展经济学家钱纳里等在《工业化和经济增长的比较研究》中曾使用了"经济增长方式"这一概念。

产规模的扩大和经济的增长。内涵型经济增长方式是指通过科技进步和提高生产要素的效率来实现经济的发展。

3. 从经济增长的出发点划分

经济增长的本质出发点是不同的,生产要素投入和生产效率的提高是经济增长的源泉。世界各国经济的发展都离不开土地(自然资源)、劳动力和资本三个生产要素。不同国家的经济发展中,这三个要素的组合比例不同,其对应的生产效率也不同。因此可将经济增长方式分为"要素投入驱动型"与"效率提高驱动型"两大类。

在"要素投入驱动型"经济增长方式中,要素投入是指劳动、资本和资源的投入。"要素投入驱动型"经济增长方式是指经济增长主要依靠生产要素投入来发展经济。在实际经济活动中,依据不同要素可分为资源投入型、资本投入型和劳动力投入型三种。

"效率提高驱动型"经济增长方式强调依靠生产效率的提高来促进经济的增长,也可进一步分为集约管理型和知识创新型两种。"效率提高驱动型"更重视"生产要素的质量"对经济增长的影响。

从世界经济发展的实践来看,这两种经济增长方式在当今经济发展中共存。由于不同国家的经济发展水平不同,所以会根据本国情况来选择合适的经济增长方式。经济增长在实践中并不存在单纯的某一种经济增长方式,往往是将各种经济增长方式有机地融合在一起。从经济水平和发展趋势来看,随着科技进步和生产力的不断提高,经济增长方式由"要素投入驱动型"逐步向"效率提高驱动型"方向转变。

2.3.4 经济增长的衡量指标

经济增长问题已经在实证研究领域得到了广泛应用。经过长期以来的研究,目前已经形成了相对完善的衡量指标体系。

1. 经济增长数量的衡量指标

衡量经济增长数量的常见指标有国内生产总值、国民生产总值、国民收入、工农业生产总值、社会总产值等,并在这些指标的基础上进行增长值或增长率指标分析。在这些指标中,国内生产总值(GDP)的增长率是我国广泛使用的衡量指标。

对经济增长数量的测算在《新帕尔格雷夫经济学大辞典》中采用三个重要指标,即国内生产总值(GDP)、国民生产总值(GNP)和国民收入(NI)。本书采用国内生产总值指标进行研究。

(1)国内生产总值是指在一个国家的领土范围内,本国和外国居民在一定时期内所生产和提供的最终产品和劳务价值的总量。在具体统计过程中,凡是在本国领土范围内发生的产品和劳务,无论经营者和提供者是本国居民还是外国居民,均计入其中;而本国居民在外国生产的产品和提供的劳务,都不计入国内生产总值。这是综合反映一个国家经济活动成果的最重要的指标之一。

(2)国民生产总值是指一个国家的国民在一定时期内,在国内和国外所生产和提供的最终产品和劳务价值的总量。凡是本国国民,无论是在国内还是在国外,其生产的产品和提供的劳务均计入其中;而外国国民在本国生产的产品和提供的劳务,则不计入。它只包括最终产品和劳务的价值,市场经济国家把它看成综合反映一个国家经济活动成果的最有概括性、最重要的指标。在研究一国经济发展水平、增长速度以及各种比例关系时,都广泛应用这个指标。这个指标包括物质生产部门和非物质生产部门,不包括劳动对象的转移价值,没有中间产品的重复计算。

(3)国民收入是指一国从事物质生产的劳动者在一定时期内新创造的价值或体现这部分价值的产品。劳动者在一定时期内创造出来的全部产品或价值中,扣除已消耗掉的生产资料或其价值,就是国民收入。其实物形式包括全部消费资料和用作扩大再生产和增加后备等的生产资料。从实物形式来看,国民收入因社会劳动生产率的提高和物质生产部门劳动者人数的增加而增长。从分配角度来看,国民收入是指一个国家的生产要素所有者在一定时期内,从生产产品和提供劳务中获得的全部收入。它表示全社会利用生产要素,通过买卖关系所获得的全部报酬。

2. 经济增长质量的衡量指标

在长期的经济增长研究中,学者发现,评价一个国家或地区的经济增长质量可以采取相应的指标对其进行衡量。

(1)经济增长速度。用增长率指标来衡量经济增长是使用最多的一种表达形式。常用的增长率指标有国民生产总值增长率、国内生产总值增长率或国民总收入增长率。用增长率指标衡量经济增长的优点在于能够把国民经济的总体活动用统计数字简明概括。

(2)经济结构。这是衡量经济增长质变方面的重要指标之一。经济增长到一定程度会发生生产结构等方面的转变。中国是一个发展中国家,要素市场的非均衡现象、产业间的资源流动以及生产结构的变化都具有独特性。其中,经济结构的调整比较重要。钱纳里和塞尔奎因认为,发展中国家的经济增长进程可以理解为经济结构转变的一个重要组成部分。如果经济结构出现异常变动,将会对经济发展产生重大冲击。合理的经济结构是经济增长健康发展的必要前提,也是实现经济可持续增长的基础。

(3)经济效益。经济效益是经济增长质量内涵的中心。获取经济效益的途径和方式在不同的经济增长方式下是不同的。粗放型的经济增长是以扩大要素投入来获得产出的增加。而集约型的经济增长,则是通过提高投入要素的质量,采用更好、更新的技术和提高管理水平等方式来实现较小的投入、较大的产出。因此,经济效益是反映经济增长质量的重要衡量指标。经济效益体现了它的经济竞争能力。中国加入 WTO 以后,中国经济面临与世界经济同台竞争的局面。只有提高经济效益,才能在世界经济发展中取得重要的席位。

(4)经济增长的稳定性。经济的稳态增长一直以来是经济学家研究的热点问题之一。稳定的经济增长是经济可持续发展的基石。经济增长的波动性是正常现象,但是剧烈而频繁的经济波动会对经济的效率提高带来无法估量的损失。这种对经济的影响表现在两个方面:一是造成社会资源的巨大浪费,无法保证经济长期稳定增长;二是对宏观经济运行产生不利的影响,经济增长的速度与宏观经济的运行紧密相关。经济增长过快容易导致通货膨胀,经济增长过慢则会造成高失业率状况的出现。因此,在衡量经济增长的质量标准时,应分析经济增长的稳定性。

(5)技术进步。技术进步是经济增长方式改变的非常重要的推动力量,它通过提高生产要素的使用效率而促进经济增长。技术进步与物质资本结合能提高技术装备水平、产品价值品质和生产制造效率,最终促进经济增长中的全要素生产率提高。技术进步离不开人力资本素质的提高以及人力资本储备的增加。当人力资本存量很低时,技术进步与人力资本的结合很难产生良好的经济效益。只有人力资本存量处于较高水平时,才能与技术进步要素更好地配合,只有这样才能提升经济增长中的全要素生产率水平。显然,与人力资本相匹配的技术进步要素对提高经济增长质量是最有效的。

(6)生活水平状况。经济增长能改善整个国家和地区的生活水平和生活质量。一般生活水平的上升体现在人均国民生产总值或人均国民收入的提高、人均居住条件的改善和人均营养供给的提升等。人均指标不能完全反映生活水平的真实状况,还必须考虑全社会的分配是否公平。只有确保公平分配,才能真正提高人均国民收入,如果收入分配不公平,则对整个社会的生活水平无本质上的提高。经济增长不仅是创造收入、提高收入,更重要的是如何妥善有效地使用经济增长所带来的财富来改善生活的质量和扩大生活的自由空间。在建设中国特色社会主义现代化进程中,衡量经济增长质量就必须看经济增长是否能够满足社会经济发展的需要。

(7)经济增长环境。经济增长还需要分析环境的变化趋势。很多国家在经济发展中,虽然取得了较大的经济发展成果,但是牺牲了环境质量。这样造成了新的社会问题,出现了严重的环境问题,给环境带来了巨大的伤害,尤其是在经济增长过程中对环境的不科学和过度开发造成的环境质量退化。在农产品生产领域,土地资源的过度使用给中国农业经济的可持续发展带来了严重隐患。我们在发展经济的过程中,要对现代经济增长所带来的某些消极后果进行科学评估,避免这些消极后果带来严重的环境代价,从而导致人们的生活水平降低。如果对这些消极因素控制不当,会严重损害到经济可持续发展的物质基础。因此,在现代经济增长理论中,把环境指标也作为衡量经济增长的一个重要准则。

3. 经济增长方式的度量指标

可以采用全要素生产率对经济增长方式进行衡量。在分析经济增长方式时,经济要素对经济增长的影响程度和大小是有区别的。为了更加客观地分析经济的增长情况,必须对影响经济增长的要素如土地(资源)、劳动、资本投入以及生产效率等进行分析,从中判断出影响经济增长的关键因素,分析各种因素对经济增长所做的贡献,即分析经济增长的动力源泉。全要素生产率(TFP)是考虑了所有要素后提出的一种经济增长度量指标。它考虑了劳动力投入、资本投入和其他投入对产出的影响,是度量生产效率较为全面的尺度。

　　根据全要素生产率分析经济增长方式,当全要素生产率在经济增长中的份额低于 50％时,其经济增长方式属于要素投入驱动型经济增长方式;当全要素生产率在经济增长中的份额超过 50％时,其经济增长方式为效率提高驱动型经济增长方式。

第3章 基于农产品价格要素的经济 增长理论与模型

经济增长理论是研究一个国家怎样提高和增大国民生产总值的一种经济理论。通常认为,决定一个时期经济增长水平的因素有技术水平、人力资源、生产要素状况、管理效率等。经济增长理论研究的内容都基于资本、人力和技术进步要素,它们是经济增长的要素。经济增长理论的研究十分活跃。本书首先回顾了经济增长理论及其前期成果,然后结合中国国情进行经济增长的理论研究和实证研究,并对中国农业经济发展理论进行简要探索。

3.1 西方经济增长理论及其新发展

3.1.1 古典学派的经济增长理论

古典学派的亚当·斯密(Adam Smith)、李嘉图(David Richado)以及马尔萨斯(Thomas Robert Malthus)等,从不同的角度对古典经济增长理论进行研究。

亚当·斯密在《国民财富的性质和原因的研究》中强调劳动分工对经济增长的重要性。他认为,只有好的劳动分工才会提高全社会的劳动生产率,才会推动经济的增长。在经济增长理论方面,他认为社会分工和政府政策必须相辅相成。首先,社会分工是前提和基础。广泛的贸易交换以及资本积累有助于生产率的提高以及经济增长的提升。其次,强调政府政策的重要性。他认为,自由竞争的宏观环境能为经济增长提供良好的制度保障。

李嘉图在《政治经济学及赋税原理》中强调资本积累在经济增长中的重要性。根据李嘉图的观点,资本积累才是促进经济增长的真正关键因素,并在此基础上正式展开对经济增长的研究。李嘉图的经济增长理论观点更加注重劳动力和资本积累的重要性。同时,李嘉图认为,由于生产要素存在收益递减规律,长期持续的高速经济增长趋势是不可能出现的,因为经济增长受到资本增长的有限性限制。

马尔萨斯主要从人力资源角度对经济增长理论进行研究。他认为,对经济增长问题的研究必须与人口原理紧密联系在一起,人口问题才是影响经济增长最关键的因素。人口的增长速度将来必定会超过生活资料增长速度,因而人力资源研究应该在经济增长理论研究中引起足够的重视。

3.1.2　现代经济增长理论

西方经济学界将 1939 年英国经济学家罗伊·哈罗德(Roy Harrod)发表的《论动态理论》一文作为现代经济增长理论出现的标志。20 世纪 40 年代至 50 年代,英国的哈罗德和美国的多马,几乎在同一时间,根据凯恩斯的收入决定论思想,把凯恩斯理论动态化和长期化,并在此基础上提出了各自的经济增长模型。由于二者在形式上极为相似,所以称之为哈罗德-多马模型。第二次世界大战结束后,经济增长的研究成为西方经济学界的研究热点,经济增长理论得到迅速发展。20 世纪 60 年代至 70 年代建立了新古典经济增长理论。随后,经济增长理论研究陷入停滞阶段。1986 年,罗默发表了论文,对经济增长理论进行了新的思考,再次引起了学者们对经济增长理论研究的热潮。近年来,经济增长理论研究取得了新成果。

1. 哈罗德-多马经济增长理论

英国经济学家罗伊·哈罗德在"有效需求"理论的基础上,研究长期的经济增长问题,1939 年发表了《论动态理论》一文。他把研究成果在《动态经济学导论》(1948)和《动态经济学》(1973)两书中进行了详细的阐述。与此同时,美国经济学家多马 (Domar)发表了《资本扩张、增长率和就业》(1946)与《扩张和就业》(1947)两篇论文,并在论文中对经济增长理论进行了探索。1957 年,在《经济增长理论》论著中,多马提出了与哈罗德结论一致的经济增长模型。学术界将他们的研究成果总称为哈罗德-多马经济增长理论,这标志着现代经济增长理论的萌芽。

哈罗德增长模型的基本假设:(1)在经济中,只生产一种产品,该产品既是消费品,也可作为投资品;(2)储蓄 S 是整个经济的国民收入 Y 的函数,即 $S=sY$,这里 s 代表这个社会的储蓄比例,即储蓄在国民收入中所占比例;(3)经济增长模型中只包含资本和劳动两个生产要素;(4)劳动力生产要素按照固定比率增长;(5)不存在资本折旧,技术水平保持不变;(6)在经济模型中,各种要素均存在报酬递减规律,同时假定生产规模报酬不变。

哈罗德提出了资本-产量比①的概念,用 v 表示。用 K 和 Y 分别代表资本和产量,则有:

$$K = vY$$

随着经济的增长,整个社会资本的存量也会不断增长,该社会的产品产量也会不断增长。在这里,假设资本和产量的增长量依次为 ΔK 和 ΔY。为了研究方便,假定原有的资本-产量比等于边际资本-产量比②,则:

$$\Delta K = v\Delta Y \tag{3.1}$$

在不考虑折旧的情况下,资本增量 ΔK 应该全部来源于新的投资,也就是说,$\Delta K = I$。因此,公式(3.1)可以写成:

$$I = v\Delta Y \tag{3.2}$$

根据凯恩斯的经济增长理论,当经济增长处于均衡状态时,投资等于储蓄($I=S$)。哈罗德认为,只有满足 $I=S$ 的经济增长才属于均衡经济增长。由基本假设(2)$S=sY$,得到哈罗德模型的基本方程:

$$v\Delta Y = sY$$
$$或 \frac{\Delta Y}{Y} = \frac{s}{v} \tag{3.3}$$

哈罗德模型表明,要实现均衡的经济增长,国民收入增长率取决于社会储蓄比例与资本-产量比。

哈罗德经济增长理论提出,在经济增长分析中有三种增长率,分别是自然

---

① 资本-产量比是指社会的资本(存量)和该社会的总产量或实际国民收入之间存在的一定比例。

② 资本的增长量和产量的增长量,这二者之比为边际资本-产量比。

增长率、有保证的增长率和实际增长率。

实际增长率是一国经济中实际进行的增长率。在一定储蓄比例之下,如果 v 是资本的实际变化量与国民收入的实际变化量的比率,得到的国民收入增长率就是实际增长率,记为 G_A,则

$$G_A = \frac{s}{v} \tag{3.4}$$

在进行动态理论研究时,要考虑厂商的预期和企业家是否合乎意愿等心理因素。有保证的增长率是指厂商感到满意并准备继续维持下去的收入增长率,用 G_W 表示。这里的"有保证"是指"由于资本家满意而得到保证"。如果考虑这个因素,把企业家意愿中所需要的资本-产量比记为 v_r,得

$$G_W = \frac{s}{v_r} \tag{3.5}$$

哈罗德认为,可以根据实际增长率与有保证的增长率之间的关系分析进行经济增长稳定性判断。若实际增长率等于有保证的增长率,则经济处于稳定增长的均衡状态,整个经济处于一种理想的发展状态。此时,各种要素都得到有效的利用,资源配置也很合理。一旦这两个增长率指标发生偏离,而且这种偏离不能自行纠正,反而越来越大,这种状态被哈罗德称之为经济增长的"不稳定原理"。造成这个状态出现的原因可能是市场给出了错误的信号,从而导致市场参与者的错误行动,最终使得经济增长的偏离程度越来越大。这种状况的出现不利于经济的增长。

为了保证经济能够稳定的增长,要求储蓄量全部转化为投资量,或者把 G_W 水平提高,也可以做到投资恰好等于本期全部储蓄额。

自然增长率是指在劳动人口增长和技术改进的条件下所能达到的长期最大增长率(G_n)。自然增长率是一个社会经济增长所能达到的最大的、"最适宜的"增长率,是实现充分就业的均衡增长率。实现劳动力充分就业的条件是国民收入的增长率必须等于劳动力的增长率。即:

$$G_A = G_W = \frac{s}{v} = \frac{s}{v_r} = n = G_n \tag{3.6}$$

哈罗德认为,只要满足这一条件,就能实现充分就业和充分利用生产能力,同时也能防止通货膨胀问题的出现。因此,在研究通货膨胀与经济增长关系的

问题时,要特别注意这点。

同时,多马也独立推导出与哈罗德相似的经济增长模型。但是多马的经济增长模型是采用"资本生产率",而哈罗德的经济增长模型是使用"资本-产出率"。在经济增长理论中,将其合称为哈罗德-多马模型。

哈罗德-多马模型表明,在劳动、技术不变的情况下,可以通过增加要素投入提高经济的增长率。哈罗德-多马的经济增长理论尝试进行长期动态分析,而这也是该经济增长理论的突出贡献。传统的凯恩斯理论强调短期静态分析,哈罗德-多马的经济增长理论开创了新的经济增长理论。哈罗德-多马模型虽然取得了很大的成功,但是缺陷也很明显,就是其采用的分析工具存在很大的争议。它采用短期分析工具来分析长期经济增长问题,在研究实际经济增长时,发现存在有保证的增长率与自然增长率之间不一致的现象。因此,很多学者对这个问题进行了更进一步的研究,最终推动了经济增长理论的发展。

2. 新古典经济增长模型

哈罗德-多马模型提出之后,引起了很多学者关注。一部分西方学者认为,哈罗德的结论存在明显的缺陷,而且与战后资本主义国家经济发展的事实不符合。第二次世界大战结束后,经济增长没有出现哈罗德模型所预测的那种大起大落的状态。相反,很多学者对研究哈罗德-多马模型中提到的经济增长不稳定性问题产生质疑。美国经济学家索洛(Slow)和英国经济学家斯旺(Swan),分别发表了论文《对经济增长理论的一个贡献》(1956)和《经济增长与资本积累》(1956),建立了新古典经济增长模型;意大利的帕西内蒂、英国的卡尔多等人建立了剑桥经济增长模型。他们应用新古典学派的基本概念,引用新古典的生产函数,先后提出了各种经济增长模型。我们把这些经济增长理论称为新古典经济增长理论。

在这些研究中,索洛的经济增长模型在经济增长理论中的地位非常高。索洛发现哈罗德理论存在一定的局限性,因为哈罗德理论的基本假设过于严格。在研究哈罗德-多马理论后,索洛指出,哈罗德模型的最大缺陷是假定资本和劳动不可替代。为了解决资本和劳动两个要素有机结合的问题,索洛进行了大量研究。最终,索洛发现,柯布-道格拉斯生产函数能把资本和劳动两个生产要素结合在一起:

$$Y = F(K, AL) = \mu K^{\alpha}(AL)^{\beta} \quad (\alpha + \beta = 1) \tag{3.7}$$

公式(3.7)中,Y 表示产量,K 表示资本投入量,A 表示劳动,L 表示知识或"劳动有效性",AL 表示有效劳动,α、β、μ 皆为常数。

在该生产函数中,各种要素的"产出量弹性",是由各个要素的边际生产力决定的。在一般情况下,存在资本和劳动的边际产量递减。

新古典经济增长模型的假设:(1)全社会只生产一种产品。它既是消费品,也可用作投资品;(2)储蓄 S 是国民收入 Y 的函数,即 $S=sY,0<s<1$;(3)技术不变,也不存在资本折旧;(4)劳动力按照固定不变比率 n 增长;(5)生产规模报酬不变,每种要素均受报酬递减规律的支配。

索洛出于放宽哈罗德资本和劳动不可替代假定这个假设条件,提出新古典经济增长模型。在该经济增长模型中,以 k 代表资本与劳动比率,其均衡条件如下:

$$sf(k) = \dot{k} + nk \tag{3.8}$$

其中,$f(\,\cdot\,)$ 是齐次线性生产函数,即"生产的规模收益是不变的";$f(k)$ 是人均产出;$\dot{k} = \dfrac{\mathrm{d}k}{\mathrm{d}t}$=单位时间 k 的增加量。

索洛模型使用以 k 为变量的齐次线性生产函数,经济模型的均衡条件通过调整 k 值来实现。在均衡增长条件下,索洛模型的增长率:

$$g = \frac{\Delta Y}{Y} = \frac{\Delta L}{L} = n \tag{3.9}$$

其中,ΔY 和 ΔL 分别为产量和劳动量的增量。

经济增长理论把一切变量都以一种不变的比率增长或根本不增长的情况,称为稳态增长,而把各种变量以一种相同的不变速率增长或根本不增长的情况,称为平衡增长。索洛模型中的稳态增长也属于平衡增长。

索洛的经济增长模型得出了以下重要结论:(1)劳动和资本两种要素都是推动经济增长的因素,技术进步对经济增长具有重大贡献。(2)假定要素价格可变,这样要素之间具有替代性,劳动与资本可以相互替代。因此,通过资本-劳动比例的调节来改变资本-产品比例,可以增加经济增长率的可调节性和稳定性,消除哈罗德-多马模型的不稳定性问题。(3)强调市场调节的作用性,尤其是资本和劳动的投入量及投入比,可通过价格机制,由利润率和工资率的相对变化来调节。

索洛的经济增长模型也存在不足之处：(1)把技术进步因素视为外生变量；(2)技术进步具有收益递增效应，但他们的模型假定整个要素收益不变；(3)无法解释经济增长在各国间长期存在的差异性。

索洛模型提出了经济稳态概念，并指出各经济体的平衡增长路径是平行的。索洛模型以稳态增长为基础提出了预测经济增长的绝对收敛性和条件收敛性。实证分析研究结果表明，索洛模型所指出的条件收敛机制，能较好地解释各国和地区之间的经济增长。

3. 新增长理论

新增长理论产生于20世纪80年代。麦迪逊(Maddison A.)、萨默斯(Summers)和赫斯顿(Hseton)等经济学家在研究中发现新古典经济增长理论不符合实际情况。在批判新古典经济增长理论的基础上，经济学家提出了新增长理论。新增长理论的突出贡献是把技术内生化，并打破了新古典经济增长理论中"余值"的不解之谜。在这些西方经济学家中，美国经济学家罗默(Romer)、卢卡斯(Lucass)和英国经济学家斯科特(Scott)等人的成果影响最深远。

罗默和卢卡斯通过对经济增长理论的研究，得到重要的研究结论，并把他们的研究成果发表出来，确立了内生经济增长理论。罗默的知识溢出模型和卢卡斯的人力资本溢出模型都从不同角度解决了新古典经济增长理论中无法解释"索洛余数"(全要素生产率)这个重要问题。他们在模型中加入了技术进步与人力资本两个生产要素，同时还将研发、教育及生产有机地结合在一起，从而提出内生的、可持续的经济增长理论。

罗默的《增长中的赢利和长期增长》(1986)提出了"收益递增增长模型"。这是一个竞争性均衡增长模型，在收益递增条件下，能实现外部效应的竞争性均衡，可以用该模型解释在政府干预情况下的经济增长模型。罗默模型假定技术是内生变量，其中，特殊知识和专业化技术人力资本是经济增长的关键因素，能使整个经济具有规模收益递增的特性。罗默对他的"新理论"进行进一步阐述，并在1990年发表了《内生的技术变化》和《非凸性技术对理解增长重要吗?》两篇论文，提出了影响经济增长的四种要素：资本、人力资本、非技术劳动和新知识，其中，新知识最为重要，是经济增长的驱动力。

卢卡斯从另一角度解释经济增长的内在机制。在《论经济发展机制》

(1988)一文中,卢卡斯把人力资本作为一个独立的要素,并创造性地将舒尔茨的人力资本和索洛的技术进步结合起来,并具体化为"专业化的人力资本"。卢卡斯认为,"专业化的人力资本"才是经济增长的真正源泉,强调人力资本积累的重要性。他认为,对人力资本的投资可以使经济产生溢出效应,而对物质资本的投资一般不会产生效应。因为人力资本的增加能引起产出的增长,还能提高社会平均人力资本水平,进而提升社会总体效率。人力资本的积累决定了经济系统的持续增长。卢卡斯(1989)指出,富国和穷国的人力资本水平差异,导致了资本和劳动的"倒流"。因此,卢卡斯认为,发展中国家如想吸引国际资本,就必须努力提高本国的人力资本水平。

斯科特在《经济增长的一个新观点》(1990)中对新古典经济增长理论进行了分析。他认为,技术进步虽然重要,但不是一个独立的生产要素,可以用投资的数量来测量技术进步。斯科特还根据其研究成果建立了"没有总产量生产函数"的经济增长模型。他认为,技术进步、新知识的增加和人力资本等要素都是有机地结合在一起的,强调资本投资决定技术水平,从而对经济增长起决定性作用;也强调知识和技术可以提高劳动力素质和劳动效率。

新增长理论的出现,使经济增长理论研究进入了一个全新的阶段。新增长理论运用微观化、内生化的增长模型,对各国经济增长率的差异性进行分析,并得到了很好的解释,同时也很好地解释了国际资本和劳动的"倒流"等现象。为经济增长理论研究和各国经济增长的实践做出了突出的贡献。

20世纪90年代开始,杨小凯和博兰德(Borland)建立了以微观生产过程为基础的分工演进模型;基姆和莫塔迪建立了一个劳动专业化内生增长模型。这些模型放弃总量分析的增长模式,以微观模型为基础,研究经济增长的发展规律。

杨小凯和博兰德在《经济增长的一个微观机制》(1991)中提出了"劳动分工演进模型"。该模型以劳动分工的演进来解释经济增长的动态均衡。在研究分析中,以斯密的分工理论为基础,借鉴杨格(Young)(1928)"劳动分工演进"的观点,并以劳动分工演进为线索,同时结合人力资本积累、劳动分工演进、内生比较优势、贸易依存度、市场结构与经济增长的关系,创造性地提出了新的经济运行模式。

基姆和莫塔迪承袭了劳动分工和专业化的思想,构造了"专业化内生增长模型"。劳动专业化过程本质上就是人力资本投资决策的形成过程。基姆-莫塔迪模型认为,没有技术进步和人力资本的外溢,也可能产生具有很大差异的长期经济增长。

新增长理论作为一种正在兴起和尚未成熟的理论,主要研究结果未脱离传统的"总量模式"。真正的发展理论必然以微观模型为基础,经济学家开始从微观角度去研究经济增长理论。虽然经济增长理论的研究成果不是很多,但是经济增长理论的发展还是取得了一些新成果。

3.2　基于 Solow 模型的中国农产品价格波动与经济增长模型

3.2.1　引言

在世界各地,经济发展水平差异之大几乎令人难以置信。然而,由于各国经济统计方法和计量原则不同,各国经济发展水平高低难以进行精确比较。20世纪 30 年代中期,凯恩斯提出了通过增加投资弥补需求缺口的理论,最终达到消除短期的、周期性的经济不稳定的目的。凯恩斯的理论是通过长期研究发达的资本主义国家的经济所得到的观点,因而存在一定的局限性。发展中国家在经济发展中面临的主要问题不是需求不足,而是生产不足,所以凯恩斯理论一般被认为不适用于发展中国家。20 世纪 40 年代末期,英国的哈罗德和美国的多马,根据凯恩斯收入决定论的思想,把凯恩斯理论动态化和长期化,推导出一种经济增长理论,人们称之为哈罗德-多马模型。哈罗德-多马模型简单地说明了一个道理:GNP 的增长率由国民储蓄率和国民资本-产出比两个因素共同决定。在传统的经济增长模型中,索洛模型最具有代表性,几乎是所有经济增长问题研究的出发点。按照索洛经济增长理论,国家经济增长的源泉为资本投入、劳动投入以及技术进步三个方面。在经济理论研究中,以索洛模型为代表的新古典经济增长理论是现代经济增长理论的基石。国内外大量学者从索洛模型出发,通过放宽假设等方法,进行经济增长研究,得出了一系列有价值的观点和理论。尤其是进入 21 世纪后,由于金融危机等各种危害经济发展事件的出现,经济增长问题的研究得到了更加广泛的关注。虽然中国经济取得了巨大的发展,但是在中国经济现实中,存在明显的二元经济结构特征。在本书中,假定经济参与者为家庭、厂商两个部门。由于厂商数量种类繁多,而且性质不同,为了方便研究,将厂商分为农业部门厂商和非农业部门厂商,然后进行进一步分析研究。

3.2.2 模型假设

1. 家庭

有大量相同的家庭,每个家庭的规模以速率 n 增长,家庭的每一个成员在每一时点上供给一单位劳动。家庭在每一时点上将其收入用于消费和储蓄,以最大化其一生效用。

家庭效用函数的形式为

$$U = \int_0^\infty e^{-\rho t} u(c(t)) \frac{L(t)}{H} dt \qquad (3.10)$$

公式(3.10)中, $c(t)$ 是每个家庭成员的消费。 $u(c(t))$ 为即期效用函数,它代表每个家庭成员在给定日期的效用。 $L(t)$ 是经济的总人口; H 是家庭数。 ρ 是贴现率, ρ 越大,家庭对未来消费的评价越低。显然, $u(c(t)) \frac{L(t)}{H}$ 为家庭在 t 期的总即期效用。

假定家庭人口中,新生儿不断出生,老人不断死亡,即存在人口的新老交替;而且人口是在农业生产部门和非农业生产部门之间进行无限制的相互流动,也就是说,人口会根据其收益高低自动选择所处的部门,最终达到农业部门和非农业部门收益率均衡状态。在这种情况下,为了简化问题,可以将时间 t 假定为离散型变量。也就是说,模型中的变量 $t=0,1,2,\cdots$ 而非 $t \geqslant 0$ 的所有值。为了进一步简化分析,该模型假定每一个人仅生存两期。这样假定的理由是,对于该模型来说,关键是满足人口在不断新老交替,以及在农业部门人口和非农业部门之间自由流动这一一般性假定,而不在乎离散时间和两期寿命两个假定。

L_t 个人在 t 期出生,因为人口增长率为 n ,所以 $L_t = (1+n)L_{t-1}$ 。由于每一个人仅生存两期,所以在 t 期有 L_t 个人处于其寿命的第 1 期, $L_{t-1} = \dfrac{L_t}{(1+n)}$

个人处于其寿命的第 2 期。每个人在年轻时供给 1 单位劳动,他把劳动收入用于第一期消费和储蓄;在第二期,个人消费来自上期储蓄以及储蓄所得的利息。

令 C_{1t} 和 C_{2t} 分别表示在 t 期的年轻人和老年人的消费。一个在 t 期出生的人,其效用 U_t 取决于其在不同阶段的消费,即 C_{1t} 和 C_{2t+1}。在这里,不区分消费者消费的产品是农业部门提供的农产品还是非农业部门提供的非农产品,消费者选择的原则是根据消费的效用最大化在农产品和非农产品之间进行选择。

在正常情况下,消费是平衡增长的。为了达到这个目的,假定效用函数为没有贴现的效用函数。

$$U_t = \ln C_{1t} + \ln \frac{C_{2t+1}}{1+\rho} \tag{3.11}$$

在第 0 期,将老年人拥有的资本和年轻人提供的劳动结合起来用于产品生产,报酬均为其边际产品。老年人同时消费来自其资本收入和现有财富,年轻人把收入 $w_t A_t$ 分为消费和储蓄。因此,$t+1$ 期的资本存量 K_{t+1} 等于 t 期的年轻人数量 L_t 乘以每个年轻人的储蓄 $w_t A_t - C_{1t}$。该资本与下一代年轻人的劳动相结合,使得这一过程能一直继续下去。

2. 厂商——农业部门与非农业部门区分

在经济中存在大量厂商,劳动(A)外生地以速率 g 增长,厂商最大化利润。厂商归家庭所拥有,因而厂商所得利润均归家庭。根据索洛模型,其中包含四个变量:产量(Y),资本(K),劳动(A)和知识或"劳动有效性"(L)。在任一时期,经济中有一定量的资本、劳动和知识,而这些被结合起来生产产品。即每一个厂商在时间 t 期的生产函数为

$$Y = F(K(t), A(t), L(t)) \tag{3.12}$$

在生产函数中,引入哈罗德中性假设,也就是说,"中性的"技术变化,指不改变资本和劳动的边际产量之比率的技术进步。其中,劳动(A)和知识或"劳动有效性"(L)以相乘形式进入,AL 被称为有效劳动。公式(3.12)变为

$$Y = F(K, AL) \tag{3.13}$$

索洛模型假定,该生产函数对于其两个自变量资本(K)和有效劳动(AL)是规模报酬不变的。即对于所有非负常数 c 有:

$$F(cK, cAL) = cF(K, AL) \qquad 其中 c \geqslant 0 \tag{3.14}$$

在这个模型中,规模报酬不变的假定隐含了两个假定。第一个假定是经济足够大,从而专业化中可得的收益已经被穷尽。第二个假定是资本、劳动和知识以外的投入品是相对不重要的,这个假定忽视了土地和其他自然资源;如果自然资源是重要的,那么资本和劳动可能使产量低于加倍。

假定经济中存在农业部门和非农业部门两个生产部门。这两个生产部门具有相同的生产函数,不同之处在于随机干扰的影响大小不同。在这两个部门之间,资本(K)、劳动(A)和知识或"劳动有效性"(L)三个要素可以自由流动,也就是说,在生产中,这些资源是共享的。为了方便研究,我们引入柯布-道格拉斯生产函数。

$$Y_1 = F(K, AL) = \mu K^{\alpha}(AL)^{1-\alpha}, 0 < \alpha < 1 \qquad (3.15)$$

其中,α 是资本产出的弹性系数,表示资产投入的变化引起产值变化的速率;$\mu \leqslant 1$,表示随机干扰的影响。

$$\alpha = \frac{\partial \ln Y}{\partial \ln K} = \frac{qK}{pY}$$

其中 p 是产出价格,q 是资本价格。

如果 $p = q$,那么 $\alpha = \dfrac{K}{Y}$;$1-\alpha$ 为劳动力产出弹性系数。

$$1 - \alpha = \frac{\dfrac{\partial Y}{Y}}{\dfrac{\partial L}{L}}$$

(1)农业部门生产函数确定。

农业部门的经济分析注重供给行为反应。农业部门最终产品的产出可以由柯布-道格拉斯生产函数描述。在这个函数中,决定农产品产出的因素有农业投入资本、农业劳动量、农业技术进步和农业土地投入等。假定投入农业部门的资本比例是 α_{AK},投入农业部门的有效劳动比例是 α_{AL}。根据规模报酬不变的假定,在柯布-道格拉斯生产函数中,干扰因子 μ 对于农业部门的生产影响较大,结合 $\mu \leqslant 1$ 这一情况,我们假定对于农业部门来说,其生产函数为

$$Y_1 = F(K, AL) = \mu (\alpha_{AK} K)^{\alpha_1}(\alpha_{AL} AL)^{1-\alpha_1} \qquad (3.16)$$

其中,α_1 为农业部门资本产出弹性系数。

$$\alpha_1 = \frac{\partial \ln Y_1}{\partial \ln K} = \frac{q_1 K}{p_1 Y_1} \tag{3.17}$$

其中，p_1 是农产品产出价格，q_1 是用于农业部门的资本价格。

（2）非农业部门生产函数确定。

为了研究方便，把经济中的其他生产部门归为一类。在这一类中，具有代表性的部门是工业生产部门。因此，用工业生产部门的柯布-道格拉斯生产函数来代表非农业部门生产函数。

工业部门的生产决定性因素是有效劳动力、资产存量和综合技术水平（包括先进的经营管理水平、先进的技术等）。工业部门根据效应最大化组织产品生产。根据规模报酬不变的假定，在柯布-道格拉斯生产函数中，干扰因子 μ 对于非农业部门的生产影响较小。根据前面的假设，投入非农业部门的资本比例是 $1-\alpha_{AK}$，投入非农业部门的有效劳动比例是 $1-\alpha_{AL}$。为了研究方便，我们假定在非农业部门，柯布-道格拉斯生产函数中的干扰因子 $\mu=1$，即

$$Y_2 = F(K, AL) = [(1-\alpha_{AK})K]^{\alpha_2}[(1-\alpha_{AL})AL]^{1-\alpha_2}$$

其中，α_2 为非农业部门资本产出弹性系数。

$$\alpha_2 = \frac{\partial \ln Y_2}{\partial \ln K} = \frac{q_2 K}{p_2 Y_2} \tag{3.18}$$

其中，p_2 是非农产品产出价格，q_2 是用于非农业部门的资本价格。

3. 经济模型假设

根据前面的假设，整个经济是由农业部门和非农业部门两个部门组成，整个经济的生产函数，由这两个部门的生产函数来决定。我们假定整个经济的生产函数与农业部门和非农业部门的生产函数具有线性关系，所以

$$Y = Y_1 + Y_2$$

$$\begin{aligned}
Y = Y_1 + Y_2 &= \mu(\alpha_{AK}K)^{\alpha_1}(\alpha_{AL}AL)^{1-\alpha_1} + [(1-\alpha_{AK})K]^{\alpha_2}[(1-\alpha_{AL})AL]^{1-\alpha_2} \\
&= \mu(\alpha_{AK})^{\alpha_1}(\alpha_{AL})^{1-\alpha_1}(K)^{\alpha_1}(AL)^{1-\alpha_1} + \\
&\quad (1-\alpha_{AK})^{\alpha_2}(1-\alpha_{AL})^{1-\alpha_2}(K)^{\alpha_2}(AL)^{1-\alpha_2} \tag{3.19}
\end{aligned}$$

令 $\alpha_{1A} = \mu(\alpha_{AK})^{\alpha_1}(\alpha_{AL})^{1-\alpha_1}$，　$\alpha_{2A} = (1-\alpha_{AK})^{\alpha_2}(1-\alpha_{AL})^{1-\alpha_2}$

则公式（3.19）变为

$$Y = \alpha_{1A}(K)^{\alpha_1}(AL)^{1-\alpha_1} + \alpha_{2A}(K)^{\alpha_2}(AL)^{1-\alpha_2} \tag{3.20}$$

其中，α_{1A}，α_{2A} 分别表示资本和有效劳动在农业部门与非农业部门两个部

门的分配系数,α_1、α_2 分别为农业部门资本产出弹性系数、非农业部门资本产出弹性系数。

显然,从模型中可以看出,整个经济体系的生产函数仍然可以用柯布-道格拉斯生产函数来表示。

3.2.3 模型推导

1. 家庭行为

考虑一个 t 期出生的人,其第 2 期消费为

$$C_{2t+1} = (1 + r_{t+1})(w_t A_t - C_{1t}) \qquad (3.21)$$

公式(3.21)两边同时除以$(1+r_{t+1})$,并将 C_{1t} 移至左边,得预算约束:

$$C_{1t} + \frac{1}{1+r_{t+1}} C_{2t+1} = A_t w_t \qquad (3.22)$$

公式(3.22)的经济含义是,一生消费的现值等于初始财富(此处为 0)加上一生劳动收入(此处为 $A_t w_t$)。

个人在预算约束(3.22)下最大化公式(3.11)。运用拉格朗日函数求最大化情形,拉格朗日函数为

$$\Phi = \ln C_{1t} + \ln \frac{C_{2t+1}}{1+\rho} + \lambda \left[A_t w_t - \left(C_{1t} + \frac{1}{1+r_{t+1}} C_{2t+1} \right) \right] \qquad (3.23)$$

对 C_{1t},C_{2t+1} 分别求导,得到一阶条件为

$$C_{1t} = \frac{1}{\lambda} \qquad (3.24)$$

$$C_{2t+1} = \frac{1+r_{t+1}}{\lambda(1+\rho)} \qquad (3.25)$$

将公式(3.24)代入公式(3.25),得到:

$$\frac{C_{2t+1}}{C_{1t}} = \frac{1+r_{t+1}}{1+\rho} \qquad (3.26)$$

我们应用公式(3.26)和预算约束(3.22),把 C_{1t} 用劳动收入和真实利率表示。得到:

$$C_{1t} = \left(1 - \frac{1}{2+\rho} \right) A_t w_t \qquad (3.27)$$

用于储蓄的比率为 $s(r)=\dfrac{1}{2+\rho}$。

这个表达式表明,一个人的消费是随着时间发生变化的,取决于真实报酬率和贴现率的大小。在这个模型中,我们可以看到,消费是随着真实报酬率的提高而提高,随着贴现率的降低而提高。如果公式(3.26)得不到满足,则人人可以重新安排其一生的消费,从而增加总效用,但却不会改变消费流的现值。一生消费的现值等于初始财富加上未来收入的现值,r 的上升同时具有收入效应和替代效应。此时,两期消费之间的交替更有利于第 2 期消费,因为这一情况会增加储蓄(替代效应),但一定量的储蓄能够带来更多的第 2 期消费,这一情况会降低储蓄(收入效应)。因此,在选择消费时,要根据真实报酬率和贴现率的大小来进行。

2. 厂商行为

该模型假定涉及劳动、知识和资本三个存量如何随时间变动。在此模型中,时间是连续的,也就是说,该模型中的各个变量均定义于每一时点上。

假定资本、劳动和知识的初始水平状态已知,劳动和知识都以不变的速度增长。则:

$$\dot{L}(t)=nL(t) \tag{3.28}$$

$$\dot{A}(t)=gA(t) \tag{3.29}$$

其中,n 和 g 都是外生参数,一个变量上面加一点表示其对时间的导数$\left(\text{即}\right.$

$\dot{L}(t)$ 是 $\dfrac{\mathrm{d}L(t)}{\mathrm{d}t}$ 的简写,以下类似处理$\left.\right)$。

产量分为消费和投资。产量中用于投资的比例 s 是外生和不变的,用于投资的一单位产品产生一单位新资本,现存资本的折旧率为 δ。这样

$$\dot{K}(t)=sY(t)-\delta K(t) \tag{3.30}$$

假定 n、g 和 δ 均为正数。

因为劳动和资本均获取其边际产品,所以每单位有效劳动的平均工资和真实利率分别为 $w_t=f(k_t)-f_t^{\backslash prime}(k_t)$ 和 $r_t=f_t^{\backslash prime}(k_t)$。假定初始资本存量为 K_0,它由最初 0 期的老人平均拥有。

3.2.4　模型的动态经济学解释

在经济中,我们将通过个人行为来描述经济的动态变化。根据前面的假设,$t+1$ 期的资本存量就是 t 期年轻人的储蓄额,可得:

$$K_{t+1} = s(r_{t+1}) L_t A_t w_t \tag{3.31}$$

公式(3.31)两端同时除以 $L_{t+1} A_{t+1}$,可以得到每单位有效劳动的平均资本

$$k_{t+1} = \frac{1}{(1+n)(1+g)} \cdot \frac{1}{2+\rho} w_t \tag{3.32}$$

将 $w_t = f(k_t) - f_t^{\backslash prime}(k_t)$ 代入公式(3.32),得到:

$$k_{t+1} = \frac{1}{(1+n)(1+g)(2+\rho)} \left[f(k_t) - k_t f'(k_t) \right] \tag{3.33}$$

因为关于农业部门和非农业部门的生产函数为柯布-道格拉斯函数,所以对于农业部门

$$f(k_1) = k_1^{\alpha_1}, \ w = (1-\alpha_1) k_1^{\alpha_1}$$

所以

$$k_{1t+1} = \frac{1-\alpha_1}{(1+n)(1+g)(2+\rho)} k_{1t}^{\alpha_1} \tag{3.34}$$

同理,对于非农业部门

$$f(k_2) = k_2^{\alpha_2}, \ w = (1-\alpha_2) k_2^{\alpha_2}$$

$$k_{2t+1} = \frac{1-\alpha_2}{(1+n)(1+g)(2+\rho)} k_{2t}^{\alpha_2} \tag{3.35}$$

1. 农业部门模型的均衡分析

如图 3-1,把 k_{1t+1} 表示为 k_{1t} 的函数。k_{1t+1} 函数与 $45°$ 线的交点即为 $k_{1t+1} = k_{1t}$ 的点。我们考虑特殊情形,当 $k_{1t} = 0$ 时,$k_{1t+1} = k_{1t}$;当 k_{1t} 比较小时,$k_{1t+1} > k_{1t}$;然后 k_{1t+1} 穿过 $45°$ 线,并保持低于 k_{1t}。因此,除 $k_{1t} = 0$ 之外,k_{1t} 有唯一的均衡水平,我们用 k_1^* 表示。

在这里,k_1^* 是局部稳定的,不管 k_{1t} 从何处开始(除 0 之外),它都收敛于 k_1^*。

在这个局部均衡中,一旦经济收敛至其平衡增长路径,其特性就与处于平衡增长路径上的索洛经济相同:储蓄率不变,每个农业工人平均产量以速率 g_1 增长,资本-产量比率不变等。

2. 非农业部门模型的均衡分析

非农业部门的生产函数也是柯布-道格拉斯函数,所以其经济波动性质与农业部门的类似。不同之处在于其波动的幅度,波动的范围也有所区别。如图 3-1,把 k_{2t+1} 表示为 k_{2t} 的函数。k_{2t+1} 函数与 45°线的交点即为 $k_{2t+1} = k_{2t}$ 的点。我们考虑特殊情形,当 $k_{2t} = 0$ 时,$k_{2t+1} = k_{2t}$;当 k_{1t} 比较小时,$k_{2t+1} > k_{2t}$;然后 k_{2t+1} 穿过 45°线,并保持低于 k_{2t}。因此,除 $k_{2t} = 0$ 之外,k_{2t} 有唯一的均衡水平,我们用 k_2^* 表示。

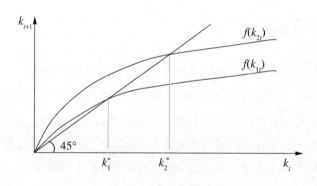

图 3-1　k 的动态分析

3. 两个部门模型的经济均衡分析

在前面的分析中,我们是从局部角度出发,进行了农业部门和非农业部门的经济均衡分析。现在进一步将局部均衡分析发展为一般均衡分析,即要将所有相互联系的两个部门看成一个整体来进行研究。也就是对 k_1^* 和 k_2^* 的关系进一步进行分析。

在局部均衡分析中,我们得到了局部均衡点。每个均衡点体现了各自的均衡价格、均衡产量等。也就是说,农业部门和非农业部门分别在均衡点 k_1^* 和 k_2^* 确定了各自的经济状态。根据瓦尔拉斯一般均衡理论,从理论上来说,存在着一组价格,能使每个经济部门达到均衡。现在,我们分析实际的经济体系是否可以达到这种一般均衡状态。在这里,我们所说的是否达到瓦尔拉斯一般均

衡不是要求 k_1^* 和 k_2^* 两个均衡点重合,而是指现行价格体系,能确保实体经济处于一种均衡状态上不再发生变化。根据前面的假设,资本、有效劳动等都可以在两个部门之间无成本自由流动。根据经济规律,资本会自动流向高收益的领域,所以这两个部门的资本产出弹性系数应当相等,即 $\alpha_1 = \alpha_2$。因此,在一般均衡状态下,

$$\overset{*}{Y} = \overset{*}{\alpha}(K)^{\alpha_1}(AL)^{1-\alpha_1}, \overset{*}{\alpha} = (\alpha_{1A} + \alpha_{2A}) \tag{3.36}$$

在经济增长均衡点,资本的弹性系数由处于均衡状态的农业部门和非农业部门的资本弹性系数来决定。从分析中可以看出,在一般均衡状态下,两个部门均衡经济的生产函数仍然是柯布-道格拉斯函数。

3.2.5   经济模型的分析

关于技术进步存在哈罗德中性这个假设,在新古典经济增长模型中非常重要,因为稳态增长路径必须有这个假设前提。而在现实中,我们发现,技术进步的哈罗德中性假设有时面临很大挑战。研究表明,在二元经济结构(农业部门与非农业部门)中,增长模型具有稳态增长路径,而且稳态增长过程中劳动增进型技术进步与资本增长型技术进步对均衡路径具有不同的影响。在农业部门中,稳态增长主要是来源于劳动增进型技术进步;在非农业部门中,稳态增长主要是来源于资本增进型技术进步。它们各自形成一个局部的均衡,通过这两个部门之间的均衡博弈,最终形成整个经济体系的均衡。同时,模型的分析表明,一个经济体系可以根据自身要素禀赋特性选择经济发展模式,最终,也能达到经济发展的均衡状态。

3.3   本章小结

本章首先简要介绍了具有代表性的经济增长理论,并对经济增长理论的发展状况做了简要介绍。在此基础上提出了基于农产品价格要素的经济增长模型,该模型是对索罗经济增长模型(Solow growth model)模型的进一步讨论。

结合中国经济增长的特点,创造性地提出了把经济部门分为农业经济部门和非农业经济部门。这两个经济部门都存在稳态增长路径,但是不同的经济部门的经济稳态条件不同,所以本书创造性地提出,整个经济中存在两个局部均衡状态,即农业部门的经济稳态增长和非农业部门的经济稳态增长。然后,根据整个社会经济发展水平,这两个局部均衡再形成一个总体均衡状态。

第4章 农产品价格波动的原因与特征分析

4.1 农产品价格形成的机制

中国农业产业是以农户小规模家庭经营为基础的,存在市场集中度极低的问题。在产业内部,完全竞争和过度竞争两种状态并存。在农业产业中,数量最多的从业人员是农户。农户在农产品价格方面基本没有决定权,很多时候只是农产品市场价格的接受者。通过研究发现,农产品市场是一种具有耗散结构、非线性、路径依赖、自组织和进化特征的复杂系统。农产品市场是由农户、资源组织者、加工企业、流通企业、消费企业及其他相关组织机构和个人构成的一个复杂体系。因此,对农产品价格问题的研究必须应用系统的原理和方法进行研究。

4.1.1 农产品价格的分类和合理构成

1. 根据农产品价格的形成特点

根据农产品价格的形成特点,我们通常把农产品价格分为农产品集市价格、农产品批发价格和农产品期货价格等。

(1)农产品集市价格。

农产品集市价格是在农产品集贸市场交易过程中,农产品的买卖双方通过讨价还价、自由协商所形成的价格。农产品集贸市场一般是以当地农产品作为交易对象,交易方式以零售的形式为主。在中国,农产品集贸市场具有很大的地方特色,但是其市场辐射范围往往很小。在农产品集贸市场中,每笔交易成交量小,但成交数量多。农产品集市价格随农产品市场供求关系的变化而发生价格波动,同时,农产品集市价格也可以用于指导农产品集市供求调节。理性的农产品生产者为追求利润最大化,会根据集市价格的波动调整农产品的生产经营决策。农产品集市价格具有明显的区域性、季节性和时点性。在同一集市的不同时间段,农产品的上市量和求购量是不同的,市场上的供求关系具有时段的变化,这些均影响到农产品集市价格的波动。

集市价格的变化,影响着农产品生产者的决策。因此,我们可以通过农产品集市价格来研究农产品市场供求关系的变化。这种价格方式具有很大的盲目性,在指导投资决策中,容易判断失误。

(2)农产品批发价格。

农产品批发价格是农产品批发市场功能的体现。农产品批发市场在社会经济中是一个普遍存在的市场。农产品批发市场是提供农产品批量交易的场所,具有相对完善的交易设施和较好的交易服务。农产品批发市场可以大量吸引和汇集各地的农产品,在较短时间内完成交易过程,再把农产品发散到各地,迅速实现商品价值和使用价值的让渡。农产品批发市场是一种有组织性、有交易场所、有交易时间、有交易规则规范的农产品交易场所,具有较大范围的农产品集散功能。在这个市场上,不同农产品同场竞争,即使是同一种农产品,也可以通过比较按质论价,能相对真实地反映农产品的价值和市场供求关系。

农产品批发价格是一个重要的参考价格,它的形成是通过市场机制产生的。因此,很多时候都把它作为农产品市场的基础价格。在农产品定价中,它具有农产品市场的价格导向作用,可以为政府部门制定政策和企业、农户确定生产经营决策提供重要参考依据。

(3)农产品期货价格。

农产品期货价格是在农产品期货市场上形成的价格。在农产品期货市场中,买卖的不是农产品本身,而是农产品期货合约。在农产品期货合约中,农产品的品质、数量、规模、交货时间和地点是事先确定好的,但是其价格则根据市场情况的变化而发生变化。农产品期货价格以公开竞价方式形成。农产品期货市场交易制度比较完善,有利于形成公正的农产品市场价格。农产品期货价格被认为是农产品的基准价格。在这种情况下,农产品期货市场通过期货交易而形成的农产品价格,能够比较真实地反映市场供求状况。

农产品期货市场通过期货交易而形成的农产品价格,不是个别交易的结果。农产品期货市场还有一系列体制性保障,这样可以在很大程度上确保其价格的真实性。因此,农产品期货价格在农产品定价中被作为农产品的基准价格,是农产品市场对未来农产品价格的预期。因此,农产品期货价格综合考虑了即期的与未来不同时点的市场供求状况。农产品期货价格具有很强的政策导向作用,企业和农产品生产者可以根据农产品期货价格开展生产经营活动。

2. 农产品价格的定价主体

农产品是一种特殊的商品,关系到国计民生。根据农产品价格定价主体的不同,把农产品价格分为市场价格和政策价格,下面分别对其进行简要介绍。

(1)农产品市场价格。

农产品市场价格是指通过市场机制而形成的价格。市场机制其实是指一系列相关制度的总称。农产品市场价格由一系列农产品的价格体系构成,如批发市场价格、集贸市场价格和期货市场价格等等。农产品市场价格受到供求关系的影响,它的形成是农产品供给和农产品需求双方博弈的结果。但是,由于农产品生产的季节性特点,可能会在短期内出现供给和需求不均衡的现象,进而导致农产品价格呈现出季节性剧烈波动的特征。而且研究表明,农产品价格波动呈现蛛网发散型波动特征,即价格上升,扩大生产,增加供给;价格下跌,缩小生产,减少供给。如此循环往复,带来价格、产量、市场供求的蛛网发散型波动。

在农产品现货市场上,不同的品质、不同的交易地区,甚至地区间不同的消费习惯和交易习惯,都会产生不同的价格。从农产品价格的形成来看,往往是通过一对一谈判,或非公开的竞买竞卖等方式产生。因此,容易形成局部的垄断势力使农产品小生产者的利益受损,导致农产品价格失真现象。由于农产品市场价格形成机制的局限性,如果农产品市场中没有一个具有代表性和权威性的价格,就容易出现价格信号零乱现象,这种价格信号就不能指导农产品生产者和经营者进行正确的组织生产和经营决策。

(2)农产品政策价格。

农产品政策价格一般是指根据经济稳定增长的需要,政府制定的对农产品市场进行干预的一种价格。由于农产品市场价格的特征使得市场价格均衡状态很不稳定,如果市场是自发运行的,其缺陷仍然很大。具体的局限性表现在农产品市场价格很不稳定,农产品价格的周期波动无法自动恢复均衡等。

由于农业自身条件的限制,市场价格机制配置资源的功能不能充分得到发挥,只有通过政策价格才能更好地实现农产品生产要素资源的优化配置和农产品生产结构的优化,这正是农产品政策价格的目的和意义所在。中国在农业经济发展中也广泛应用农产品政策价格来稳定农产品价格市场。根据政策价格的制定目的,可分为稳定价格和支持价格。

稳定价格是以稳定市场价格为目的,在具体操作中,设立价格平准基金,同时制定合理的价格上下限。平准实物制度属于农产品稳定价格政策范畴。首先制定合理的价格波动范围,通过农产品的抛售或收购来进行价格调节。当农产品价格过高时,政府出售储备的农产品,把农产品价格降下来,并将其调整到低于农产品目标价格上限水平;反之,当农产品价格过低时,利用平准基金在农产品市场上收购农产品,把农产品价格水平提高,使农产品价格回升到高于目标价格下限水平。在市场中,常见的办法有定购价格和最高限价等方式。

农产品支持价格是政府为了支持农产品生产而规定的农产品最低价格,是针对生产者的保护价格。如果农产品支持价格是为了刺激农产品生产者的生产积极性,就可以制定确保农民转移收入的保护价格,其特征是把"地板价"定在均衡价格以上。如果农产品支持价格是以稳定市场为目的,就把"地板价"定在均衡价格以下。这类价格干预通常会与"天花板价格"相配合使用。支持价格在制度设计上偏重于对价格下限的保护,具体包括价差补贴、保护价收购制度等措施。

4.2　影响中国农产品价格波动的主要因素

农产品是一种比较特殊的商品,它与非农产品不一样,农产品的生产和消费关系到经济增长的基础。农产品价格的影响因素很复杂。合理的农产品价格有利于经济稳定、协调和可持续发展。农产品价格波动会对经济增长产生比较大的影响。在农产品价格波动的影响因素中,常见的有以下几个方面:国内农产品市场的供求变化、国际市场的价格变化、政府调控政策和中国农产品市场不完善等。生产成本是价格的最低标准,短期市场价格是围绕长期价格上下波动的。在市场开放背景下,国际农产品市场价格对国内农产品市场价格确定具有很大的参考价值,一般情况下,国内市场价格不能偏离国际市场价格太多。

4.2.1　国内农产品市场的供求变化

1. 农产品供求总量的影响

在市场经济条件下,农产品价格是由农产品的供求关系决定的。在正常情况下,一般农产品供给与需求呈现反向变动关系。研究农产品供求关系对于了解中国农产品价格波动特点有很大的帮助。根据目前中国农产品市场情况,常见的影响供给关系的因素如下。

(1)农产品生产投入品的价格。

农产品生产受到农产品投入品的影响很大。当农产品生产投入品价格上涨时,农产品生产成本上升。农产品生产成本加大,这种影响会传递到农产品价格的上升上。目前,农产品投入品价格上涨,资源成本上涨,导致大多数农产品生产成本大幅度提高。但是,农产品短期内需求变化不大,所以短期内农产品价格基本保持不变。由于农产品生产成本的提高导致农户收益下降,理性的农产品生产者就会减少对农产品的生产投入。由于农产品的生产周期比较长,这种调整影响非常大,往往导致未来农产品产量下降,造成供求失衡,引发农产品价格的大幅度波动。

(2)农产品生产技术的进步。

农产品生产效率较低是中国发展现代农业急需解决的问题,这需要大量的、先进的、新型的农产品生产技术。农业生产技术进步意味着可以生产出更多更好的农产品,但新技术的采用会增大生产成本。技术进步可以在不增加投入的情况下增加农产品的供给。在农产品科技成果的应用过程中,中国面临的突出问题在于受到小规模生产模式的制约,农技服务人员很难开展有效的农业技术服务推广模式。更重要的是,基层农业技术推广站和一些农业技术人员不能很好地发挥出其专业技能和专长,而且大量先进的农业科技成果很难获得实际推广。

(3)农产品生产者对行情的预期。

农产品生产者是理性的,他们根据不同农产品的收益状况选择农产品的生产种类和数量。价格杠杆对调节农产品生产者的生产行为有指导作用。也就是说,农产品生产者在进行农产品生产经营决策的经济行为上是理性的。在生产过程中,农产品生产者根据农产品价格信息,对农产品市场行情的预期进行分析,并以利润最大化为准则,进行农产品的生产决策。如果某种农产品预期价格上涨,就增加对该农产品生产的投入,从而使农产品供给量得到提高,但是农产品的需求弹性较小,所以容易造成农产品市场价格下跌。反之,如果农产品生产者预期农产品价格下降,就会减少对农产品生产的投入,从而出现农产品供给量下降,引发农产品价格上涨的局面。农产品需求价格弹性小于农产品供给价格弹性,所以农产品价格受预期影响将使农产品生产者承担巨大的价格波动带来的风险。同时,广大农民生产决策和生产行为的趋同性,且对农产品市场规律不熟悉,生产决策往往出现趋同性现象,进一步加大了农产品价格风险。

(4)农产品储备的影响。

农产品储备可以影响市场供给,从而影响农产品价格。中国农产品的储备有国家储备、农户储备和商业储备三种。在中国,农产品储备以国家储备为主。在国家储备过程中,由于出现人为改变储备量,扭曲市场需求信息,从而扭曲市场供求状况。国家储备的不规则变化,政府介入时机和手段的不科学,也会扭曲农产品市场价格,使农产品生产经营者对农产品生产的预期产生不确定性,这样就容易引发农产品价格风险。农产品储备战略对农产品价格稳定具有重要影响。

(5)农产品需求结构变化。

农产品需求结构随着中国经济的发展发生了重大改变。由于人民的收入水平得到了很大的提高,消费观念也发生了重大改变。从传统上只强调对农产品的数量满足,到现在更强调农产品的质量。消费者的消费观念和消费结构也发生了转变,不再只是"吃饱",而是强调要"吃好"。同时,我国农产品生产已由攻击约束型转变为需求约束型。随着人均国民收入水平的提高,人们对农产品品质的要求也越来越高。由于在农产品生产领域存在信息不对称现象,农产品的生产品种与需求品种之间往往出现沟通障碍,这样就导致了部分农产品有效供给不足,价格上涨,而部分农产品形成积压,导致价格下跌,因而加大了农产品的价格风险。

但是,中国农产品存在小生产与大市场的格局,农产品的生产结构不能适应市场需求的变化。因此,中国急需解决好农产品生产结构的问题,这样才能更有助于提高中国农产品的竞争力,同时也能避免出现农产品价格的暴跌和暴涨现象。

(6)经济周期波动的影响。

农产品市场价格与经济波动周期密切相关。经济周期一般由复苏阶段、繁荣阶段、衰退阶段和萧条阶段构成。在不同的经济周期阶段,农产品价格也呈现一定的周期性。当经济处于繁荣阶段时,消费需求和投资需求不断扩张,刺激农产品价格处于较高水平。当经济处于萧条阶段时,消费需求和投资需求受到打压,导致需求萎缩,农产品价格往往处于较低水平。而在经济周期转换期间,农产品价格水平往往出现较大幅度的波动。农产品价格趋势的预测由于受到各种因素的影响,很难把握上涨或下降趋势。在实际工作中,如果判断错误,则会造成难以挽回的损失。

经济复苏阶段开始时是前一周期的最低点,产出和价格均处于最低水平,对农产品的需求和供给也会产生不利影响,因而使得农产品价格产生波动。随着经济的复苏,农产品生产者的积极性开始提高,在市场经济景气提升下,农产品价格也开始逐步回升。当经济进入繁荣阶段时,对农产品的需求也进入高峰阶段,由于投资需求和消费需求超过了产出的增长,刺激农产品价格上涨到较高水平。进入衰退阶段后,经济开始滑坡,由于需求的萎缩,对农产品的需求减少,农产品价格下跌,供给和需求均处于较低水平。从农产品价格的表现来看,农产品价格波动略滞后于经济波动。

2. 农业与工业增长速度比例失调

在国民经济系统中,各个部门结构保持一定的均衡,如工业与农业,这样国民经济才能稳定增长。如果国民经济各部门比例关系失调,供需关系就会失衡,国民经济发展就会出现问题。

在国民经济中,农业部门和工业部门是两个重要的物质生产部门。农业是国民经济的基础,同时也是工业经济发展的基础。农业不仅提供生活消费资料,还提供工业原料。农业的健康稳定发展影响着国民经济的稳定发展。

农业发展和工业发展速度比的问题一直是经济增长理论中一个很难解决的问题。要想保持经济的稳定增长,就要有与之合适的速度比,只有农业增长速度与工业增长速度相适应,才能保证国民经济的健康发展。

在中国城市化的过程中,由于农村劳动力向城市转移,农产品生产受到了很大影响,使得农产品的供给出现下降的趋势。另外,中国的城镇化进程,也改变了很多人的消费观念和消费习惯,对农产品的需求结构发生了很大改变。此外,农产品生产基地大多地处农村,距离消费区域较远,农产品流通环节增多,流通成本上升,所以农产品价格将稳步上涨。

中国正处在工业化早期阶段,在这个阶段中,第二、三产业的比重不断上升,农业的比重下降,农产品的供给问题日益严峻,需要加大对农产品的供给来保障第二、三产业经济发展的需要。经过多年的经济发展,中国开始进入工业反哺农业的阶段,但是农产品价格体系不完善,相应的价格信号机制没有建立起来,所以这会造成比较大的风险。

4.2.2　政府调控政策

市场放开后,法律法规不健全和农产品运作管理混乱等现象非常严重,尤其是在农产品流通领域,出现了监管困难的现象。生产者和消费者的利益都很难得到保障,因而需要进行政府宏观调控。

1. 农业政策的调整

中国的经济发展一直十分重视农业发展。政府从各个方面不断加大对农业的扶持力度,政策扶持就是一个重要的方面。在农业政策上,对农业的扶持主要体现在农业投入政策和农产品价格政策。中国的农业投入政策缺乏连续性和科学性,一般只在农业发展中出现问题时才重视对农业的投入。在中国的农业经济调整中,经常出现农业投入政策的不确定问题,这给农产品生产带来很大的冲击,进而导致农产品供给发生异常,造成农产品价格的剧烈波动。在中国新农村建设中,政府开始加大对农村的投入,但需要解决好稳定投入和连续投入之间的关系问题,这样才能确保农业投入政策产生满意的政策效果。

制定农产品支持价格政策的初衷是为了稳定农产品价格,但是从实际效果来看,支持价格一般高于均衡价格,在某种程度上扭曲了市场价格信号,从而在一定程度上误导了农产品生产者的预期。较高的预期收益刺激了农产品生产，提高了下期的农产品供给，从而加剧了市场农产品过剩危机，导致农产品价格下降。另外，农产品支持价格政策也加重了国家财政负担。

2. 宏观调控经济手段

农产品的价格经常受到宏观经济因素的影响，宏观财政政策和货币政策等对农产品价格影响很大。下面从利率、汇率和税收政策三个方面进行简要分析。

(1)利率。

利率政策是政府进行宏观经济调控的重要手段。政府可以通过利率政策来实现紧缩或扩张的经济政策。在经济发展缓慢时，中央银行调低利率以刺激经济增长；在经济高速增长时，会出现通货膨胀，中央银行提高利率，收缩银根。在具体执行过程中，把握提高利率、收缩银根的尺度比较困难，可能会导致"紧缩与放松""加息与减息"的交替反复，这些将对商品价格产生影响。

对于农产品来说，利率在很大程度上影响其价格水平，因为利息成本是农产品生产成本的主要因素。利率下调，储存农产品的利息成本下降，农产品的价格相应降低。中国在加大农业支持力度方面，其中优惠利率是一个不错的选择。优惠利率是中央银行对国家拟投资重点发展的部门、行业和产品规定较低的利率，鼓励其发展。在农产品领域，优惠利率配合国家的农业产业政策，能够取得比较理想的效果，有利于农业产业结构调整和升级换代，也有利于农业产品结构调整。

(2)汇率。

汇率是一国货币兑换另一国货币的比率。在国际贸易中，汇率对贸易双方都产生重大影响。一般来说，本币对外币的比值贬低，能起到促进出口、抑制进口的作用；相反，则有利于进口，不利于出口。随着经济全球化，世界贸易中绝大部分农产品价格是根据世界各地相应的商品交易所成交价格确定的。因此，汇率变动会严重地影响到农产品价格。我国加入世界贸易组织后，市场开放程度越来越高，已成为国际市场体系中的一部分，与国际市场农产品的价格联系越来越密切，汇率因素对国内农产品价格的影响力也越来越明显。因此，汇率对农产品价格波动的影响也引起了国内专家、学者和相关人员的关注。

（3）税收政策。

税收政策在某种程度上体现了国家的产业发展战略思想。农业产业一直以来都是中国重点关注的产业,农业税收的重要性也就成为必然。目前,通过税收优惠来刺激和促进农业发展成为经济发展重要的组成部分。税收优惠是政府根据一定时期内的经济目标,对特定对象给予税收鼓励和照顾政策。税收优惠能提高其外部社会效应,影响农业技术进步和农业结构调整等。废除农业税之后,中国税收优惠政策主要体现在流转税、所得税、地方税等多个税种上。通过税收政策调整,促进中国农业的进一步发展,为社会物质文化和精神文化生活需要提供更多更丰富的农产品。

3. 制度风险

制度风险是在制度变革过程中,由于其变革结果的不确定性,使实际收益与预期收益发生差异的可能性。中国主要执行市场经济体制来发展经济,经过四十年的发展,已经形成了一系列的制度和措施。这些制度和措施在历史上,甚至有很多仍然对中国目前的经济发展起到很大的保障作用。但不可否认,随着中国经济的高速发展,尤其是改革开放以来,传统的制度显然不能完全适应经济发展形势的需要,进行经济体制改革成为历史的选择,甚至在政治体制方面也需要进行一定的改革。在改革过程中,新的制度是否符合中国农业经济发展的要求,需要时间来验证。但是历史经验告诉我们,在制度变迁过程中,农业领域的风险确实存在,如农村土地制度改革是中国体制改革中非常重要的一个环节。目前,农村土地体制改革正在加速进行,但随着今年国际经济增长速度放慢,农业也开始凸显出制度风险。这是因为原有经济体制被打破,而新的市场经济体系尚未建立,在农业经济领域出现过渡性失衡状态,导致资源配置效率降低。

4.2.3　国际市场的价格变化

1. 农产品国际贸易的影响

中国是全球著名的农业大国,同时也是对农产品国际需求最大的国家。中国农产品消费占全球消费量的比例较大,随着中国经济的高速增长,对农产品的需求越来越大。目前,中国自己生产的农产品无法完全满足需求,需要大量从国外进口农产品。从目前中国农产品进口情形来分析,除了少数农产品保持较小规模出口,大多数农产品品种都很紧缺,需要加大进口规模来满足中国经济发展的需要。从整体来看,中国已成为农产品净进口国家,而且,中国对国外农产品的依赖程度也越来越明显。

中国旺盛的农产品需求必然对国际市场的供求关系起到明显的影响。中国是世界上人口最多的国家,据统计,中国目前每年粮食消费量占世界粮食消费总量的五分之一。但是,从农产品价格确定角度来看,中国农产品的进口量虽然很大,但是对国际市场价格的影响却很小。我国在农产品进出口中承受了很大的价格风险。在国际市场上,经常出现只要是中国急需的农产品,其价格就剧烈上涨;只要是中国不需要进口,甚至是要出口的农产品,其价格就暴跌。这种价格波动给中国农产品生产者带来了很大的风险。

2. 国际农产品市场的稳定性

加入世界贸易组织之后,中国农产品开始面临与全球农产品竞争的局面。农产品生产者和经营者都必须面对国内和国际两个市场的竞争,而且国际市场的农产品价格波动传导到国内农产品价格上。当国外农产品价格低于国内市场价格时,会引起国内农产品价格下降;反之,引起国内农产品价格上涨。国际市场价格变动使农产品生产者和经营者不得不承担国际市场价格风险。

中国是全球农产品主要贸易国,不同种类农产品受国际价格的冲击影响程度不一样。有些农产品如蚕丝等,在国际市场上占一定优势,国内价格对国际市场价格有一定的影响力。谷类等农产品对国际市场的依赖性较低,国际市场价格对国内价格影响不大。但是,中国的食用油等产品受国际市场价格影响很大,而对于这些产品,中国对外依赖度较高。

在这种情况下,农产品国际市场价格的稳定对中国具有重要的意义。随着国内和国际两个市场的相互作用机制不断完善,中国农业生产者和经营者在关注国内市场变化的同时,还要时刻关注国际市场农产品的走势。农产品领域参与者面对更多的不确定因素,面临的风险也更加复杂,这对农产品生产者和经营者素质提出了更高的要求。

3. 农产品价格的国际传导影响

经济的发展带动了农产品市场的迅速发展。目前,国际和国内两个农产品市场开始产生交互影响。国内农产品价格不仅受到国内供需关系的影响,同时也受到国际市场农产品价格变化的影响。

国际市场农产品价格通过进口价格影响国内市场农产品价格。在国际市场上,农产品的进出口价格受到成熟的期货市场影响,中国在国际农产品进口价格方面一直处于被动局面。在这个价格传导过程中,进口农产品是国际市场价格传递到国内的载体。进口价格是货物在海关结关放行的价格。农产品进口价格直接影响着农产品加工企业的出厂价格和居民的消费价格。国际市场价格变化的传导衰减,呈现出价格传导减缓的特征。但是,农产品价格的国际间传导将对农产品价格的形成产生重大影响。

4.2.4　农产品市场不完善

经过多年的发展,中国农产品市场的发育程度仍然较低,主要表现为不注重农产品质量的提高,农产品附加值低。在批发市场中,尽管建立了很多相对规范的农产品专业批发市场,但绝大多数农产品批发市场管理不规范,经营范围和集散面小,无法进行区域农产品的供求平衡调节,政府也难以据此对农产品价格实行调控。

1. 农产品市场的发育程度不高

农产品市场价格的形成依赖于农产品市场的发育程度。由于农产品市场发育程度低,资源调节配置功能无法得到充分发挥。市场的不成熟会产生较大的市场风险,市场风险源于市场信息偏差。市场信号的扭曲和信息的非对称性是经常存在的,而且农产品市场调节滞后性比其他产品更加明显。在农产品市场上,通过市场机制调节未来的生产经营活动,需要准确预测市场未来的农产品价格。市场价格作为一种信号具有不确定性,它只能传递出某种农产品供给的大致状况,无法准确知道供给缺口大小。当生产经营者根据这种信息进行生产决策时,其风险更大。农产品市场发育不成熟主要体现在区域市场发展不平衡和期货市场不完善两个方面。

(1)区域市场发展不平衡。

中国存在明显的区域市场,不同地区的农产品市场发展不均衡,造成这种现象的因素很多。首先,它是由区域经济发展不均衡形成的。不同的地方政府根据本行政区域来形成农产品市场。这种"行政造市"现象的存在,造成了中国特色的"地方保护主义",阻碍了商品和生产要素的自由流动。其次,区际经济的非均衡发展,造成了区域市场的不均衡发展。在中国的经济发展中,区际经济发展出现结构趋同现象,严重阻碍了不同经济区域之间生产要素的自由流动。最后,在区域市场运行机制上,现有的市场运行机制不能满足经济发展的需要,一般无法形成较大经济辐射面,这样就更加剧了区域市场的不平衡发展。

(2)期货市场不完善。

农产品的价格波动受到期货市场影响。期货市场能形成一个农产品的预期价格。这个预期价格对农产品的现货价格产生重大影响,而且也对农产品的生产决策起决定性作用。如果这个期货价格是客观真实的,那么期货市场就提供了一个正确的价格信号,这样就可以科学组织好农产品的生产和供应。但是,如果期货市场不完善,投机气氛过浓,那么期货价格可能给出错误的信号。生产者和经营者如果根据错误的价格信号进行生产决策,会产生不利的后果。而中国的期货市场不完善,还存在很多不合理的地方,甚至期货市场可能成为"合法的掠夺"市场,被其他企业和个人利用。期货是平衡市场的重要价格影响因素,确保农产品价格稳定,需要建立完善的期货市场。

2. 我国农产品市场信息不对称问题突出

农产品市场信息不对称是指卖方与买方对于有关交易的农产品在质量、特性、价格等方面信息掌握不对称。农产品市场同种产品不同质的现象非常突出。农产品的质量信息在市场的分布是不均匀的,农产品质量具有搜寻品、经验品和信任品等产品特性。农产品的搜寻品特性包括外在特征和内在特征,产品品牌、标签和价格等是农产品的外在特征,而颜色、大小和新鲜程度等是农产品的内在特征。农产品的信任品特性是指农产品的安全和营养水平等方面的特征,如农产品的营养成分含量和农药的残留量等。农产品的经验品特性是指只有消费者在消费之后才能够了解的内在特征。维生素和蛋白质等营养的含量具有典型的经验品特性。在农产品市场上,农产品的信息不对称主要表现在经验品特性和信任品特性上。由于农产品市场中存在"哑铃"型的市场结构,即消费者和生产者人数众多,而从事农产品流通领域的企业和从业者数量少。在这种市场结构中,消费者对于产品信息则处于信息劣势,而生产者或中间商却知道这些信息,所以消费者的利益可能会受到一定的损害。同样,生产者对产品的销售市场不熟悉,也可能遭受一定的损失。

传统的经济理论认为市场供需是分布均匀的。在农产品领域,普遍存在产地和销地分离的现象,运输成本是形成地区差价最重要的因素,同时要求有完善的农产品流通体系。当农产品市场流通顺畅、农产品供需平衡时,农产品差价趋于稳定。当市场流通不畅时,即使总供需平衡,也可能在产地出现供过于求,而在销地出现供不应求的状况。我国农产品流通市场销地和产地分别集中的格局非常明显,基本上形成了北粮南运、中粮西运的格局。

在不存在信息不对称的条件下,农产品生产者和经营者迅速对价格变动做出反应,并根据农产品价格变动做出生产调整。由于我国农产品市场体系的不完善,信息的不对称,农产品价格区域性特征明显,加剧了农产品价格波动。

4.2.5　外部冲击

常见的外部冲击如不利天气、病虫害或疫情等,虽然会对农产品生产产生影响,但是在大多数情况下,农产品的社会总供求仍然是平衡的。即使是受农产品周期性生产的影响,农产品价格调整也是一种相对价格调整。

农业生产是劳动资源、劳动力、社会资本等再生产过程,同时又是动植物繁衍过程。农业生产的这一特点决定了农产品生产受自然条件的影响很大,相应地,农产品生产具有自然风险。农产品自然风险主要来源于自然灾害、意外事故等因素。自然灾害对农产品生产影响很大,常见的自然灾害包括水灾、旱灾、风灾、崩塌、滑坡、海啸、火灾、虫灾、病灾等。相对来说,非农产品的生产过程很少受自然因素的直接作用。

农业是相对薄弱的,农产品供给弹性较小。农业生产部门在遭遇外部冲击时,很容易表现为价格波动。农产品大多属于大宗商品,产品的同质性高,无法通过产品差异化定价来化解价格波动带来的压力。而同时农业生产受到天气、病虫害、疫情等外部冲击的概率高,更容易出现农产品价格波动的情况。

在农产品市场信息服务方面,相关部门和机构应该及时发布农产品的市场行情信息,并对其未来走势做出大致预测。准确可靠的天气信息服务也是市场信息的重要内容。在政策信息方面,要及时、全面发布政府支农惠农、产业扶持政策的相关信息,让农产品生产者做到心中有数,科学地组织和谋划农业生产,确保农产品市场供求结构均衡。

总之,影响我国农产品价格波动的因素非常多,而且很复杂。尽管各种因素的作用不同,但农产品价格的波动是各种因素综合产生作用的结果。

4.3 农产品价格波动特点与模型选择

农产品价格波动具有周期性。随着农产品市场化程度的加深和市场体制的逐渐完善,农产品价格波动的特征也越来越明显。采用计量经济学的方法对农产品价格波动规律进行计量检验,有助于更好地掌握农产品价格波动的规律。

4.3.1 农产品价格波动周期的测定

农产品价格波动周期是指农产品价格随着时间的变化而产生规律性的变化。掌握农产品价格波动的特征,首先要对农产品价格波动周期进行研究。确定农产品价格波动周期的方法很多,比如,可以根据相邻波峰的距离来判断。其次要对农产品价格波动的波长(L)①进行研究。平均波长$(\overline{L})$则是指在一定时期内历次价格波动平均的时间长度。其计算公式为

$$\overline{L} = \frac{t_n - t_i}{\sum_{i=1}^{n} F_i}$$

其中,t_i 是全部波动的时间序列的起点,t_n 是终点,下标 i,n 分别为时间单位序号;F 代表价格波动,$\sum_{i=1}^{n} F_i$ 是价格波动总数,下标 i 是波动序号。

波动幅度是指价格波动由波峰到波谷的落差,是衡量波动程度的重要指标,其计算公式为

$$W = P_T - P_L$$

其中,W 为波动幅度,P_T 为波峰时的产出水平,P_L 为波谷时的产出水平。

---

① 波长(L)是指一次完整的价格波动的一个波峰到另一个波峰或一个波谷到另一个波谷的时间长度(本书用年表示)。

测定经济周期的方法主要有直接测定法、剩余法和普查法。直接测定法主要是指直接采用经济变量增长率作为经济波动的指标,通过计量方法研究一段时期内经济变量增长率的特征,并通过分析这些特征寻找经济波动规律。

本书采用经济变量增长率(或环比率),研究在一定时期内经济变量的波动规律。该方法的优点是简单、明了。直接测定法的计算公式为

$$N_t = \frac{Y_t}{Y_{t-1}}$$

其中,N_t 是第 t 年的随机波动相对数,Y_t 为第 t 年的国民经济;Y_{t-1} 为上年的国民经济。

4.3.2　农产品价格波动周期的实证分析

本书以农产品生产价格指数来检验价格波动的周期性特点,数据来源于《中国统计年鉴》。在 1979—2010 年期间,以环比价格指数作为分析的数据见表 4-1。

表 4-1　农产品生产价格指数(按不变价格计算,GPIFP1978＝100)

年	1979	1980	1981	1982	1983	1984	1985	1986	1987	1988	1989
GPIFP[①]	100	107.1	105.9	102.2	104.4	104	108.6	106.4	112	123	115
年	1990	1991	1992	1993	1994	1995	1996	1997	1998	1999	2000
GPIFP	97.4	98	103.4	113.4	139.9	119.5	104.2	95.5	92	87.8	96.4
年	2001	2002	2003	2004	2005	2006	2007	2008	2009	2010	
GPIFP	103.1	99.7	104.4	113.1	101.4	101.2	118.5	114.1	97.6	110.9	

通过运用 EViews 软件,对表 4-1 的数据进行标准化处理后,得到图 4-1。

通过分析表 4-1 和图 4-1,根据前面对农产品价格波动的描述,可以得到表 4-2。

---

① 农产品生产价格指数反映一定时期内,农产品生产者出售农产品价格水平变动趋势及幅度的相对数。

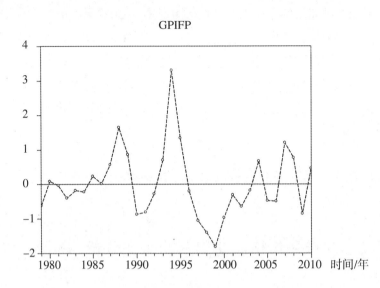

图 4-1　1979—2010 年农产品价格波动周期

表 4-2　1979—2010 年中国农产品价格波动周期

周期	起止年份	周期长度	波幅/%
1	1979—1982	4	7.1
2	1983—1985	3	4.6
3	1986—1991	6	25.6
4	1992—2000	9	52.1
5	2001—2005	5	13.7
6	2006—2010	5	20.9
平均		5.3	20.6

　　从表 4-2 可以看出,中国农产品价格波动从改革开放以来形成了 6 个完整
波动周期阶段。波动周期时间长短不一,最短波动周期是 3 年,最长波动周期
为 9 年,平均波动周期为 5.5 年。从波动的幅度来看,从 1979 年开始,波动幅
度逐渐加大,在 1992—2000 年期间,波动幅度达到最大值 52.1%。这说明,在
这段时间里,中国农产品价格很不稳定。从 2001 年开始,农产品价格波动幅度
相对减少,波动幅度也相对稳定。从表 4-1 和图 4-1 中我们发现,中国农产品

价格波动的周期性并不规律,虽然可以看到有明显的波峰和波谷阶段,但是周期长度不稳定,每个波动周期波动持续的时间伸缩性较大。这也表明中国农产品价格的波动很复杂,影响因素很多,因而有必要更进一步研究其波动的内在本质。

4.4　农产品价格波动中均值过程及波动过程分析

农产品价格波动是影响我国经济发展的一个重要因素,关系到中国农业经济的发展。经济时间序列中需要用一些特定的计量方法和手段,分析其过程的变化规律。由于市场机制的作用,农产品价格波动呈现一定的规律。预测经济时间序列的理论与方法较多,比较经典的有指数平滑法、生长曲线等,这些方法对经济运行长期趋势的预测比较准,但对短期波动预测效果不理想。自回归移动平均(ARMA)模型对经济运行短期趋势的预测准确率较高,因为它既考虑了经济现象在时间序列上的依存性,又考虑了随机波动的干扰性。这也是该模型应用比较广泛的原因之一。对于平稳时间序列的分析,ARMA 模型无论是在理论上,还是在实际应用中,都具有重要的价值。本书利用 ARMA 模型结合农产品价格指数的历史数据建立模型,并运用该模型对农产品价格的未来短期趋势进行预测。农产品生产价格指数(GPIFP)客观反映了全国农产品生产价格水平和结构变动情况,满足了农业与国民经济核算需要。但其经济数据常常受到许多因素的影响,从而导致数据产生比较大的波动,这就需要获得足够的数据来研究其趋势和波动。在建立的预测模型中,模型的准确性是预测精度得到保证的关键所在。

4.4.1　检验方法

1. 线性回归模型

对于如下线性回归模型:

$$y_t = \beta_0 + \beta_1 x_{1t} + \beta_2 x_{2t} + \cdots + \beta_k x_{kt} + \varepsilon_t \tag{4.1}$$

如果对于不同的点,方程(4.1)的随机扰动项之间存在序列自相关,那么应

用最小二乘法(OLS)估计会导致以下结果:参数估计量 $\bar{\beta}$ 不再是有效的;使用
OLS 估计所得的参数估计量标准差不正确,从而导致回归方程参数估计量的
显著性检验不可靠;如果方程解释变量中含有滞后的因变量,且不一致的。

对于序列相关,有三种检验方法:DW 统计量检验,相关图和 Q 统计量检
验以及 LM 检验。利用 DW 统计量检验序列自相关有以下缺点:该检验仅能
检验残差序列是否存在一阶序列相关,而不能检验高阶;假如方程解释变量中
含有滞后因变量,则 DW 统计量检验不再有效;对于处于某一区间的 DW 值,
无法作出合理的判断。而相关图和 Q 统计量检验以及 LM 检验,克服了 DW
统计量检验的这些不足。在这里采用相关图和 Q 统计量检验以及 LM 检验进
行自相关检验。

当检验出线性回归模型的扰动项存在序列自相关时,我们可以建立
AR(p)模型来刻画平稳序列的自相关结构,即定义

$$\varepsilon_t = \varphi_1 \varepsilon_{t-1} + \varphi_2 \varepsilon_{t-2} + \cdots + \varphi_p \varepsilon_{t-p} + u_t \tag{4.2}$$

其中,p 是随机扰动项的滞后阶数,u_t 是均值为零、方差为常数的白噪声
序列。滞后阶数 p 根据自相关函数(AC)和偏自相关函数(PAC)来确定。

时间序列 ε_t 滞后 k 阶的自相关函数[①]计算公式如下:

$$\rho_k = \frac{\sum_{t=k+1}^{n} (\varepsilon_t - \bar{\varepsilon})(\varepsilon_{t-k} - \bar{\varepsilon})}{\sum_{t=1}^{n} (\varepsilon_t - \bar{\varepsilon})^2} \tag{4.3}$$

其中,$\bar{\varepsilon}$ 是时间序列的样本均值。

序列 ε_t 的偏自相关函数[②]是指给定 ε_{t-1}、ε_{t-2}、$\cdots$、ε_{t-k+1} 的条件下,ε_{t-1} 与
ε_{t-k} 之间的条件相关性。序列 ε_t 滞后阶数 k 的偏自相关函数计算公式如下:

---

① 通常,AR(p)模型的自相关函数 ρ_k 随着滞后阶数 k 的增加而呈指数衰减或者正弦波衰减(即
表现出"拖尾性")。如果 ρ_k 随着滞后阶数 k 的增加而呈几何级数减少,则表明序列是一个低阶的回归
过程。

② 偏自相关函数度量了不考虑 $k-1$ 期相关的 k 期间距相关,如果这种自相关的形式可以由滞后
小于 k 阶的自相关表示,则偏自相关函数在 k 阶滞后下的值趋于零。一个纯 p 阶自回归过程 AR(p)偏
自相关函数在 p 阶截尾。

$$\gamma_{k,k} = \begin{cases} \rho_1 \\ \dfrac{\rho_k - \sum\limits_{j=1}^{k-1} \gamma_{k-1}\rho_{k-j}}{1 - \sum\limits_{j=1}^{k-1} \gamma_{k-1}\rho_{k-j}} \end{cases} \quad (4.4)$$

2. ARMA 模型

对于平稳的时间序列,可以采用自回归移动平均模型(Autoregressive Moving Average Models,ARMA)进行研究。一般地,ARMA(p,q)模型[①]包含了一个自回归过程 AR(p)和一个移动平均 MA(q),其形式如下:

$$\varepsilon_t = \varphi_1\varepsilon_{t-1} + \varphi_2\varepsilon_{t-2} + \cdots + \varphi_p\varepsilon_{t-p} + u_t + \theta_1 u_{t-1} + \theta_2 u_{t-2} + \cdots + \theta_q u_{t-q}$$

$$(4.5)$$

其中,p、q 分别表示滞后的阶数,u_t 是白噪声序列。

为了方便分析,引入滞后算子,将公式(4.5)以滞后算子多项式的形式表示如下:

$$(1 - \varphi_1 L - \varphi_2 L^2 - \cdots - \varphi_p L^p)\varepsilon_t = c + (1 + \theta_1 + \theta_2 L^2 + \cdots + \theta_q L^q)u_t$$

方程两边同时除以滞后多项式 $1 - \varphi_1 L - \varphi_2 L^2 - \cdots - \varphi_p L^p$,得到:

$$\varepsilon_t = \frac{c}{1 - \varphi_1 L - \varphi_2 L^2 - \cdots - \varphi_p L^p} + \frac{1 + \theta_1 + \theta_2 L^2 + \cdots + \theta_q L^q}{1 - \varphi_1 L - \varphi_2 L^2 - \cdots - \varphi_p L^p} u_t$$

$$(4.6)$$

其中,L 是滞后算子,L^i 表示滞后 i 阶,即对序列逐级差分 i 次。

4.4.2 数据来源

数据来源于《中国统计年鉴 2011》和中国国家统计局网站。数据采用年度数据,收集了 1979—2010 年的数据。在研究中,由于反映农产品价格的指标种类较多,考虑到数据收集的完整性和连续性,本书采用了农产品生产价格指数

---

① 对平稳序列建立 ARMA(p,q)模型,需要确认模型阶数(p,q),可以借助序列的自相关函数和偏自相关函数。

进行研究。农产品生产价格指数分两个时间段,2000 年(含)以前的数据用农副产品收购价格指数代替,2001 年(含)之后的数据为农副产品生产价格指数。为了研究方便,本书所有数据均是通过一定处理以后取得的。首先,数据是以不变价格进行计算,在计算指数值时是以上一年为 100 作为基准。用 GPIFP 代表农产品生产价格指数。

4.4.3　实证检验

1. 序列的单位根检验

本书采取单位根(ADF)检验方法判断是否为平稳时间序列。

分析序列 GPIFP 发现并没有表现出随时间变化的趋势,因而检验回归方程中不包含时间趋势;同时,序列 GPIFP 偏离零值而随机变动,因而检验回归方程中应该包含常数截距项。运用统计分析得到表 4-3:

表 4-3　序列 GPIFP 的 ADF 检验结果

		t 统计量	概率
ADF 检验		−3.890 535	0.005 8
临界值	1% 水平	−3.670 170	
	5%水平	−2.963 972	
	10%水平	−2.621 007	

从表 4.3 可以看出,ADF 检验的 t 统计量=−3.890 535,小于检验水平 1%、5%、10%的 t 统计量临界值,而且 t 统计量对应的概率值 p(0.005 8)非常小。因此,拒绝序列 GPIFP 存在单位根的原假设,即可以认为序列 GPIFP 是平稳的。

2. ARMA 模型识别

根据 ADF 检验结果可知 GPIFP 是平稳的时间序列。因此,可以用 GPIFP 序列建立 ARMA 模型,ARMA 模型的阶数(p,q)由序列的自相关函数和偏自相关函数来确定。经过检验得到序列 GPIFP 的相关图和 Q 统计量见图 4-2:

序列 GPIFP 的自相关函数 AC 在滞后 2 阶处超出了 95%的置信区间,其

Autocorrelation	Partial Correlation		AC	PAC	Q-Stat	Prob
		1	0.017	0.017	0.0094	0.923
		2	-0.373	-0.374	4.9278	0.085
		3	-0.034	-0.022	4.9689	0.174
		4	-0.191	-0.383	6.3487	0.175
		5	-0.223	-0.326	8.3045	0.140
		6	0.277	0.013	11.452	0.075
		7	0.199	-0.081	13.141	0.069
		8	-0.115	-0.112	13.730	0.089
		9	0.033	-0.014	13.780	0.130
		10	0.047	0.024	13.888	0.178
		11	-0.211	-0.093	16.164	0.135
		12	-0.095	-0.135	16.648	0.163
		13	0.232	0.091	19.698	0.103
		14	0.058	0.022	19.903	0.134
		15	-0.165	-0.160	21.653	0.117
		16	0.096	0.029	22.288	0.134

图 4-2　序列 GPIFP 的相关图和 Q 统计量

余各阶的自相关函数都在置信区间之内。偏自相关函数 PAC 在滞后 2 阶和 4 阶处显示出统计上的尖柱,但在其他各阶处均在统计上不显著。在滞后 5 阶后,序列 GPIFP 的偏自相关函数 PAC 变得很小,因而可以认为 ARMA 模型的自回归过程可能是 5 阶的。序列 GPIFP 的自相关函数 AC 在滞后 2 阶后才开始变小,说明移动平均过程 MA 应该是低阶的。

因此,本书对自回归过程 AR5 阶及以下、移动平均过程 MA2 阶及以下的 ARMA 模型进行分析。研究表明:ARMA(5,2)和 ARMA(4,2)两个模型是不平稳的,但是可逆的;ARMA(3,2)和 ARMA(2,2)两个模型是平稳的,但是不可逆的;ARMA(5,1)、ARMA(4,1)、ARMA(3,1)、ARMA(2,1)、ARMA(1,1)五个模型是平稳的,且是可逆的。

对五个平稳且可逆的模型进行比较,通过统计分析得到模型的拟合优度、AIC 信息准则和 SC 准则,具体见表 4-4。

表 4-4 平稳且可逆的 ARMA 模型统计分析结果

	ARMA (5,1)	ARMA (4,1)	ARMA (3,1)	ARMA (2,1)	ARMA (1,1)
R^2	0.435 457	0.426 805	0.365 309	0.362 101	0.351 942
$\bar{R}^2$	0.266 095	0.296 534	0.259 527	0.288 498	0.305 652
AIC 信息准则	7.540 855	7.431 373	7.420 424	7.313 500	7.223 523
SC 准则	7.876 812	7.716 845	7.656 164	7.500 327	7.362 296

从表 4-4 可以看出，ARMA(5,1)模型比其他四个模型的拟合效果好，因而可以认为 ARMA(5,1)模型相对较好。

通过检验得到 ARMA(5,1)模型的估计结果如表 4-5。

表 4-5 ARMA(5,1)模型的估计结果

变量	系数	标准误差	t 统计量	概率
C	106.792 6	2.382 046	44.832 28	0.000 0
AR(1)	0.983 337	1.440 936	0.682 429	0.502 8
AR(2)	−0.790 775	1.055 696	−0.749 056	0.462 5
AR(3)	0.558 819	0.892 176	0.626 355	0.538 2
AR(4)	−0.583 751	0.541 721	−1.077 586	0.294 0
AR(5)	0.233 984	0.550 517	0.425 026	0.675 4
MA(1)	−0.245 647	1.461 430	−0.168 087	0.868 2

利用滞后多项式写出 ARMA(5,1)模型的估计结果：

$$(1-0.983\ 3L+0.790\ 8L^2-0.558\ 8L^3+0.583\ 8L^4-0.234\ 0L^5)\text{GPIFP}$$
$$=106.792\ 6+(1-0.245\ 6L)\varepsilon_T$$

$$(4.7)$$

对上述模型进行统计检验分析得到表 4-6。

根据表 4-6，ARMA(5,1)模型的 AR 部分有 4 个倒数复根和 1 个实数根，分别是 $0.57\pm0.60i$、$-0.34\pm0.73i$、0.53，这 4 个倒数复根的模都小于 1，实数根也小于 1；MA 部分有 1 个实数根 0.25，也小于 1。因此，可以认为所估计的 ARMA(5,1)模型是平稳的，且是可逆的。

表 4-6　ARMA(5,1)模型的检验结果

样本可决系数	0.435 457	因变量的均值		106.700 0
修正的样本可决系数	0.266 095	因变量的标准差		10.989 82
回归标准差	9.414 789	AIC 信息准则		7.540 855
残差平方和	1 772.765	SC 准则		7.876 812
对数似然值	−94.801 54	HQ 准则		7.640 752
F 统计量	2.571 152	DW 统计量		1.994 237
F 统计量的概率	0.051 901			
AR 模型滞后多项式根的倒数	0.57+0.60i	0.57−0.60i	0.53	−0.34+0.73i
	−0.34−0.73i			
MA 模型滞后多项式根的倒数	0.25			

3. 模型诊断检验

对所估计的 ARMA(5,1)模型的残差进行自相关检验，得到残差相关图和 Q 统计量见图 4-3。

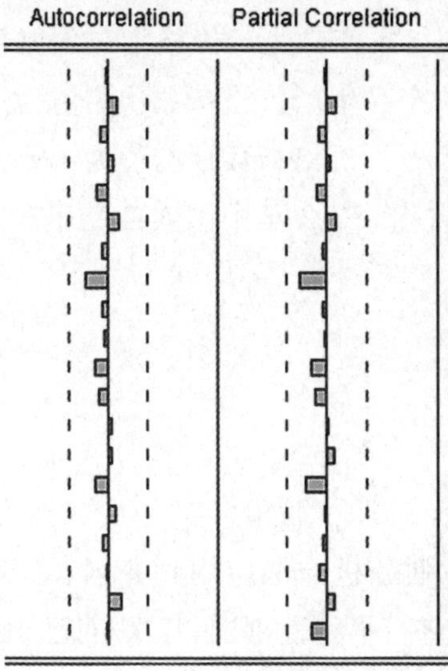

	AC	PAC	Q-Stat	Prob
1	-0.018	-0.018	0.0093	
2	0.090	0.090	0.2640	
3	-0.081	-0.079	0.4788	
4	0.045	0.036	0.5485	
5	-0.104	-0.090	0.9308	
6	0.105	0.093	1.3436	
7	-0.049	-0.028	1.4384	0.230
8	-0.218	-0.258	3.3969	0.183
9	-0.055	-0.029	3.5298	0.317
10	-0.032	-0.015	3.5764	0.466
11	-0.123	-0.144	4.3226	0.504
12	-0.095	-0.113	4.7899	0.571
13	0.038	0.017	4.8686	0.676
14	0.025	0.068	4.9061	0.768
15	-0.135	-0.191	6.0887	0.731
16	0.072	-0.015	6.4607	0.775
17	-0.052	-0.030	6.6726	0.825
18	-0.024	-0.076	6.7232	0.875
19	0.125	0.078	8.2602	0.826
20	-0.020	-0.145	8.3072	0.873

图 4-3　残差序列的相关图和 Q 统计量

根据图 4-3,残差样本的自相关函数都在 95% 的置信区间以内。自相关函数对应的概率 p 值也大于检验水平 0.05,因而不能拒绝原假设,即 ARMA(5,1)模型估计结果的残差序列不存在自相关,也就是说,估计结果是有效的。

4. 预测

根据公式(4.7)这个模型,对 2011—2013 年的农产品生产价格指数进行预测,预测结果如图 4-4 所示。

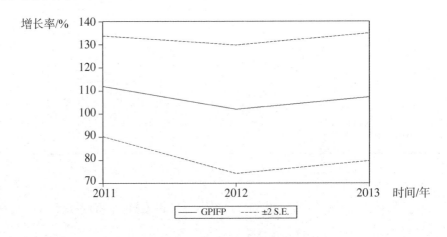

图 4-4 GPIFP 预测结果

根据模型的预测结果表明:2011 年农产品生产价格指数预测值为 112,预测的误差区间为[90,134];2012 年农产品生产价格指数预测值为 102,预测的误差区间为[75,130];2013 年农产品生产价格指数预测值为 108,预测误差区间为[80,136]。从预测的图形可以看出,2012 年中国农产品生产价格指数将下降,随后又将继续上扬。

4.4.4 检验结论

本节以我国农产品生产价格指数 1979—2010 年的年度数据为基础,采用 EViews6.0 统计分析软件,将时间序列分析方法应用到我国农产品生产价格指数短期预测中。首先,对样本序列进行平稳性判别;其次,对已识别模型进行估计,包括对 ARMA 模型系数的估计,利用 AIC 准则和 SC 准则确定滞后阶数；然后，进行模型诊断检验，检验显示得到的模型是合理的；最后，通过建立的模型进行短期预测。本书应用的 ARMA(5,1)模型中包含一个 MA(1)过程，说明移动平均部分只有一期记忆，也就是说，观察值仅受本期和上一期的影响，自相关部分有五期影响。通过预测发现的 GPIFP 在随后的三年(2011—2013年)预测结果分别是 112、102、108。运用时间序列进行预测是一种重要的预测方法。ARMA 模型虽然比较简单，但是应用广泛。在实际应用中，应该根据所要解决的问题及其影响因素来综合考虑并选择合适的 ARMA 模型。

4.5　本章小结

由于中国农产品价格体系比较复杂，本章试图对该体系做一个比较全面的剖析，既介绍了中国农产品价格体系的构成，又描述了影响农产品价格的因素。另外，还从量的角度描述了农产品自改革开放以来的变动情况，并分析了农产品价格波动的周期性特征。

同时，对中国农产品价格的波动特性进行研究，发现可以用 ARMA(5,1)模型来分析中国农产品价格波动趋势，说明移动平均部分只有一期记忆，也就是说观察值仅受本期和上一期的影响，自相关部分有五期影响。ARMA(5,1)模型在统计上表明是有效的。该模型预测 2011 年农产品生产价格指数预测值为 112，预测的误差区间为[90,134]；2012 年农产品生产价格指数预测值为102，预测的误差区间为[75,130]；2013 年农产品生产价格指数预测值为 108，预测误差区间为[80,136]。从预测的图形可以看出，2012 年中国农产品生产价格指数将下降，随后又将继续上扬。

对农产品价格波动特征与趋势的研究和分析，为进一步深入研究中国农产品价格波动的规律奠定了基础。

第5章 农产品价格波动性的非对称研究

　　自20世纪90年代以来,学者发现对长期记忆性效应的研究具有重大理论意义与研究价值。从研究的成果来看,主要是对金融与经济时间序列的长期记忆性效应检验。不同国家和地区的学者,采用不同的方法对其进行了大量研究,取得了不少的科研成果。格茨曼(Goetzmann,1993)和托尔维(Tolvi,2003)对股票价格指数进行研究,发现股价指数收益率不存在明显的非对称性。但苏瑞尔(Sourial,2002)和西贝特森(Sibbertsen,2004)发现,德国等国家的股票收益率序列有明显的非对称性。国内部分学者发现,中国金融资产收益率不具有非对称性。分析经济时间序列长期记忆性效应的典型方法有R/S分析方法(R/S analysis method)、赫斯特指数(Hurst)分析方法、修正R/S分析方法等。在农产品领域,这些方法还没有引起足够的重视。

　　在农产品研究领域,类似成果相对较少。本章基于这个原因对农产品价格波动的特征进行研究分析。在农产品价格波动序列中,大多具有"尖峰厚尾"的分布特征。农产品价格波动性对"利好消息"和"利空消息"的反应效应也不一样。本书在进行记忆性模型分析时,采用Student-t分布来描述农产品价格波动序列的"尖峰厚尾"特征。在研究方法上,利用广义自回归条件异方差模型(GARCH系列模型)来分析农产品价格波动对"利好消息"和"利空消息"的非对称效应,即"杠杆效应"研究。

5.1　农产品价格波动性非对称分析方法

非对称分析方法在研究长期记忆性效应[①]方面有很大价值,而短期记忆性过程(如 ARMA 过程)在其自相关函数中则呈几何衰减,且衰减速度非常快。

5.1.1　ARCH 模型

所谓 ARCH 模型,就是自回归条件异方差模型[②]。ARCH 模型假定在某一时刻一个噪声的发生是服从均值为零的正态分布,该正态分布的方差是过去有限项噪声值平方的线性组合,且随时间发生变化(即条件方差)。

经济学家和计量经济学家们希望通过应用这个模型,来解释和预测市场。对 ARCH 模型的研究,先后经历了两次重大突破[③]。它在实证研究中应用广泛,使人们能更加准确地把握波动性。

对于如下线性回归模型,经典线性回归模型通常假定随机误差项 u_t 是同方差的。

$$y_t = \beta_0 + \beta_1 x_{1t} + \beta_2 x_{2t} + \cdots + \beta_k x_{kt} + u_t \tag{5.1}$$

但是,对于经济时间序列,尤其是高频数据序列,该假设通常不太可能成立,然而其方差是时变的,并且常常表现出"波动聚集性"特征,从而表明随机误差是异方差。ARCH 模型可以较好地描述经济时间序列的这种特性[④],该模型

---

① 表现为一个序列的自相关函数缓慢衰减,这种衰减过程服从幂法规则(呈双曲线)。

② 该模型将当前一切可利用信息作为条件,并采用自回归形式来描述方差的变异。对于一个时间序列,在不同时间的信息不同,其条件方差也不一样。这种随时间而变异的条件方差可以利用 ARCH 模型来进行分析。ARCH 模型由罗伯特·恩格尔(Engle)教授于 1982 年首次提出。

③ 第一次是波勒斯勒夫(Bollerslev)提出广义 ARCH(Generalized ARCH),即 GARCH 模型;在经济研究领域,几乎所有的 ARCH 模型新成果都是在 GARCH 模型基础上得到的。第二次是由于长记忆在经济学上的研究取得突破。这些模型是研究数据波动性的有效工具,并被广泛应用于与波动性有关的研究领域,包括政策研究、季节性分析等方面。

④ 检验序列是否存在 ARCH 效应,即检验公式(5.2)中所有回归系数是否同时为 0。若所有回归系数同时为 0 的概率较大,则序列不存在 ARCH 效应;若所有回归系数同时为 0 的概率很小,或至少有一个系数显著不为 0,则序列存在 ARCH 效应。

假定随机误差项的条件方差与其误差项滞后的平方有关,对于 ARCH(p)模型,其一般形式为:

$$\sigma_t^2 = \alpha_0 + \alpha_1 u_{t-1}^2 + \alpha_2 u_{t-2}^2 + \cdots + \alpha_q u_{t-p}^2 \tag{5.2}$$

注意方差模型中的 $p+1$ 个参数也要和回归模型中的参数 $\beta_0,\beta_1,\beta_2,\cdots,\beta_k$ 一样,用极大似然估计法进行估计。

在具体应用中,一般认为误差项的方差不是某个变量的函数,而是依赖于过去误差的大小,且随时间发生变化,典型的模型有通货膨胀模型以及股票收益模型等。在实际应用中,常常有大的误差与小的误差成群出现的情况。比如,在利率模型中,我们常常发现误差较大的时段往往跟着变化误差小的时段。上述 ARCH(q)模型是由罗伯特·恩格尔(Robert Engle)研究发展出来的,他认为用一个自回归条件异方差模型(ARCH 模型)会提高有效性。等式(5.1)中 u_t 的方差只依赖于很多时刻之前的变化量。因此,ARCH 模型在应用中要特别注意这个特性。

5.1.2　GARCH 模型

在 ARCH 模型中,需要估计很多参数,在很多情况下,这一点很难做到。如果我们仔细分析方程(5.2)就会发现,等式(5.2)是 σ_t^2 的分布滞后模型。可以用一个或者两个 σ_t^2 的滞后值代替许多的 u_t 的滞后值,这就是广义自回归条件异方差模型(简记为 GARCH 模型)。GARCH(1,1)模型是最简单的 GARCH 模型。该模型如下:

$$\sigma_t^2 = \alpha_0 + \alpha_1 u_{t-1}^2 + \lambda_1 \sigma_{t-1}^2 \tag{5.3}$$

在 GARCH(1,1)模型中,λ_1 为似然比,误差项的方差包含一个常数项、前一时刻的变化量(ARCH 项),以及前一时刻的方差(GARCH 项)。

一般情况下,可以有任意多个 ARCH 项和任意多个 GARCH 项。GARCH(p,q)模型代表如下:

$$\sigma_t^2 = \alpha_0 + \alpha_1 u_{t-1}^2 + \cdots + \alpha_q u_{t-p}^2 + \lambda_1 \sigma_{t-1}^2 + \cdots + \lambda_q \sigma_{t-q}^2 \tag{5.4}$$

在 GARCH(p,q)模型中,q 是 GARCH 模型的阶数,p 是 ARCH 模型的阶数。一般情况下,GARCH 模型的阶数 q 远比 ARCH 模型的阶数 p 要小。

对于经济时间序列,误差项的分布往往比正态分布假设有更厚的尾部[①]。如果给定一个分布假设,GARCH(p,q)模型常使用极大似然估计方法进行参数估计。

5.1.3　GARCH-M 模型

在经济理论中,大多数模型都假设生产者应该为承担额外的风险而获得更高的收益,处理这一问题的方法之一是设定资产的收益可以部分地由其风险决定。为了更好地研究这个问题,恩格尔、利林和罗宾斯(Engle、Lilien and Robins,1987)提出了 GARCH 均值(也称 GARCH-M)模型。因此,可将资产收益率的条件方差引入到 GARCH 模型的均值方程中,其中的一种形式如下:

$$\begin{cases} r_t = \mu + \delta\sigma_t + u \\ \sigma_t^2 = \alpha_0 + \sum_{i=1}^{p} \alpha_i u_{t-i}^2 + \sum_{j=1}^{q} \lambda_j \sigma_{t-j}^2 \end{cases} \quad (5.5)$$

公式(5.5)中,第一个方程称为均值方程,在方程中引入了风险对收益的影响,$\delta\sigma_t$ 可以解释为风险暴露或风险溢价。从经济学角度来看,这是投资者应该为承担额外的风险而获得的收益补偿。正的 δ 值表示收益率与其过去的波动正相关,负的 δ 值表示收益率与其过去的波动负相关。

5.1.4　非对称的 ARCH 模型

ARCH 模型、GARCH 模型和 GARCH-M 模型能够很好地解释资产收益率序列的波动"聚集性"特征。聚集效应是指因经济活动而形成的规模经济和范围经济等。但是这些不能解释经济时间序列存在的"杠杆效应",即资产价格的下跌(负的冲击或者坏消息)和同样程度的价格上涨(正的冲击或者好消息)产生的波动是不一样的。要描述经济时间序列的这种"杠杆效应",一般通过应

---

① 为了更精确地描述这些经济时间序列分布的"厚尾"特征,需要对误差项的分布进行假设。随机误差项的分布形式,常见的有正态分布、学生 t-分布和广义误差分布三种假设。

用非对称的 ARCH 模型①。

1. TARCH 模型

格罗斯顿、贾甘纳坦和朗克尔(Glosten、Jagannathan and Runkel,1993)以及扎科帕内(Zakoian,1990)通过在条件方差方程中引入门限值而提出了门限 GARCH(Threshold GARCH)模型,又称 GJR 模型。该模型加入了解释可能存在的非对称性的附加项。

我们可以将 TGARCH(p,q)模型表示为

$$\sigma_t^2 = \alpha_0 + \gamma u_{t-1}^2 d_{t-1} + \sum_{i=1}^{p} \alpha_i u_{t-i}^2 + \sum_{j=1}^{q} \lambda_j \sigma_{t-j}^2 \tag{5.6}$$

其中,d_{t-1} 为虚拟标量。若 $u_{t-1} \geq 0$,则 $d_{t-1} = 0$,此时代表"利好消息";否则,若 $u_{t-1} < 0$,则 $d_{t-1} = 1$,此时代表"利空消息"。

在 TGARCH 模型中,"利好消息"(即 $u_{t-1} \geq 0$)和"利空消息"(即 $u_{t-1} < 0$)对条件方差 σ_t^2 具有不同的冲击影响。当出现农产品"利好消息"时,波动平方项 u_{t-i}^2 的系数为 $\sum_{i=1}^{p} \alpha_i$,即冲击影响为 $\sum_{i=1}^{p} \alpha_i u_{t-i}^2$;而当出现农产品"利空消息"时,波动平方项 u_{t-i}^2 的系数为 $\gamma + \sum_{i=1}^{p} \alpha_i$,即冲击影响为 $\gamma u_{t-1}^2 + \sum_{i=1}^{p} \alpha_i u_{t-i}^2$。

当 $\gamma = 0$ 时,条件方差对冲击具有对称反应,而当 $\gamma \neq 0$ 时,条件方差对冲击具有非对称反应,$\gamma > 0$ 时存在"杠杆效应"。

如果是 TARCH(1,1)模型,模型(5.6)可简化为

$$\sigma_t^2 = \alpha_0 + \gamma u_{t-1}^2 d_{t-1} + \alpha_1 u_{t-1}^2 + \lambda_1 \sigma_{t-1}^2 \tag{5.7}$$

其中,d_{t-1} 为虚拟标量。若 $u_{t-1} \geq 0$,则 $d_{t-1} = 0$,此时代表"利好消息";否则,若 $u_{t-1} < 0$,则 $d_{t-1} = 1$,此时代表"利空消息"。从公式(5.7)可知,当出现农产品"利好消息"时,冲击影响是 $\alpha_1 u_{t-1}^2$;而当出现农产品"利空消息"时,冲击影响是 $(\gamma + \alpha_1) u_{t-1}^2$。在这里要特别注意,对于条件方差的非负数要求是 $\alpha_0 \geq 0$,$\alpha_1 \geq 0, \lambda_1 \geq 0$ 和 $\gamma + \alpha_1 \geq 0$。当 $\gamma = 0$ 时,条件方差对冲击不具有不对称反应,即条件方差对冲击具有对称反应。$\gamma > 0$ 表示存在杠杆效应。

---

① 在非对称模型中,常见的有 TARCH 模型、EGARCH 模型等等。

2. 指数(Exponential)GARCH 模型[1]

一般地,为了简单说明,考虑 EGARCH(p, q)模型,将其条件方差设定为如下形式:

$$\log(\sigma_t^2) = \alpha_0 + \sum_{j,i=1}^{p} \theta_j \log(\sigma_{t-j}^2) + \sum_{i=1}^{q}\left[\alpha_i \left|\frac{u_{t-i}}{\sqrt{\sigma_{t-i}^2}}\right| + \gamma_i \frac{u_{t-i}}{\sqrt{\sigma_{t-i}^2}}\right] \quad (5.8)$$

由于公式(5.8)是对 $\log(\sigma_t^2)$ 建模,即使参数估计值是负数,条件方差 σ_t^2 仍然是正数。因此,EGARCH 模型不需要人为地假设参数非负数的约束限制。同时,对于 EGARCH(1,1)模型,公式(5.8)可以简化为

$$\log(\sigma_t^2) = \alpha_0 + \theta_1 \log(\sigma_{t-1}^2) + \gamma \frac{u_{t-1}}{\sqrt{\sigma_{t-1}^2}} + \alpha \left|\frac{u_{t-1}}{\sqrt{\sigma_{t-1}^2}} - \sqrt{\frac{2}{\pi}}\right| \quad (5.9)$$

在公式(5.9)中,如果 $\gamma < 0$,则表明存在杠杆效应;如果 $\gamma = 0$,则表明不存在非对称效应。

5.2 中国农产品价格波动性非对称实证研究

本书首先关注中国经济增长和农产品价格波动性特征,然后通过运用时间序列动态模型来检验农产品价格波动的非对称性。

5.2.1 中国经济增长波动性与农产品价格波动性的数据描述

数据来源于《中国统计年鉴 2011》和中国国家统计局网站。数据采用年度数据,收集了 1979—2010 年的数据。在研究中,由于反映农产品价格的指标种类较多,考虑到数据收集的完整性和连续性,本书采用了农产品生产价格指数进行研究。农产品生产价格指数分两个时间段,2000 年(含)以前的数据用农

---

① 指数(Exponential)GARCH,即 EGARCH 模型,由纳尔逊(Nelson,1991)提出,主要为克服在处理经济时间序列中 GARCH 模型的某些微弱性。它体现在两个方面:在估计过程中,在确保方差过程为正的前提下,参数 α 和 β 必须是约束的;经验证据表明,波动对冲击有非对称反应。

副产品收购价格指数代替,2001 年(含)之后的数据为农副产品生产价格指数。为了研究方便,本书所有数据均是通过一定处理以后取得的。首先,数据是以不变价格进行计算,在计算指数值时是以上一年为 100 作为基准。用 GPIFP 代表农产品生产价格指数。1979 年至 2010 年中国农产品生产价格指数的波动情况如图 5-1 所示。

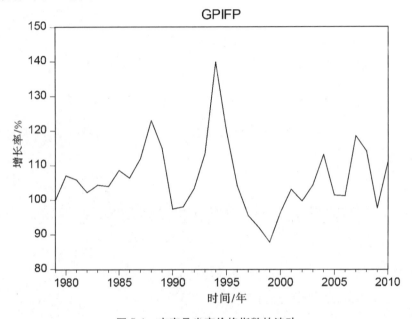

图 5-1　农产品生产价格指数的波动

从图 5-1 可以看出,中国农产品生产价格指数波动具有一定的特性。由于采用的数据是以上一年度为基准进行计算所得,因而我们可以从整体上看出,中国农产品价格生产指数波动幅度基本稳定,但在一些特殊年份波动幅度较大。在 1988 年到 2000 年之间,中国农产品生产价格指数波动比较剧烈,而在其他年份,农产品生产价格指数波动幅度相对较小。

从数据结果来看,也与中国经济发展实际情况比较吻合。20 世纪 90 年代,中国的改革开放进一步深化,经济得到迅速发展,与此同时,中国农产品价格开始出现较大程度的波动。这种现象的出现与新中国成立后实行的经济政策有一定的关系。中华人民共和国成立后,通过向苏联学习,我国实行计划经济体制。经过计划经济体制影响,我国在很多方面都打上了深刻的计划经济烙印。1978 年开始提出改革开放,中国开始探索中国特色的经济发展道路。经过一段时间的经济发展,我国在经济领域取得了巨大成就,同时也带来了新的问题。新的经济体制无法用计划经济体制下的手段去规范和发展经济,在经济调控方面显示出一些不足,这一点也体现在中国农产品价格方面的较大波动。20 世纪 90 年代是中国经济改革深化的重要阶段,这种影响更加明显。同时,中国正在谋求加入世界贸易组织。20 世纪 90 年代也是中国农产品价格体系改革的重要时期,面临的挑战更大,所以中国农产品价格波动更大。

　　为了更好地描述中国农产品价格波动的特点,需对其进行直方图分析。通过对农产品生产价格指数的直方图与统计量分析,得到图 5-2。

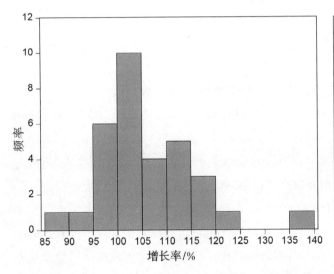

图 5-2　序列 GPIFP 的直方图

　　在图 5-2 中,左边是农产品生产价格指数的直方图,反映了农产品生产价格指数在各个区间的分布频数。从总体上来看,主要集中在区间(95,115)之间,反映了中国农产品价格波动基本是相对稳定的。右边是对 32 个观测值计算出的描述性统计量。其中重要的是,发现序列的偏度 $S = 1.090 > 0$。因此,与正态分布相比,中国农产品生产价格指数表明价格波动呈现"右偏",结合其概率 $p = 0.002$,峰度 $K = 5.087$,说明至少在 90% 的置信水平下(即检验水平 10%),不能拒绝原假设[*]H_0:序列 GPIFP 服从正态分布。

总的来看,农产品生产价格指数波动虽然比较平稳,但是也有较明显的波动聚类特征。波动的特性具有长期记忆的特点。为了更好地对这一特征进行分析,需对其波动性特征进行进一步的检验。

5.2.2　中国农产品价格波动性的非对称检验

为了刻画和检验农产品价格波动是否存在长期记忆的特征,本书采用GARCH模型来进行分析。首先,分别根据赤池信息准则(AIC信息准则)和施瓦茨准则(SC准则)来确定GARCH模型的滞后阶数。

$$\begin{cases} \text{AIC} = -\dfrac{2L}{n} - \dfrac{2k}{n} \\[2mm] \text{SC} = -\dfrac{2L}{n} - \dfrac{k\ln n}{n} \end{cases} \tag{5.10}$$

其中,L 是极大似然估计值,n 是样本个数,k 为参数个数。

AIC信息准则和SC准则用于评价模型好坏时,一般要求AIC值或SC值越小越好。选择变量的滞后阶数,可以使AIC值或SC值达到最小的滞后分布长度。通过GARCH模型在不同滞后阶数下估计得到的AIC值或SC值确定合适的滞后阶数。首先判断农产品价格波动是否存在ARCH效应。

1. 首先进行ARCH效应检验

在研究中发现数据分布具有"尖峰厚尾"特性,所以采用学生 t-分布来刻画这个分布特征。为了分析方便,对农产品生产价格指数序列取自然对数建立随机游走模型,并对建立的回归模型进行检验判断是否存在ARCH效应。

$$\ln(\text{GPIFP}_t) = \alpha + \beta \ln(\text{GPIFP}_{t-1}) + u_t \tag{5.11}$$

对上述模型进行估计所得的残差序列进行 ARCH 效应检验。用EViews6.0统计分析工具,对中国农产品生产价格指数进行分析,结果如下:

$$\ln(\text{GPIFP}_t) = 2.364\ 7 + 0.493\ 3\ln(\text{GPIFP}_{t-1}) + \hat{u}_t \tag{5.12}$$

t 统计量$=(3.149\ 0)$　　$(3.061\ 8)$

$R^2 = 0.243\ 0$,$\overline{R^2} = 0.218\ 2$,对数似然值 $L = 34.424\ 0$,AIC$= -2.091\ 9$,SC$= -1.999\ 4$。

接下来,对随机游走模型(5.12)的残差 $\hat{u}_t$ 进行 ARCH 效应检验,得到残差序列折线图 5-3。

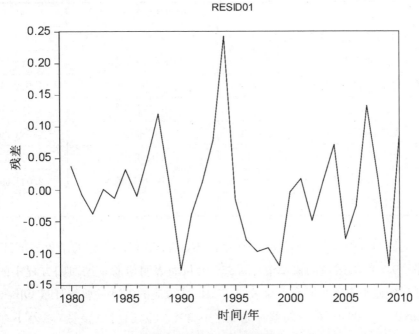

图 5-3　残差序列折线图

从图 5-3 可以看到，回归方程的残差表现出波动的"聚集性"特征，即大的波动后面伴随着较大的波动，较小的波动后面伴随的波动也比较小。如 1979 年至 1988 年这段时间，残差波动比较小；但是 1989 年到 2000 年这段时间，残差波动比较大；但随后的 2001 年至 2010 年这段时间，残差波动又比较小。但是，这个调整不是很明显，其中可能有来自数据方面的原因，因为采用的是年数据，而且数据量比较小，所以聚集性特点不是很明显。也就是说，有可能存在 ARCH 效应。

接着利用上述残差平方的相关图分析。发现残差平方的自相关检验结果显示，1 阶至 20 阶的 Q 检验统计量的 p 值都比较大，因而可以认为自相关不明显。

运用 EViews 进行 ARCH LM 检验，检验结果如表 5-1 所示。

表 5-1　残差序列的 ARCH LM 检验结果

F 统计量	0.296 261	F 统计量的概率值	0.965 9
ARCH LM 检验统计量	4.799 561	ARCH LM 检验统计量概率	0.904 2
样本可决系数	0.228 551	因变量的均值	0.008 367
修正的样本可决系数	−0.542 899	因变量的标准差	0.012 911
回归标准差	0.016 037	AIC 信息准则	−5.122 094
残差平方和	0.002 572	SC 准则	−4.574 963
对数似然值	64.781 99	HQ 准则	−5.003 353
F 统计量	0.296 261	DW 统计量	2.041 695
F 统计量的概率	0.965 922		

　　对回归方程残差 ARCH 效应使用 ARCH LM 检验得到的结果如下：F 统计量＝0.296 3,对应的概率值＝0.965 9,从而表明检验辅助回归方程中的所有滞后残差平方项是联合不显著的。ARCH 效应的 LM 检验统计量 Obs * R-squared＝4.799 6,对应的概率值 $p＝0.904 2$,因而可以接受"残差不存在 ARGH 效应"的原假设,即残差序列不存在条件异方差性。

　　总的来说,数据检验结果不支持我们对生活观察中的真实感受。为了进一步研究,我们建立 GARCH 模型,通过分析 GARCH 模型来寻找更好的解释。

　　2. GARCH 模型的建立

　　当检查到回归方程的随机误差项存在 ARCH 效应时,即当残差存在条件异方差时,可以使用自回归条件异方差模型（ARCH）和广义 ARCH 模型（GARCH）来拟合误差项的条件方差。在使用过程中,ARCH 模型的使用条件相对严格,GARCH 模型的应用也较广泛。同时,在我们前面的分析当中,发现数据检验结果与现实生活表现不完全相符。因此,我们在研究中主要采用 GARCH 模型进行分析。

　　先进行一阶自然对数差分得到新的方程：

$$r_t＝\ln(\text{GPIFP}_t)－\ln(\text{GPIFP}_{t-1}) \tag{5.13}$$

　　通过对方程（5.13）进行分析,得到最佳的拟合结果见表 5-2：

表 5-2　GARCH-M 模型

GARCH＝C(3)＋C(4)＊RESID(−1)^2＋C(5)＊GARCH(−1)

变量	系数	标准误差	Z统计量	概率
@SQRT(GARCH)	−0.566 108	0.688 009	−0.822 821	0.410 6
C	0.047 568	0.049 870	0.953 824	0.340 2
方差方程				
C	0.000 567	0.001 934	0.293 043	0.769 5
RESID(−1)^2	0.640 342	0.649 971	0.985 186	0.324 5
GARCH(−1)	0.506 901	0.452 065	1.121 300	0.262 2
样本可决系数	0.074 569	因变量的均值	0.003 337	
修正的样本可决系数	0.042 657	因变量的标准差	0.093 832	
回归标准差	0.091 809	AIC 信息准则	−1.786 674	
残差平方和	0.244 436	SC 准则	−1.555 385	
对数似然值	32.693 44	HQ 准则	−1.711 279	
F 统计量	0.584 186	DW 统计量	1.894 817	
F 统计量的概率	0.676 571			

根据分析结果,我们可以写出 GARCH-M 模型估计结果。

序列 r 的均值方程: $r_t = -0.566\ 1\hat{\sigma}_t + \hat{u}_t$

Z 统计量＝(−0.822 8)

条件方差方程: $\hat{\sigma}_t^2 = 0.000\ 6 + 0.640\ 3\hat{u}_{t-1}^2 + 0.506\ 9\hat{\sigma}_{t-1}^2$

Z 统计量＝(0.293 0)　　(0.985 2)　　(1.121 3)

对数似然 $L＝32.693\ 4$, AIC 信息准则＝−1.786 7, SC 准则＝−1.555 4

从所估计的均值方程来看, $\hat{\sigma}_t$ 的系数估计值为−0.566 1,表明当市场中预期风险增加 1‰时,会导致农产品价格指数波动相应地变化 0.566 1‰。从这个数据可以发现,农产品价格指数对风险的反应比较剧烈。这也与中国的经济发展实际情况较为吻合。在研究中,我们还发现,虽然存在这个现象,但从统计角度来看,统计结果并不是很明显,所以我们还需要进一步分析其内在原因。但是用 GARCH 模型检验结果明显要比 ARCH 模型检验结果更为显著。

3. GARCH-M 模型结果分析

为了判断模型的有效程度,应用 EViews6.0 对模型进行拟合 GARCH-M 模型实际值、拟合值及残差值分析,得到图 5-4。

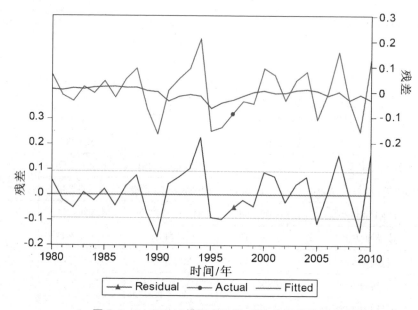

图 5-4　GARCH-M 模型实际值、拟合值及残差值

从图 5-4 可以看到,由于序列 r 的拟合值 $r_t = -0.566\ 1\hat{\sigma}_t$,而 $\hat{\sigma}_t > 0$ 且非常小,因而 r 的拟合值都比较小。由于模型估计的残差值与实际值在图形上相似,因而对 GARCH-M 模型估计的残差进行 ARCH LM 检验,其检验结果见表 5-3。

表 5-3　残差的 ARCH LM 检验

F 统计量	0.981 865	F 统计量的概率	0.330 2
LM 检验统计量	1.016 358	LM 检验统计量的概率	0.313 4

检验方程

变量	系数	标准误差	t 统计量	概率
C	1.154 044	0.283 109	4.076 325	0.000 3
WGT_RESID^2(−1)	−0.184 241	0.185 935	−0.990 891	0.330 2

续表

样本可决系数	0.033 879	因变量的均值	0.977 092
修正的样本可决系数	−0.000 626	因变量的标准差	1.202 875
回归标准差	1.203 251	AIC 信息准则	3.272 271
残差平方和	40.538 75	SC 准则	3.365 684
对数似然值	−47.084 07	HQ 准则	3.302 155
F 统计量	0.981 865	DW 统计量	1.926 995
F 统计量的概率	0.330 225		

从表 5-3 可以知道，LM 检验统计量 Obs * R-squared＝1.016 4，其概率值 p＝0.313 4，因而无法拒绝"残差不存在 ARCH 效应"。也就是说，ARCH 效应还是存在，但是在统计检验上不显著。

生成 GARCH-M 模型的条件方差并进行分析，得到条件方差折线图，如图 5-5。从图 5-5 可以看到，1990 年到 2000 年以及 2007 年到 2010 年这两个时间段的条件方差较大，从而表明农产品价格在这两个时间段存在较大的波动。而

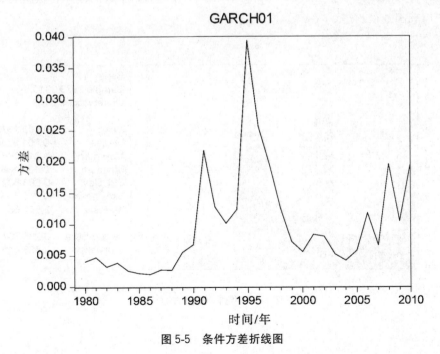

图 5-5　条件方差折线图

其他时间段,条件方差波动比较小,也就是说农产品价格波动比较小。这个结果与实际情况一致。

5. 2. 3 中国农产品价格波动性非对称分析结论

通过前面的分析,我们初步得到一个结论:农产品价格波动确实存在ARCH效应,但是统计检验结果不显著。当然,这个现象的出现受很多因素的影响。下面用 TARCH 模型对中国农产品生产价格指数进行长期记忆分析,也就是对农产品价格波动的"杠杆效应"判断。"杠杆效应"在金融时间序列中经常存在,表现为资产价格的下跌(负的冲击或者坏消息)比同样程度的价格上涨(正的冲击或者好消息)产生的波动更大。这里首先分析序列的变化特征,然后建立相应的非对称分析模型。

1. 收益序列 r_t 的特征分析

前面研究中,在进行 GARCH 模型分析时,进行一阶自然对数差分得到新的方程(5.12)。根据公式(5.12)得到序列 r,对这个新生成的序列特征进行分析得到图 5-6。

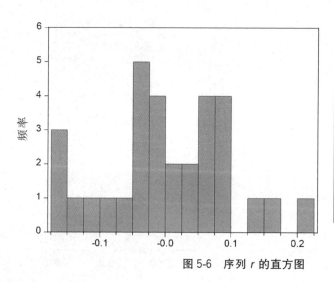

图 5-6 序列 r 的直方图

从图 5-6 左边的序列直方图可以看到,序列排列规则不明显,而且其尾部拖得比较长。序列 r 的偏度 $S=-0.029\,80<0$,表明序列呈左偏分布。同时,序列 r 的峰度 $K=2.53$,峰度值接近 3,可以假定其分布类似正态分布。但序列 r 的 J-B 统计量比较小,其相应的概率 p 比较大,因而可以认为部分具有学生 t-分布的特点。

序列的均值 $\mu=0.003\,337$。对序列 r 进行均值为 0 的简单假设检验,检验结果如表 5-4。

表 5-4　序列 r 的零均值检验结果

假设检验:均值=0.000 000		
样本均值=0.003 337		
样本标准差=0.093 832		
分析方法	统计值	概率
t 统计量	0.198 032	0.844 4

检验结果显示:t 统计量=0.198 0,其相应的概率值 $p=0.844\,4$,表明 t 统计量不显著,因而不能拒绝"均值等于 0"的原假设,即农产品价格波动平均值为 0。综合前面的分析,发现其分布具有尖峰厚尾、非对称性、波动聚集性以及零均值等特征。当然,从检验的结果来看,农产品价格波动的这些特点并不明显,从统计检验结论来看,都不是很显著。因此,我们在分析农产品价格波动特性时,也要特别注意这点。

2. TARCH 模型估计

根据前面对序列 r_t 的分析,对其建立非对称的 ARCH 模型——TARCH 模型。由于收益率序列的"厚尾"特征,因而对于随机误差项的分布假设,采用比正态分布假设的尾部更厚的 t-分布。通过利用 EViews6.0 对数据进行分析,建立 TARCH(1,1)模型和 TARCH(1,0)模型。

根据模型估计结果的 AIC 信息准则和 SC 准则(越小越好)以及对数似然函数值(越大越好)选择合适的学生 t-分布的自由度。在这里,综合各种因素,我们选择学生 t-分布的自由度为 140 进行 TARCH(1,1)模型分析的结果如表 5-5,以及选择学生 t-分布的自由度为 28 进行 TARCH(1,0)模型分析得到表 5-6。

表 5-5 TARCH(1,1)模型

变量	系数	标准误差	Z 统计量	概率
方差方程				
C	0.001 645	0.002 558	0.643 059	0.520 2
RESID(−1)^2	1.258 736	0.337 990	3.724 181	0.000 2
RESID(−1)^2 * (RESID(−1)<0)	−1.495 327	0.445 323	−3.357 848	0.000 8
GARCH(−1)	0.526 540	0.316 996	1.661 030	0.096 7
样本可决系数	−0.001 307	因变量的均值		0.003 337
修正的样本可决系数	0.030 993	因变量的标准差		0.093 832
回归标准差	0.092 366	AIC 信息准则		−1.797 313
残差平方和	0.264 478	SC 准则		−1.566 025
对数似然值	32.858 36	HQ 准则		−1.721 919
DW 统计量	1.849 042			

表 5-6 TARCH(1,0)模型

变量	系数	标准误差	Z 统计量	概率
方差方程				
C	3.42×10^{-5}	0.000 152	0.224 910	0.822 0
RESID(−1)^2 * (RESID(−1)<0)	−0.250 776	0.315 256	−0.795 468	0.426 3
GARCH(−1)	1.164 214	0.073 775	15.780 62	0.000 0
样本可决系数	−0.001 307	因变量的均值		0.003 337
修正的样本可决系数	0.030 993	因变量的标准差		0.093 832
回归标准差	0.092 366	AIC 信息准则		−1.881 158
残差平方和	0.264 478	SC 准则		−1.696 128
对数似然值	33.157 96	HQ 准则		−1.820 843
DW 统计量	1.849 042			

分析表 5-5 和表 5-6 发现,参数估计值只有较小的变化。TARCH(1,1)模型的对数似然值为 32.858 4,AIC 信息准则为 −1.797 3,SC 准则为 −1.566 0;TARCH(1,0)模型的对数似然值为 33.158 0,AIC 信息准则为 −1.881 2,SC 准则为 −1.696 1。因此,可以认为 TARCH(1,0)模型比 TARCH(1,1)模型更好。根据表 5-6,可以写出 TARCH(1,0)模型的估计结果。均值方程为 $r_t = \hat{u}_t$,其中,假定 u_t 服从学生 t-分布,自由度为 28。条件方差方程为

$$\hat{\sigma}_t^2 = 3.42 \times 10^{-5} - 0.250\ 8u_{t-1}^2 I_{t-1} + 1.164\ 2\hat{\sigma}_{t-1}^2$$

Z 统计量为

$$(0.224\ 9) \qquad (−0.795\ 5) \qquad (15.780\ 6)$$

对数似然为 $L = 33.158\ 0$,AIC 信息准则 $= −1.881\ 2$,SC 准则 $= −1.696\ 1$。

在 TARCH(1,0)模型中,非对称效应(即杠杆效应)的系数估计值 $\bar{\gamma} = −0.250\ 8$,对应的概率 $p = 0.426\ 3$,说明农产品价格波动杠杆效应虽然存在,但是不显著。在该模型中,因为不包含 ARCH 项,所以好消息对农产品价格波动的冲击为 0,而坏消息对农产品价格波动的冲击为 $−0.250\ 8u_{t-1}^2$。

3. EGARCH 模型估计与信息冲击曲线

为了进一步描述农产品生产价格指数的变化特征,需进行 EGARCH 模型分析,同时分析信息对农产品价格指数的影响大小和方向。根据前面的研究,我们建立 EGARCH(1,1)模型,利用 EViews6.0 统计工具得到以下结果,见表 5-7。

表 5-7　EGARCH(1,1)模型估计结果

Log(GARCH) = C(1) + C(2) * | RESID(−1)/@SQRT(GARCH(−1)) | +			
C(3) * RESID(−1)/SQRT(GARCH(−1)) + C(4) * log(GARCH(−1))			
变量	系数	标准误差	Z 统计量	概率
方差方程				
C(1)	−3.288 859	5.006 532	−0.656 914	0.511 2
C(2)	0.443 879	0.757 867	0.585 695	0.558 1
C(3)	0.176 247	0.393 324	0.448 096	0.654 1
C(4)	0.393 371	1.025 788	0.383 482	0.701 4

续表

T-DIST. DOF	330.588 3	54 379.08	0.006 079	0.995 1
样本可决系数	−0.001 307	因变量的均值		0.003 337
修正的样本可决系数	0.030 993	因变量的标准差		0.093 832
回归标准差	0.092 366	AIC 信息准则		−1.672 803
残差平方和	0.264 478	SC 准则		−1.441 515
对数似然值	30.928 45	HQ 准则		−1.597 409
DW 统计量	1.849 042			

根据表 5-7,写出 EGARCH(1,1)模型的估计结果。

均值方程为 $r_t = \hat{u}_t$,其中,假定 u_t 服从学生 t-分布,自由度为 330,Z 统计量为 0.006 1。

条件方差方程为

$$\ln \hat{\sigma}_t^2 = -3.288\ 9 + 0.443\ 9\ \frac{|\hat{u}_{t-1}|}{\sqrt{\hat{\sigma}_{t-1}^2}} + 0.176\ 2\ \frac{\hat{u}_{t-1}}{\sqrt{\hat{\sigma}_{t-1}^2}} + 0.393\ 4\ln(\hat{\sigma}_{t-1}^2)$$

Z 统计量为

(−0.656 9)　(0.585 7)　(0.448 1)　(0.383 5)

对数似然 $L = 30.928\ 5$,AIC 信息准则 $= -1.672\ 8$,SC 准则 $= -1.441\ 5$。

与 TARCH(1,0)模型相比,EGARCH(1,1)模型的对数似然值较小,而 AIC 信息准则值和 SC 准则值稍微有所增加。在 EGARCH(1,1)模型中,非对称项(即 $\frac{|\hat{u}_{t-1}|}{\sqrt{\hat{\sigma}_{t-1}^2}}$)的系数估计值为 0.443 9,大于零,对应概率值为 0.558 1,虽然统计上不显著,但是仍说明坏消息对农产品价格波动有"杠杆效应"。好消息(即 $\hat{u}_t > 0$)对条件方差的对数产生 $0.620\ 1\ \frac{\hat{u}_{t-1}}{\sqrt{\hat{\sigma}_{t-1}^2}}$(即 0.443 9+0.176 2)的冲击;坏消息(即 $\hat{u}_t < 0$)对条件方差的对数产生 $0.267\ 7\ \frac{\hat{u}_{t-1}}{\sqrt{\hat{\sigma}_{t-1}^2}}$(即 0.443 9−0.176 2)的冲击。观察到正的冲击和负的冲击对农产品价格波动的非对称影响(即杠杆效应),利用 EViews6.0 分析 EARCH 模型的"信息影响曲线"。所谓"信息影响曲线",就是用于描述信息冲击所带来的影响,该影响可以用一个

函数来表达。对于 EGARCH 模型,我们定义其信息影响曲线如下:

$$\ln f\left(\frac{u_{t-1}}{\sigma_{t-1}}\right)=\alpha\left|\frac{u_{t-1}}{\sigma_{t-1}}\right|+\gamma\frac{u_{t-1}}{\sigma_{t-1}} \tag{5.14}$$

令 $z_{t-1}=\dfrac{u_{t-1}}{\sigma_{t-1}}$,则 $\ln f(z_{t-1})=\alpha|z_{t-1}|+\gamma z_{t-1}$,称函数 $f(z_t)$ 为信息影响曲线。

根据表 5-7 统计分析结果,得到信息影响曲线函数:

$$\log f(z_t)=0.443\ 9*|z_t|+0.176\ 2*z_t \tag{5.15}$$

利用 EViews6.0 统计工具对公式(5.15)进行分析,得到的信息影响曲线如图 5-7。

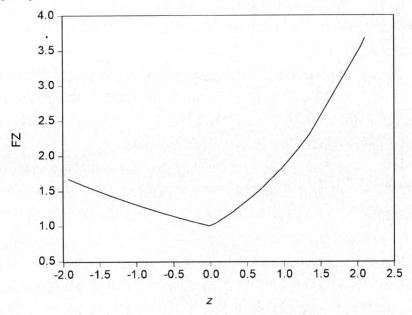

图 5-7　EGARCH 模型信息影响曲线

从图 5-7 可知,在 0 的左边(即 $z<0$),信息影响曲线斜率的绝对值小,从图形上看比较平缓;而在 0 的右边(即 $z>0$),信息影响曲线斜率的绝对值比较大,从图形上看比较陡峭。这说明农产品价格波动中,正的冲击比负的冲击对波动性的影响更大。而这个结论与金融时间序列的结论恰好相反。

5.3　本章小结

本章的主要目的是通过估计和识别农产品价格波动性,进而测度其波动性中是否存在聚集性和非对称性。基于我国农产品生产价格指数数据运用ARCH模型、EGARCH模型,我们获得了如下重要的认识和判断:

首先,从农产品生产价格指数描述性统计分析及其显著性结果可以看出,我国农产品价格波动序列均值过程当中,不存在显著的长期记忆性效应。从条件方差过程长期记忆性参数的估计值及其显著性结果来看,我国农产品价格波动序列当中,不存在长期相依性特征,而存在长期记忆性效应。但是统计结果表明这个现象并不显著。

其次,通过构造似然比(LR)统计量,利用AIC信息准则和SC准则进行分析,我们发现,相对于ARCH模型和GARCH-M模型而言,EGARCH模型和TARCH模型的估计效果更优。然而,我们从统计意义上来分析,其效果虽然存在,但是并不明显。

最后,通过实证检验发现,中国农产品生产价格指数波动序列中存在“尖峰厚尾”分布性质,并利用TGARCH模型来描述农产品生产价格指数价格波动对“利空消息”的非对称效应。而在本书中,我们发现在农产品领域“利空消息”的非对称效应与金融领域中的“杠杆效应”差异比较大。研究表明,在农产品价格波动中,正的冲击比负的冲击对波动性的影响更大。这个结论意味着在中国农产品市场上,当市场出现“利好消息”时,农产品价格会出现比较大的波动;而当市场出现“利空消息”时,市场反应比较小。这可能与我国农产品定价机制以及中国的经济体制有着较大的联系。关于这个问题,我们将进行进一步的研究。

第6章 农产品价格波动传导机制
与定价机制

6.1 农产品价格波动对我国经济影响的传导机制研究

6.1.1 农产品价格传导机制的基本内涵

农产品价格传导机制与农产品价格形成、运行机制紧密相联,是农产品价格机制有机整体的组成部分。在经济发展中,农产品价格波动、运行特征等多种因素都会影响价格传导。

1. 农产品价格传导机制的定义

农产品价格波动给其他经济领域带来的冲击和影响越来越明显。很多学者开始研究农产品价格是怎样产生这种冲击的,这是早期研究农产品价格传导机制的观点。现在关于农产品价格传导机制的研究很多,关于农产品价格传导机制的定义也多种多样。不同学者对价格传导的定义也不同。联合国粮农组织(FAO)也对价格传导给出了定义①。一般来说,价格传导是指在产品和部门之间,发生的价格之间的相互影响和相互传递效应,包括两种类型的传递,即纵向价格传导和横向价格传导。纵向价格传导是发生在产业链或产品链中的传导,一般表现为上游、中游、下游之间价格的传导。横向价格传导是指发生在不

---

① 联合国粮农组织(FAO)认为,价格传导是由动态协整(co-movement and completeness)、调整力度和速度(dynamics and speed of adjustment)、非对称反应(asymmetric response)等部分组成,并认为市场整合(market integration)也是价格传导的表现,是贸易惯性或不连续性所带来的固有的动态市场关系。

同国别、不同市场和不同地区之间产品价格信息的传导，这种价格传导一般以市场整合为基础。

农产品价格传导机制是在市场经济条件下，农产品价格受多种因素共同作用而发生波动，并通过一定传导路径、传导效率、传导强度，与农产品价格体系中其他相关的农产品或非农产品价格之间相互调整和相互作用的过程。通过农产品价格传导机制可以适当调整农产品价格体系，并能反映农产品价格体系之间的本质联系。完善、健全的农产品价格传导机制可以实现资源的合理配置。

2. 农产品价格传导机制的特点

农产品价格在传导过程中容易受到农产品价格波动的影响。农产品价格波动的影响因素很多，如供求状况变化、市场结构优化程度、信息传递效率高低、市场制度完善情况等。由于农产品本身所具有的特殊属性，它的价格传导机制也明显不同，其特点主要是周期性和滞后性。

(1)农产品价格传导的周期性。

农产品价格传导的周期性特点很明显，这和农产品生产的周期性密不可分。作为人类赖以生存和发展必需的农产品，由于自然因素的影响，农产品生产的季节性和周期性十分明显。不仅如此，农产品的保存条件也非常复杂。很多农产品容易腐烂，不适合长期贮存，即使能够长期贮存，贮存成本也非常高。这些因素都会对农产品价格产生影响，也是农产品短期价格波动比工业品价格波动更为剧烈的原因。因此，农产品在价格传导方面的周期性也非常明显。

(2)农产品价格传导的滞后性。

农产品的生产与自然、气候等条件有很大关系。农产品的生长周期一般都比较长，而且出现集中供应的现象，所以农产品价格无法对市场相关产品价格的波动做出及时、快捷的反应。由于农产品价格反应滞后，农产品生产者很难实现农业生产的合理安排与决策，因而农产品生产的盲目性比较严重。这样就会进一步导致经济波动和资源浪费。在农产品流通领域中，农产品从生产到流通和销售的价格传导比较顺畅，一般能比较灵敏地反映农产品生产成本变化所带来的影响，但是逆向价格传导①存在阻滞和不顺畅。这反映了在农产品市场

---

① 逆向价格传导是指农产品流通、农产品销售到农产品生产环节的农产品价格传导。

价格传导机制中存在着农产品价格传导的滞后性。

6.1.2　农产品价格传导机制的分类

农产品价格传导机制在不同农产品领域有不同的特点。在农产品价格研究中所涉及的农产品品种不同,研究方法也不同,所以研究成果也非常多,而且差异性也比较大。为了更好地理解农产品价格传导,本书将对农产品市场价格传导机制从不同角度进行分类分析。

1. 根据农产品价格传导路径方向划分

这是根据产业链之间农产品价格传导来进行研究,亦称为纵向农产品价格传导,是发生在产业链生产领域、流通领域和消费领域之间的农产品价格传导。由于我国市场经济发育不完善,商品供求关系常常处于失衡状态,因而容易出现个别农产品的价格波动,通过传导机制最终导致大面积商品的价格上涨或下跌。根据农产品价格传导路径方向形成的特点,可划分为成本推进型农产品价格传导机制和需求拉动型农产品价格传导机制两大类。

成本推进型价格传导机制是农产品价格从上游向下游传导的一种机制,即由上游农产品生产者价格变化引起中游或下游农产品及其加工品价格波动的变化。在中国,由农产品生产价格指数变化引起工业品和食品出厂价格指数变化等现象比较明显,而这些最终会体现到经济增长的变化。

需求拉动型价格传导机制是农产品价格传导效应从下游产品倒逼上游产业价格发生变化,即因下游产品价格变化而引起中游和上游农产品价格发生变化,进而引起农产品生产价格的变化。也就是说,市场的供求关系变化对农产品价格产生比较大的冲击。在库存与资源限制下,农产品供不应求,使得产业链条上的农产品价格上涨。

2. 根据研究对象划分

根据研究对象将农产品市场价格传导机制划分为宏观分析和微观分析。

农产品市场价格传导机制的宏观分析是把农产品作为一个整体进行分析。常见的分析方法是通过研究各类价格指数的波动情况,从宏观角度对农产品产业链价格的传导机制进行研究,其目的是分析农产品整体价格传导途径是否顺畅。通过研究能及时掌握农产品价格整体运行态势,有助于国家制定农产品领域的宏观调控政策。在研究中,常用的价格指数包括农产品批发市场价格指数、农产品生产价格指数、工业品出厂价格指数、居民消费价格指数等等。通过宏观分析,可以了解一个国家或地区总的农产品价格传导机制是否完善。

农产品价格传导机制微观分析是以特定农产品作为研究对象,根据不同时间、市场,对产业间价格传导情况进行分析。对于一些重要的农产品,一般要采用微观分析的方法了解其传导机制是否健全。微观分析的目的是判断农产品的价格传导是否顺畅。通过对具体农产品价格波动机制进行分析,有助于及时掌握特定农产品所涉及产业中的价格整体运行的态势。农产品种类众多、涉及广泛,所以在研究成果方面也千差万别。在研究中,采用的数据很重要。数据的准确性、完整性对研究结果的正确性至关重要,通常采用不同时间的价格数据进行对比分析,这样能够客观反映出相关农产品的真实状况。在经济生活中,个别商品价格领先上涨,可能对其他地区形成价格传导与辐射压力,造成区域商品价格上涨。由于我国资源总体上短缺,价格的区域性传导机制容易造成初级产品和高级产品之间、农副产品资源和农副产品制成品之间价格的相互攀升,会对经济增长产生比较大的影响。

6.1.3 理顺价格传导机制的对策建议

农产品价格波动对经济增长的传导机制,是价格机制体系中的一个重要部分。农产品价格波动有其内在的因果关系,通过农产品价格传导机制对整个经济的运行产生影响。健全的农产品价格传导机制能够避免价格剧烈波动,维持农产品市场的稳定运行。通过此项研究,可为农产品价格波动控制提供对策和建议。

1. 理顺价格传导机制

中国在经济发展中,价格传导机制不健全。这与中国目前实行的经济体制有一定的联系。由于体制不顺,我国在经济发展中常常陷入"投资过热→通货膨胀→宏观调控→消费萎缩→启动消费→加大投入→投资过热"的怪圈。这个问题所带来的直接后果就是造成资源的过度消耗和生产能力过剩的局面。尤其是在农产品方面,农产品生产还不能完全满足生活发展水平的需要。因此,在安排投资时,要进一步向"三农"、结构调整、自主创新等方面倾斜,使价格在产业链内顺畅传导。另一方面,进一步挖掘消费增长潜力,完善消费政策,改善消费环境,重视农产品消费对经济增长的拉动作用。

2. 加强产业结构调整、深化价格体制改革

充分利用市场环境的"倒逼"机制,变挑战为机遇,调动和发挥现代农业科技优势,促进农业产业结构优化和升级。鼓励发展高技术农业产业,促进农产品上下游企业间的联合,打造一批具有国际竞争力的大型农业产业集团,强调依靠科技进步、技术创新和管理创新来提高农业劳动生产率。

农产品市场价格形成机制是农产品价格传导机制顺利运行的前提和基础。现阶段应稳妥、有序地推进农产品价格形成机制改革,坚持市场化的改革取向,更大程度、更大范围地发挥市场机制的基础性作用,逐步理顺农产品价格关系,建立能够反映农产品市场供求关系的价格形成机制。建立公正、公平、公开的市场竞争环境,共同促进农业产业结构的调整和农产品价格体制的改革。

3. 加强农产品价格监测,预防农产品价格过度波动

农产品价格波动给经济增长带来了巨大冲击,这要求我们加强对市场供求的监测。通过对农产品价格的预测研究,建立农产品价格预警和应急处理机制,特别是要加大对粮、油等重要农产品商品的监测,发现问题及时报告并协调解决。同时要建立信息交流制度,这样有利于与周边及其他省市的农产品价格信息进行交流。加强对比分析和综合分析,及早发现农产品市场的异动。这样就可以提前采取预防性措施,避免因农产品价格的异常波动而给经济带来更大的影响。同时,通过针对性地发布农产品市场供求和农产品价格信息,引导农业企业和农产品生产者进行生产经营,稳定消费者心理预期,保持农产品价格的总体稳定。通过研究把握价格规律,及时采取防范措施,这样就能更好地预防价格过度波动。

6.2　国内外农产品定价机制

6.2.1　中国农产品定价机制

由于中国经济的快速发展,市场潜力巨大,导致对农产品需求的大幅增加。

"中国需求"四个字在农产品市场比在其他产品市场出现的次数更多。这也充分说明,中国农产品供给偏紧的状况正在加剧,对农产品的需求,已经是中国面临的一个重要的、急需解决的问题。虽然连续丰收,需求的快速增长还没有放缓的迹象,农产品增产的潜力包括科技方面的潜力都面临着考验。从目前的情况来看,供给偏紧的状况还将加剧。这也可以通过农产品在进出口贸易中体现出来。在农产品领域,虽然出现了"八连增"的良好局面,但是农产品的逆差也连续出现,而且逆差的数量在增加、品种在扩大。例如,在粮食领域,主要粮食品种 2010 年都在进口。农产品作为不可或缺的初级产品,在国民经济和社会发展中发挥着重要的作用。由于我国农产品进口主要采用现货交易,国际农产品价格长期高位震荡,对我国宏观经济的影响非常大。现行的农产品定价机制的弊端开始显现,迫切需要对农产品定价机制进行改革。

1949 年至今,中国经济经历了产业结构和经济体制改革的过程。第一次是在 20 世纪 50 年代,由新民主主义经济转变为社会主义经济。新民主主义经济是多种经济成分并存,计划经济与市场经济相结合的经济体制。第二次是在 1978 年改革开放以后,建立以市场机制为基础性调节和多种经济成分并存的社会主义市场经济。由于受到经济体制剧烈变革的影响,农产品价格形成机制也经历了由计划价格机制向市场价格机制的转变。农产品价格体制的改革关系到中国经济体制改革的最终成功。

本书将对中华人民共和国成立以来价格形成机制进行简要回顾,并对农产品定价机制进行分析。

1. 改革开放前中国农产品定价机制的演变

(1)市场价格与计划价格相结合的商品价格机制(1949—1952 年)。

在这个时期,产品定价出现了市价与牌价并存,牌价主导市价的定价机制特点。在完全竞争市场上,市价能比较客观地反映产品的真实价格,可以达到经济学上的帕累托最优。但是,我国国情是市场发育很不完善,而且投机行为大量存在,市场不能进行资源的优化配置。

牌价是用挂牌方式公布的国家计划价格。牌价根据市场供求情况、成本、国家调控能力等因素来制定。牌价最初是在解放区的公营商业中产生的,新中国成立后,形成了统一的国营商业,国营商业通过牌价的制定与调整来主导市价。牌价曾是政府宏观经济调控的有效手段,国家正是通过牌价变动来调整各市场主体之间的关系,并通过制定牌价来贯彻经济政策。从本质上说,牌价就是当时国家价格政策的体现。由国营贸易公司等来执行政府制定的主要农产品牌价。当农产品市价低于牌价时,国营贸易公司作为需求方大量买进农产品;当农产品市价高于牌价时,国营贸易公司则变为供给方大量卖出农产品。政府的价格政策通过这种方式来实现。

1950 年 3 月,我国颁布了《关于统一全国国营贸易实施办法的决定》,规定中央贸易部负责对全国重要商品的价格进行统一管理。中央贸易部相继成立了粮食、花纱布等国内商业总公司。供销合作社系统在农产品贸易中起了重要作用。

(2)计划定价为主格局的形成(1953—1956 年)。

1953 年以后,国家开始有计划、有步骤地消灭私营和个体经济,在全国掀起了社会主义改造高潮。完成了社会主义改造后,公有制经济比重很高,市场机制在经济中的作用越来越小,产品价格形成机制基本属于计划定价。在1953 年实行了主要的农副产品统购统销之后,市场机制在农产品领域基本退出。

由于农产品是影响国计民生和国家安全的重要产品,其需求弹性很小,自我调节能力很差。如果不对农产品市场供求的状态进行一定的分析,并采取相应的政策和措施,就可能会出现农产品供销脱节和农产品价格剧烈波动的局面,并最终有可能带动全国物价的波动。更严重的是很可能导致全国物价的大幅上涨,这就可能使国家物价稳定政策的成果付之东流。在这种情形下,中共中央和政府决定对农产品进行统购统销。

(3)计划定价阶段(1957—1978 年)。

从整体上来说,产品价格在这一时期是典型的计划定价。产品定价权也在中央政府与地方政府之间来回变动,这是政府高度集中的经济管理体制所形成的。高度集中的计划价格形成机制,使产品价格不能反映真实的市场情况,并容易导致产品价格体系的严重扭曲。

"大跃进"时期,随着经济体制改革,经济权力大规模下放。1958 年 4 月,中共中央和国务院做出了"必须把更多的管理权限下放到地方政府"的具体规定①。

地方政府对于市场情况比中央的信息更加准确和灵敏,但是这次权力下放是权力在中央政府与地方政府之间的划分。权力的急速下放促使权限逐步下放到专区、县,甚至企业,导致了定价的混乱。由于地方权力的增强,许多地方并不按照国家的定价执行,致使很多地方政府的自定价格比中央定价高出20%～70%。

在这种情况下,中央政府上收了产品定价权限。1961年6月,中共中央《关于改进商业工作若干规定(试行草案)》强调了物价管理权限收归中央。

"文化大革命"时期,由于无政府主义的冲击,干扰了中国的经济发展。"文化大革命"十年,产品价格机制基本上是计划价格机制。在1977年和1978年,对一些产品价格进行了调整,但在机制上仍然是计划价格形成机制。而且,"文化大革命"开始后,政府对"自由市场"和"自由贸易"极度排斥,甚至诬蔑农村集贸市场是"产生资本主义的土壤"。

2. 改革开放后中国农产品定价机制的演变

(1)农产品市场定价过渡阶段。

鉴于计划价格机制弊端太多,中国从1979年开始改革计划价格机制,改革是从两个方面进行的。首先是理顺农产品价格关系,然后是改革价格管理体制,最终形成市场定价体制。价格管理体制改革是体制改革的重点。20世纪80—90年代,在实物产品价格方面实现了从政府定价到市场定价的转轨。

这一时期对于商品价格方面的变动主要是以调整价格为主。经济体制改革的原则是以计划经济为主,市场调节为辅。价格形成机制由国家定价、指导价和自由价格组成。出台了一系列农产品价格的改革措施,比如减少统购农产品的品种,放开部分农产品价格等,同时重视市场经济成分的发展。在产品定价上,不断扩大市场定价范围。集贸市场再次得到发展,对集市价格的限制也

---

① 在农产品价格方面,第一类(国家计划收购的商品)和第二类(国家统一收购的商品)农产品价格,由中央与各省、自治区、直辖市共同议定,并将部分二类农产品价格下放地方管理;第三类农产品的价格,由省、自治区、直辖市管理。一切农产品在省、自治区、直辖市内部的地区差价,本省、自治区、直辖市都有权加以调整。按此规定,中央除了继续对粮食、棉花等十余种重要商品的价格继续管理,三、四百种原本由中央管理的价格下放给了地方管理。

比较少。

随后,国家对价格管理体制进一步完善,推行反映供求关系及价值的价格体系,进一步理顺了政策价格与市场价格的关系。对于农产品来说,农产品价格更加偏向市场化。我国价格机制的改革推进比较顺利,价格改革也是20世纪80年代市场繁荣的重要因素之一。

(2)形成市场定价机制(1992年之后)。

1992年以后,市场经济体制改革更加深入,中国的市场经济化进程进一步加快,农产品价格的市场机制开始产生作用。在这一阶段,农产品的定价机制基本上形成了中国特色的社会主义市场经济的价格机制特点,主要表现在以下方面:

①产品定价机制更完善。

从1992年下半年起,大范围取消了农产品价格管制。国家对农产品价格采取了先调后放的政策,有效地防止了农产品购销价格倒挂的现象,农产品价格关系得到彻底理顺。市场价格在经济中的地位和重要性得到巨大的提高,基本确立了农产品市场价格体系在经济发展中的地位,完善了农产品的定价机制。

②建立与发展期货市场。

我国期货市场产生于20世纪80年代末。随着改革开放的深化,价格体制的放开,在价格调控方面需要解决的主要是价格的滞后性问题。为了进一步解决农产品市场定价面临的问题,1988年,国务院进行了期货市场试点。随后,郑州粮食批发市场正式引入了期货交易机制。这是中国第一家把农产品作为期货进行交易的市场,也是中国第一家商品期货市场。

中国期货市场逐渐完善。目前,中国在大连、郑州和上海共有三家期货商品交易所。在期货交易所交易的品种和数量越来越多,例如,大连商品交易所目前上市交易的有玉米、大豆、豆油、豆粕、棕榈油等多个品种,许多品种已经成为市场售买的定价基准和市场经营的重要参照系;郑州商品交易所目前上市交易的期货品种有小麦、棉花、白糖、早籼稻等。各种期货品种在发挥定价功能和促进经济发展方面的作用日益显著。

③农产品价格法制建设效果显著。

社会主义市场经济发展,需要对农产品价格进行科学调控。农产品价格容易受到自然因素影响和人为控制,所以需要加强对价格管理的法制建设。社会主义市场经济是法治经济,宏观调控的发展方向也必然是法治调控。然而,宏观调控相关的法律、法规散布于包括在《宪法》《行政许可法》在内的诸多部门法规之中,由此导致了中央政府在宏观经济调控中权威性的动摇与合法性的争议。农产品市场的宏观调控,在中国的经济增长中显然是必要的。对农产品时常进行宏观调控,有助于解决经济运行中的"过冷"或"过热"现象。

回顾中华人民共和国成立七十年来价格形成机制的发展历程,对我们认识计划经济与市场经济的关系有着重要的意义。首先,农产品价格机制必须以市场为基础。农产品价格市场化,有助于生产者进行生产方向与数量的决策。合理的价格体系只有将商品价格放入市场中才能形成。只有转换农产品价格模式,才能达到资源的优化配置。其次,农产品市场定价与政府定价相结合。随着我国商品价格的逐步放开和市场的日益完善,政府应当完善价格的法律、法规,用法律为农产品价格机制的发展保驾护航。

6.2.2 国外农产品定价机制

世界各国都普遍重视本国农产品的安全问题,以及农产品价格的形成机制。从很多国家的情况来看,存在国内与国际两个农产品市场分离的现象。农产品定价机制主要有市场定价机制、政府定价机制和宏观调控机制三种。

1. 农产品市场定价机制

农产品市场定价机制在发达国家较为普遍,市场化程度很高的美国就是采用这种定价机制。采取市场定价需要有一个基准价格。农产品的基准价格一般通过交易市场成交的大宗农产品的价格确定。在美国农产品的定价机制中,是利用市场原则,根据市场供求关系来确定的。

19世纪初,美国为避免商品价格波动的风险,开始以远期合同形式来进行商品交易。随着交易的集中和远期交易方式的发展,1848年,美国组建了芝加哥期货交易所(CBOT)。1865年,标准的期货合约取代了远期合同。20世纪70年代,场外衍生品市场交易随之出现,并出现了期权、互换等多种合约形式。目前,美国大宗农产品交易形成了以期货交易为主,多种交易方式并存的市场体系。由于期货市场交易量巨大,期货市场价格最大程度地反映了市场对大宗农产品价格的预期,反映了真实的市场供求关系。因此,期货市场价格逐渐成为农产品基准价格的形成基础。

2. 政府定价机制

政府定价机制的特点是,农产品的基本价格通过采用"试错法"来确定。历史上,代表性国家主要是依赖农业出口导向型的国家,如加拿大、澳大利亚等。一般是设立特殊的专业机构,该类机构具有官方垄断色彩。随着经济的发展,这种垄断经营模式引起了很大的争议和排斥。目前,采取政府定价机制的国家越来越少。即使在澳大利亚和加拿大,粮食机构的垄断地位也在下降。

3. 宏观调控定价机制

宏观调控定价机制是以市场价格为基础,同时运用政策价格,达到调整和控制商品价格的定价机制。这种定价机制可使经济的发展在一定程度上保持在一个合理的范围之内,典型国家是日本。日本的农产品定价机制中,既存在市场定价机制,也存在政府定价机制。其中,市场定价机制是主体,政府定价机制是补充和完善。比如,日本的大米定价就具有明显的这种特征。在日本,政策价格由政府规定的大米价格执行,而市场价格则是根据市场的大米价格来确定。政府通过加大对"政府米"价格的管理来决定政府米的价格,市场则根据大米的供求关系决定自主米的价格。

1994 年 12 月,日本通过了《关于主要粮食供需平衡及价格稳定的法律》,并于 1995 年 11 月实施。日本大米分为两类,一类是计划流通米,另一类是非计划流通米。计划流通米包含自主流通米和政府米,其中,自主流通米是大米市场流通的主体。政府米和自主流通米的定价机制迥异,日本对"政府米"实行价格管理制度,政府规定"政府米"的收购价格和批发价格,并指定机构按这些价格进行收购和批发,销售价格由政府制定指导价格,零售商只能按照低于政府的指导价格进行销售。而对于自主米流通的价格,主要由市场供求关系决定。日本于 1990 年开设的大米交易所,是日本大米价格的形成中心。

6.3　中国农产品定价机制的弊端

完善的市场机制应能及时、灵敏地反映农产品市场的供求变化,形成合理的农产品市场价格。但是市场定价机制不是万能的,市场可能失灵,农产品市场价格也可能会被扭曲,导致市场价格失真,资源配置效率降低。本书通过对中国农产品定价机制的深入研究,发现存在以下几个缺陷。

6.3.1 农业内部竞争过度

农业内部的竞争非常激烈。我国农产品市场的供求关系发生了改变,农产品市场已经由卖方市场转变为买方市场,这与我国农业生产特点有很大关系。农产品生产者数量众多、规模狭小、产品结构趋同,农业内部的过度竞争,往往导致农产品价值被低估。

农产品市场中存在蛛网效应。与一些发达国家相比,我国农产品市场的蛛网效应非常明显。蛛网效应是很多因素共同影响的结果,主要因素包括农产品市场信息不对称、农民整体素质偏低和对市场的判断力较弱等,尤其是不能及时获得对农产品市场有指导性、预测性的信息,使得农产品生产者很难根据市场需求的变化及时调整农产品的生产结构。这样就不可避免地出现农民生产的盲目性,以及竞相压价,从而加剧农产品价格波动的风险。

6.3.2 "哑铃型"的农产品市场结构

农产品流通体系中存在一种"哑铃型"的结构特征。农产品通过一定的流通体系把生产者和消费者连接起来。农产品流通环节的成熟程度对农产品价格产生很大的影响。中国的农产品初级市场和消费市场往往相距很远,只有依靠农产品流通体系才能把它们连接起来。农产品的流通体系是通过从事农产品流通职能的个人或机构来实现的。

完善的农产品流通体系可以提高农产品的销售效率,降低商品成本。由于农产品流通体系的不断发展,在规模经济和淘汰机制的作用下,从事农产品流通的企业规模越来越大,数量则越来越少。在农产品流通中,生产者和消费者的人数众多,但是与此相应的流通企业数量少,形成了"哑铃型"市场。"哑铃型"的结构特征使农产品生产者和消费者之间形成了一道瓶颈,同时也使农产品生产者难以获得应得的市场份额。在定价方面,流通企业成为农产品价格的决定者,而生产者和最终消费者只能被动地接受价格,甚至出现流通企业控制农产品价格的现象。

6.3.3　市场信息不对称

市场信息不对称影响农产品定价机制的高效运行。由于农产品生产是在公开的自然空间进行的,基本上没有任何产业秘密,因而比较容易获得农产品的供给状况。这对农产品的购买者来说非常有利。

对于农业生产者来说,交通、通信、市场、信息网络的不畅,信息收集和处理等方面能力不足,会使农业生产者缺乏农产品生产、销售所需要的一些信息。这样就在农产品生产者和购买者之间出现了信息不对称现象。

在农产品价格确定的过程中,拥有大量有效信息的一方,对农产品定价起主导作用,而信息不足的一方很多时候只能被动地接受价格。

6.3.4　缺乏国际农产品市场的定价权

在现有农产品价格形成机制下,我国农产品在国际贸易中只能被动地按照国际市场的产品价格进行购销。缺乏左右国际农产品市场价格的发言权,无法将国内农产品市场的变化以价格信号的形式反馈到国际市场,从而参与国际农产品价格的形成过程。

在国际贸易中,商品价格除要表明计量单位的价格金额外,还要表明买卖双方在交易过程中有关费用和风险的划分。国际贸易中农产品价格的形成,是根据期货市场及国际权威报价机构的价格确定的。我国目前没有自己权威的、被国际贸易认可的基准价格,在农产品国际贸易中对价格的影响很小。

另外,中国缺乏有效缓冲农产品价格剧烈波动的避险体系。在目前国内农产品价格形成机制下,我国只是国际农产品价格的被动接受者,缺乏控制农产品国际价格波动风险的能力与配套措施。面对农产品价格的上涨和剧烈波动,许多国家都有比较完善的农产品期货市场,利用期货工具来回避农产品价格波动带来的风险,缓解农产品价格波动对经济的冲击。目前,中国农产品期货市场和各种套期保值的手段尚不完善,所以无法有效地规避农产品价格波动风险,以缓冲价格波动对国民经济和企业的影响和冲击。

6.4 农产品定价机制的改革

农产品定价机制的改革必须按照统筹兼顾、突出重点、配套推进的方式进行。一方面,要采用市场化引导策略,逐步建立健全农产品市场机制,与国际接轨;另一方面,要改变政府在价格体系管理中的角色,政府是价格管理者,而不是价格制定者。具体改革措施与思路如下。

6.4.1 完善市场价格的形成机制

逐步健全和完善国内农产品市场,充分发挥市场配置资源的基础性作用,形成合理的市场竞争机制,培育多元化的农产品市场主体,鼓励民营资本和外资进入国内农产品流通市场,打破大型企业垄断农产品市场的不利局面。政府大力扶植有一定实力的民营企业通过兼并重组和拓展业务等方式,增强企业的竞争能力。

1. 改革农产品流通管理体制

农产品是国民经济发展所必需的初级产品,国家对农产品流通实施有效的监管具有重要意义。对农产品监管的主要目的是改善农产品流通环境,提高农产品流通体系效率,形成农产品生产者和消费者都能接受的合理价格。

中国农产品流通领域中存在明显的垄断性,造成农产品在流通领域缺乏竞争性。这种现象与传统计划经济体制下形成的垄断经营体系有关。在计划体制下,中国农产品实行统购统销制度,这种制度与有关政府职能机构密切联系,容易造成政企不分。改革开放后,中国对农产品流通体制进行了改革,但统购统销的制度因素、传统观念和管理方法所产生的影响仍然比较大。同时,中国市场经济体制还处于逐步完善的过程,所以农产品流通体制改革难度较大。

中国农产品流通体制的改革,需要在农产品流通体系中,形成具有自主经营的农产品实力企业。农产品相关企业要为市场提供所需要的产品和服务,而政府的主要职能是提供公共服务。因此,要把企业推向市场,让企业在市场经济中自主经营、生存和发展。同时,通过培育多元化、多主体、多渠道的农产品流通体系,增强流通体系内部的竞争性,提高农产品市场定价机制的运行效率。

2. 提高农业内部的组织化程度

农业内部的组织化程度是提高农业企业自身竞争力的重要基础,也是农业企业在市场经济中赖以生存和发展的前提条件。通过建立区域性的农产品合作组织,可以实现农业内部组织化程度的提高。

区域性的农产品合作组织能强化农产品企业的经营职能。通过农产品合作组织的形式,提高农产品讨价还价的能力,从而提高农产品的竞争力。农产品合作模式在日本、加拿大、英国等国家取得了相当大的成功。农产品合作组织拥有众多农产品和营销网络,掌握着大量的市场信息。在农产品的价格谈判中,农产品合作组织能发挥价格谈判中的主导作用。农产品合作组织一般能得到政府的支持,帮助农业生产者改善在市场竞争中的不利局面。

3. 完善农产品交易信息平台建设

人类社会已经进入了信息时代和网络时代。在发达国家,农民拥有功能齐备的计算机网络系统。我国基本建立了农产品市场信息服务网络系统,但服务对象的普及面尚不够大,许多农业生产者还不能充分享受到这个好处,导致了农产品市场信息分布的不对称性。如果农产品生产者能够获得与购买者数量相等、质量相同的市场信息,就能提高他们在价格谈判中的筹码,也有助于提高农产品在市场上的销售效率。

随着现代科学技术的发展,农产品交易也可以通过虚拟(网络)农产品市场来进行。由于网上交易是以全方位、非面对面的方式进行,可以实现农产品的直购直销,减少流通环节,提高农产品营销效率。在这种交易系统中,可以有效地避免农产品流通领域的垄断行为,减少农产品价格的扭曲现象,但是要求建立和具备完善、安全的国内农产品信息平台。

同时要加快建立和完善农产品国际贸易信息化平台,中国农产品进口商的进口秩序较为混乱,缺乏即时价格跟踪平台是其中的一个主要原因。为改善中国农产品国际贸易的地位,需要构建全球农产品市场监测预警体系。导致我国农产品在定价问题上缺失话语权的一个主要原因,就在于企业缺乏统一性。行业协会可充分利用网络平台,全面掌握国际市场信息,为企业提供信息服务,指导企业理性参与国际贸易。

6.4.2　政府增强对农产品市场价格的调控力度

随着中国经济体制向社会主义市场经济的转变,政府的角色由价格制定者逐渐转变为价格监管者。当前,农产品供给出现结构性相对过剩状况,政府在农产品价格管理方面,面临着更为复杂的新问题。例如,农产品结构调整措施不够得力,效果不尽如人意,农产品有效需求不足,农产品价格支持措施乏力,等等。

农产品市场价格具有重要的经济意义,它既是信号,也是手段。政府通过农产品市场价格手段来进行农产品生产和农业内部结构的宏观调控。在一般情况下,由政府制定一个价格水平,这是一种直接干预的办法,不仅成本高,而且调控效果不理想。美国等西方发达国家在干预农产品市场方面,积累了很多值得借鉴的实践经验。显然,政府对农产品价格进行干预是必要的,但不能用政府定价取代市场定价,而是要寻找更为合适的方法,增强政府对市场价格的调控能力。

农产品价格形成机制改革应与农产品价格调控相结合。政府要转变管理方式,作为价格监管者,以强硬、有效的行政手段和经济手段实施宏观调控,发挥市场机制的基础性作用。政府应建立农产品价格预警机制,根据价格的波动情况进行适时的管理。当农产品价格处于正常波动时,政府行使价格监督职能;当农产品价格超出警戒线时,政府采取相应的措施和办法进行干预。例如,在农产品价格过高的情况下,可以动用农产品战略储备平抑农产品价格。

6.4.3　健全和完善农产品期货交易市场

农产品期货市场的建设,可丰富农产品期货品种,有助于中国农产品参与国际定价。一个发达、完善的农产品期货市场,可使农产品生产者通过期货市场实现套期保值,规避价格风险,也可以利用期货市场的远期价格信号,指导农业生产者未来的生产活动,使农产品的供给能够更加符合市场需求,提高社会资源配置的效率。目前,国际农产品市场的定价权,基本掌握在国外投资者手中。建立和完善中国的农产品期货市场,有利于中国积极融入全球农产品定价体系,对农产品施加积极的影响,使中国农产品的期货市场在国际价格的形成中拥有更大的话语权。

美国等西方发达国家能充分发挥期货市场定价机制。而在国内农产品的生产和流通上,期货市场的影响力相对较小,国内农产品的期货价格无法提供准确的价格信号。要加强中国农产品在国际价格中的影响,需要大力发展期货市场,但国内农产品期货市场封闭、规模小,期货交易制度不健全,这些都大大制约了期货市场的发展。

当前,发展和完善农产品期货市场,逐步使我国成为农产品国际定价中心,要从以下几个方面抓好落实:第一,加大期货知识的普及和推广,培养期货管理人才。健全期货交易的相关政策,为农产品参与者提供公平和平等的竞争环境。第二,加大期货交易规章制度建设和法律建设。完善期货标准,改善期货市场投资者结构,促进期货市场健康、快速发展。第三,培养合格的机构投资者,积极鼓励企业和经营者参与到国际期货交易中去。国内市场由于品种规模的限制,不能满足避险的需求,使企业暴露在价格波动的风险之中。要让更多的企业参与国际资本角力,同时也要让更多的企业和经营者逐步熟悉期货市场的游戏规则,为国内期货市场的进一步发展积累经验。

6.4.4　建立有效的农产品价格保护机制

在深化农产品改革的基础上,要健全农产品价格的保护机制,保证农产品生产者和经营者获得可持续发展的环境和利润吸引力。此外,要加强各级政府对农产品的宏观调控职能,确保农产品安全与农产品生产者收入的稳定增长,调动农民进行农业生产的积极性,维持农业生产的稳定发展。

要明确农产品价格保护的目的,使价格政策既能保证农产品价格的稳定,又不能伤害农产品生产者的积极性。要落实农产品差价政策,制定合理的农产品保护价格和品质价格,实现优质优价。要根据市场需求和产品质量,对农产品生产进行科学的引导,通过合理的价格对优质产品的推广进行激励。

6.4.5 建立缓冲农产品价格波动的避险体系

农产品战略储备可以用于平抑农产品价格波动,应对突发事件,保障经济安全。中国是亚洲最大的农产品生产国、消费国和贸易国,理应成为亚洲地区农产品的储备中心。

目前,政府已成立了相应的农产品基金,增加了农产品的储备,包括国家储备和商业储备,并且可以利用库存影响国内和国际市场的价格。在储备产品的采购方式上,由几家市场份额较大的企业建立一个联盟,形成"集中采购方式",增强中国企业的谈判能力,规避进口的价格风险。健全战略储备安全机制,采取以市场的力量推进商业储备建设,做到既要有现货储备,也要有期货储备。

建立农产品储备,先要确定农产品储备规模。根据我国的国情,农产品储备包括国家战略储备和民间商业储备。在加快国家农产品战略储备库等硬件建设的同时,也要抓紧相关法律、法规和政策的制定。通过法律法规明确农产品战略储备建设的目标、管理、资金、方式等问题,使农产品战略储备的全过程有法可依。建立和完善国家农产品战略储备体系,是保障国内农产品供应和稳定农产品价格的前提和基础。民间商业储备以公司为主,政府要通过一系列的优惠政策来鼓励企业参与农产品储备,进一步发挥民间商业储备在缓冲农产品价格波动方面的作用。

6.5 本章小结

本章首先对农产品的价格传导机制提出了一些建议和观点。农产品价格决定因素无法脱离供求关系。农产品的价格周期比其他商品周期更为明显,一般而言,可以归纳为两个原因。一是农产品的需求曲线弹性较小,较小的供应缺口会导致较大的价格波动。而农产品生产具有周期性特征,出现集中供应现象,使得供给波动与工业类商品相比更具不确定性。二是农产品的种植和养殖时间比较长,农产品生产对农产品价格的波动反应往往滞后。农民的生产行为并不因消费者行为而改变。在完善农产品价格传导机制方面,可以从理顺价格传导机制、深化价格体制改革、加强农产品价格监测三个方面进行。

然后对农产品定价机制的发展进行了简要回顾。中国农产品定价经历了市场定价、计划定价,最后形成了中国特色的市场定价机制。中国的定价机制与西方发达国家的定价机制有一定的区别,体现了中国特色。中国农产品定价机制伴随着中国经济体制改革的进程逐步的发展和完善。造成农产品定价机制不完善的因素有过度竞争性、"哑铃型"的市场结构、市场信息不对称和缺乏国际农产品市场的定价权等方面。要从根本上解决中国农产品价格波动的问题,需要中国农产品定价机制进一步改革。具体来说,可以从以下几个方面进行改革:完善市场价格的形成机制、政府增强对农产品市场价格的调控力度、健全和完善农产品期货交易市场、建立有效的农产品价格保护机制、建立缓冲农产品价格波动的避险体系。

总之,我国的农产品价格波动,对定价提出了更高的要求和标准,需要从市场经济、国际农产品市场去观察、分析和应对所遇到的各种问题。通过制定相关的经济政策,采取积极有效的应对举措,确保我国农产品价格的波动长期处于稳定、安全和可控的范围内。

第7章 农产品价格波动对经济增长的影响

7.1 农产品价格波动对中国 PPI 和 CPI 的影响

近年来,由于我国农产品价格政策的调整、农产品价格的全球联动以及农业生产的周期性等原因,农产品价格呈现出频繁波动,对中国的经济增长产生了一定影响。解决我国经济结构失衡,依赖于启动内需、提高消费。开拓农产品消费市场是当前扩大内需、稳定经济增长的重要途径。在此背景下,我们有必要深入研究影响农产品价格波动的因素。

国内外学者对农产品价格波动的传递进行了大量研究。特尔(Trostle,2008)研究国际农产品价格波动的因素,并说明它们是如何引起农产品价格上涨。孔福尔特(Confort,2004)对农业市场中的价格传输特征进行了研究,结果发现,与拉美和亚洲市场相比,非洲市场更具有不完整传输的特点。何启志(2010)实证研究了国际农产品价格指数对收益率的均值和波动性。实证结果表明:国际农产品市场的价格波动性风险比较大,国际农产品市场中极端事件发生的可能性比较大。顾国达和方晨靓(2010)对中国农产品价格波动的特征进行了实证分析,结果显示,中国农产品价格波动具有明显的局面转移特征和长期平稳性,局面转移概率存在非对称性。

农产品价格对国内价格体系有着重要的影响,农产品价格波动必然会通过其传导机制对国内宏观经济造成影响。农产品价格对国内商品价格的影响主要通过下列途径传导:国内农产品价格→工业品出厂价格指数→消费品价格指数。这个传导过程是通过农产品价格来进行传导的。农产品价格波动对消费品价格指数(CPI)和工业品出厂价格指数(PPI)是有影响的。为了研究国内农产品价格波动对我国经济的影响程度,本书首先采用 VAR 模型研究农产品价格波动、消费品价格指数(CPI)以及工业品出厂价格指数(PPI)三者之间的关系。

7.1.1　数据的选取与检验

数据来源于《中国统计年鉴 2011》和中国国家统计局网站。数据采用年度数据,收集了 1978—2010 年的数据。在研究中,由于反映农产品价格的指标种类较多,考虑到数据收集的完整性和连续性,本书采用了对农产品生产价格指数进行研究。农产品生产价格指数分两个时间段,2000 年(含)以前的数据用农副产品收购价格指数代替,2001 年(含)之后的数据为农副产品生产价格指数。为了研究方便,本书所有采用的数据均是通过一定处理以后取得的。首先,数据是以不变价格进行计算,在计算指数值时是以 1978 年为 100 作为基准。用 GPIFP0 代表农产品生产价格指数。工业品出厂价格指数 PPI 定基指数(1978＝100)是根据其环比指数计算取得的。类似地,GPIFP0 也是根据其农产品生产价格指数的环比数据计算取得的。居民消费价格指数 CPI 是通过查阅《中国统计年鉴 2011》和中国国家统计局网站取得的。

本书采用 ADF 检验和 PP 检验来检验数据的平稳性。然后进一步研究三个变量之间的内在联系。

7.1.2　GPIFP0、PPI、CPI 三变量的 Granger 影响关系检验

1. 向量自回归模型[①]

VAR 模型把系统中每一个内生变量,作为系统中所有内生变量的滞后项的函数来构建模型。其一般形式为

---

① 向量自回归模型(Vector Auto-regression Model,VAR)是一种非结构化的模型。在 VAR 模型中,变量之间的关系是以经济理论为基础。也就是说,在运用 VAR 模型时,可能没有严谨的经济理论做支撑。

$$Y_t = A_1 Y_{t-1} + A_2 Y_{t-2} + \cdots + A_p Y_{t-p} + B_0 X_t + \cdots + B_r X_{t-r} + \boldsymbol{\varepsilon}_t \qquad (7.1)$$

其中，Y_t 是 k 维内生变量向量，$Y_{t-i}(i=1,2,\cdots,p)$ 是滞后内生变量向量，$X_{t-i}(i=0,1,\cdots,r)$ 是 d 维外生变量或滞后外生变量向量。p、r 分别是内生变量和外生变量的滞后阶数。A_t 是 $k \times k$ 维系数矩阵，B_i 是 $k \times d$ 维系数矩阵，这些矩阵都是待估计的参数矩阵。$\boldsymbol{\varepsilon}_t$ 是由 k 维随机误差项构成的向量，其元素相互之间可以同期相关，但不能与各自的滞后项相关，也不能与模型右边的变量相关。

模型(7.1)中，每个方程的右边都是前定变量，没有非滞后的内生变量，而且每个方程右边的变量又都是不相同的。对于只有长度 p 和 r 的选择，一般希望滞后数足够大，以便能够较好地反映所构造模型的动态特征。一般可以根据 AIC 信息准则和 SC 准则来确定模型的滞后阶数。

通过建立简化的向量自回归(VAR)模型，来描述三个变量之间对不同冲击的动态反应路径。冲击反应函数描述了结构式冲击的单位变化对内生变量的动态影响过程。本书假设农产品价格波动冲击发生的顺序是：GPIFP0→PPI→CPI，这表明了农产品价格波动对国内经济影响的基本反应过程。

农产品价格因素的不确定性，使得构建一个用来描述农产品价格波动性、PPI 和 CPI 之间关系的结构化模型存在很大困难。通过利用向量自回归模型，可以简单地构建反映农产品价格的动态模型。

$$\begin{bmatrix} \text{GPIFP0} \\ \text{PPI} \\ \text{CPI} \end{bmatrix}_t = \begin{bmatrix} \alpha_0 \\ \alpha_1 \\ \alpha_2 \end{bmatrix} + \begin{bmatrix} b_{11} & b_{12} & b_{13} \\ b_{21} & b_{22} & b_{23} \\ b_{31} & b_{32} & b_{33} \end{bmatrix} \begin{bmatrix} \text{GPIFP0} \\ \text{PPI} \\ \text{CPI} \end{bmatrix}_{t-1} + \cdots +$$

$$\begin{bmatrix} b_{11} & b_{12} & b_{13} \\ b_{21} & b_{22} & b_{23} \\ b_{31} & b_{32} & b_{33} \end{bmatrix} \begin{bmatrix} \text{GPIFP0} \\ \text{PPI} \\ \text{CPI} \end{bmatrix}_{t-i} + \begin{bmatrix} \varepsilon_0 \\ \varepsilon_1 \\ \varepsilon_2 \end{bmatrix} \qquad (7.2)$$

其中，滞后阶数 i 根据 AIC 信息准则和 SC 准则来确定。

2. VAR 模型估计

应用 EViews6.0 统计结果，对模型进行分析，以确定最佳的滞后阶数。统计结果见表 7-1。

表 7-1　AR 特征多项式的根检验结果

检验结果	滞后 1 阶	滞后 2 阶	滞后 3 阶	滞后 4 阶	滞后 5 阶	滞后 6 阶	滞后 7 阶
检验结果	模型稳定	模型不稳定	模型不稳定	模型不稳定	模型不稳定	模型不稳定	模型不稳定

　　根据表 7-1,建立 VAR 模型。显然,只有滞后 1 阶的 VAR 模型比较合适。在滞后 1 阶情况下建立相应模型。VAR 模型的参数估计结果见表 7-2。

表 7-2　VAR 模型的参数估计结果

	GPIFP0	PPI	CPI
GPIFP0(−1)	0.872 158	−0.027 579	−0.006 243
	(0.175 49)	(0.075 19)	(0.065 08)
	[4.969 82]	[−0.366 78]	[−0.095 92]
PPI(−1)	1.662 206	1.491 103	0.934 584
	(0.706 11)	(0.302 55)	(0.261 87)
	[2.354 04]	[4.928 53]	[3.568 83]
CPI(−1)	−1.090 912	−0.341 720	0.306 743
	(0.464 55)	(0.199 04)	(0.172 29)
	[−2.348 33]	[−1.716 81]	[1.780 43]
C	−10.165 03	3.260 853	−2.356 215
	(18.627 3)	(7.981 20)	(6.908 28)
	[−0.545 71]	[0.408 57]	[−0.341 07]

　　注:"()"中的数字为标准差;"[]"中的数字为 t 统计量。

　　从表 7-2 中的数据可以得出如下结论:GPIFP0 的波动具有很强的惯性,当年农产品的生产价格增长对第二年农产品的生产价格指数、CPI 和 PPI 都有很大影响。影响系数分别为 0.872 2、1.662 2、−1.090 9。PPI 受前一年的 GPIFP0 影响较小(影响系数为 −0.027 6),但是受前一年的自身波动影响比较大(影响系数为 1.491 1),受前一年的 CPI 影响比较大(影响系数为 −0.341 7)。当年的 CPI 对前一年的 CPI 影响比较大,但是受前一年的 GPIFP0 影响小(影响系数为 −0.006 2),受前一年的 PPI 影响比较大(影响系数为 0.934 6)。

根据表 7-2 中的结果,建立 VAR 模型。

$$\begin{bmatrix} \text{GPIFP0} \\ \text{PPI} \\ \text{CPI} \end{bmatrix}_t = \begin{bmatrix} -10.165\ 0 \\ 3.260\ 9 \\ -2.356\ 2 \end{bmatrix} +$$

$$\begin{bmatrix} 0.872\ 2 & 1.662\ 2 & -1.090\ 9 \\ -0.027\ 6 & 1.491\ 1 & -0.341\ 7 \\ -0.006\ 2 & 0.934\ 6 & 0.306\ 7 \end{bmatrix} \begin{bmatrix} \text{GPIFP0} \\ \text{PPI} \\ \text{CPI} \end{bmatrix}_{t-1} + \begin{bmatrix} \varepsilon_0 \\ \varepsilon_1 \\ \varepsilon_2 \end{bmatrix} \quad (7.3)$$

对上述模型(7.3)中每个方程的有关检验统计量和 VAR 模型整体的有关计量结果见表 7-3。

表 7-3　VAR 模型的检验结果

	GPIFP0	PPI	CPI
样本可决系数	0.960 955	0.982 492	0.992 550
修正的样本可决系数	0.956 771	0.980 616	0.991 752
残差平方和	405 98.54	745 3.275	558 4.066
标准差方程	38.078 18	16.315 28	14.122 00
F 统计量	229.705 3	523.745 6	124 3.445
对数似然值	−159.738 1	−132.616 8	−127.997 0
AIC 信息准则	10.233 63	8.538 550	8.249 814
SC 准则	10.416 85	8.721 767	8.433 031
均值因变量	371.985 6	253.834 1	316.196 9
正交化因变量	183.142 9	117.184 5	155.493 8
进行自由度调整	3 961 053		
为进行调整的残差协方差矩阵的行列式	2 653 596		
对数似然值	−372.880 9		
AIC 信息准则	24.055 06		
SC 准则	24.604 71		

表 7-3 上半部分的每一列代表 VAR 模型中相应方程标准的 OLS 回归统

计量,包括 R^2、调整 R^2、F 统计量、AIC 信息准则和 SC 准则等,这些统计量是根据每个方程各自的残差分别计算得到的结果。表 7-3 下半部分是给出了 VAR 模型的回归统计量,包括进行自由度调整和为进行调整的残差协方差矩阵的行列式、对数似然值、AIC 信息准则和 SC 准则。从统计检验结果来看,模型的整体效果较为理想。

　　3. 模型模拟

　　在估计出模型之后,利用所建立的 VAR 模型(模型 7.3)进行预测和模拟。分别进行动态模拟①和静态模拟②。模拟结果见图 7-1 和图 7-2。

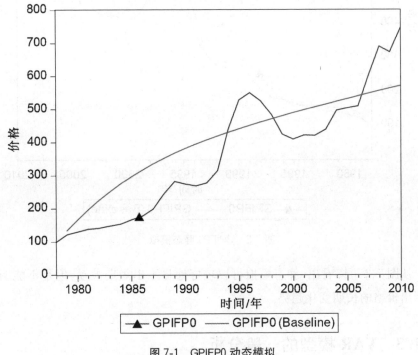

图 7-1　GPIFP0 动态模拟

　　从图 7-1 所示的 GPIFP0 动态模拟曲线可以观察到,农产品价格从 1978 年开始基本处于上涨趋势。在 1978—1992 年期间,农产品价格涨幅较小;

---

　　①　动态模拟是利用各序列每期预测值进行迭代计算,可以对超出样本期的未来值进行预测。

　　②　静态模拟是利用各序列滞后期的实际观测值计算下一期预测值,但最多只能预测超出样本期一期的未来值。

1992—1996年期间,农产品价格涨幅较明显;随后出现较大幅度的农产品价格涨幅回落,直到2000年,农产品价格涨幅又继续扩大。

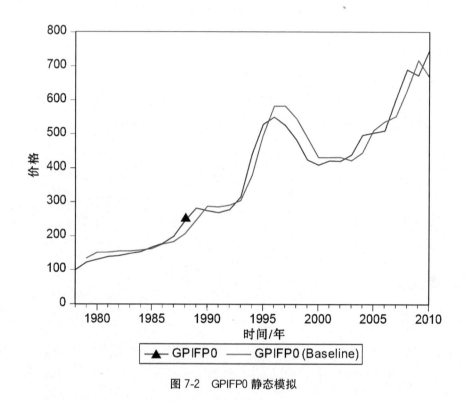

图 7-2　GPIFP0 静态模拟

从图 7-2 可以看出,静态模拟可以较好地显示出短期波动,但是不能明显显示出价格的长期变化趋势。

7.1.3　VAR 模型的一般分析

1. 模型的滞后结构分析

在滞后结构分析中,主要对模型的特征多项式根、因果关系、滞后排除检验。

首先,给出 VAR 模型估计结果的 AR 特征多项式的根,见表 7-4 和图 7-3。

表 7-4　AR 特征多项式的根

特征多项式的根的倒数	模
0.979 609	0.979 609
0.845 198—0.116 206i	0.853 149
0.845 198＋0.116 206i	0.853 149

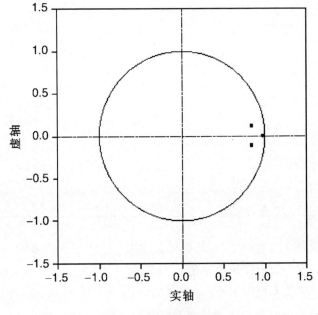

图 7-3　单位圆和特征根

如果被估计的 VAR 模型所有根的倒数的模小于 1,即位于单位圆内,则 VAR 模型是稳定的。从表 7-4 可以知道,所估计的 VAR 模型共有三个根,其中 1 个实数根,2 个复数根,这些根的模都小于 1,即没有位于单位圆外,说明所估计的 VAR 模型满足稳定性的要求。

然后进行 Granger 因果关系检验,检验结果见表 7-5。

VAR 模型的 Granger 因果关系检验结果给出了每个内生变量(即该内生变量对应的方程)相对于模型中其他内生变量 Granger 因果关系检验统计量和检验统计量相应的概率值。根据表 7-5 的结果进行分析。

表 7-5　VAR 模型的 Granger 因果关系的检验结果

因变量：GPIFP0

排除变量	χ^2 统计量	自由度	概率
PPI	5.541 486	1	0.018 6
CPI	5.514 634	1	0.018 9
All	5.733 640	2	0.056 9

因变量：PPI

排除变量	χ^2 统计量	自由度	概率
GPIFP0	0.134 525	1	0.713 8
CPI	2.947 422	1	0.086 0
All	2.957 486	2	0.227 9

因变量：CPI

排除变量	χ^2 统计量	自由度	概率
GPIFP0	0.009 201	1	0.923 6
PPI	12.736 58	1	0.000 4
All	16.592 00	2	0.000 2

对于 GPIFP0 的检验结果，其相对于内生变量 PPI、CPI 的 χ^2 统计量分别是 5.541 5、5.514 6，相应的概率值 p 分别为 0.018 6、0.018 9。因此，内生变量 GPIFP0 对应的方程中不能将内生变量 PPI 和 CPI 排除，即 GPIFP0 是 PPI 和 CPI 的原因。同时其内生变量联合显著检验的 χ^2 统计量值＝5.733 6，相应的概率值 p＝0.056 9，从而说明内生变量 GPIFP0 相对于变量 PPI 和 CPI 滞后项检验是联合显著的。

同样，对于 PPI 的检验结果，PPI 是 CPI 的原因，但不是 GPIFP0 的原因；但是在内生变量的联合显著检验中不明显。对于 CPI 的检验结果，CPI 是 PPI 的原因，但不是 GPIFP0 的原因；在联合检验中，内生变量 CPI 相对于变量 GPIFP0 和 PPI 滞后项检验是联合显著的。

最后进行滞后排除检验，检验结果如表 7-6 所示。

表 7-6　VAR 模型的滞后排除检验结果("[]"中的数字是 p 值)

	GPIFP0	PPI	CPI	联合检验
滞后 1 阶	689.116 0 [0.000 000]	1 571.237 [0.000 000]	3 730.335 [0.000 000]	7 289.927 [0.000 000]
自由度	3	3	3	9

从表 7-6 可以看出,在 VAR 模型中,对于变量 GPIFP0、PPI 和 CPI 的方程,χ^2 统计量分别为 689.116 0、1 571.237、3 730.335,相应的概率值都很小,从而说明 VAR 模型中所有的滞后 1 阶内生变量是联合显著的。滞后 1 阶和联合检验所在的元素的 χ^2 统计量＝7 289.927,相应的概率值也非常小,从而说明 VAR 模型(即三个方程)中所有的滞后 1 阶内生变量是联合显著的。

2. GPIFP0、PPI、CPI 三变量的脉冲响应分析

脉冲响应函数(Impulse Response Function, IRF)用于测度来自某个内生变量的"脉冲"的冲击,对 VAR 模型中所有内生变量当前值和未来值的影响。本书建立包含两个内生变量且其滞后 1 阶的 VAR 模型[①]:

$$Y_{1t}＝a_{11}Y_{1t-1}+a_{12}Y_{1t-2}+\varepsilon_{1t}$$
$$Y_{2t}＝a_{21}Y_{2t-1}+a_{22}Y_{2t-2}+\varepsilon_{2t}$$

(7.4)

根据 VAR 模型,首先进行残差的相关分析,得到相关系数矩阵,见表 7-7。

表 7-7　VAR 模型残差的相关系数矩阵

	GPIFP0	PPI	CPI
GPIFP0	1.000 000	0.747 693	0.796 185
PPI	0.747 693	1.000 000	0.926 916
CPI	0.796 185	0.926 916	1.000 000

---

①　其中,称模型(7.4)中的随机扰动项 ε_{1t} 为新息(Innovation),如果 ε_{1t} 发生变化(即发生一个冲击),将使得变量 Y_{1t} 的当前值会立即发生改变。同时,通过模型的作用也会使变量 Y_{2t} 的下一期取值发生变化,由于滞后的影响,Y_{2t} 的变化又会引起 Y_{1t} 未来值的变化。特别注意的是,如果新息 ε_{1t} 与 ε_{2t} 是不相关的,则我们能够确定某个变量的扰动是如何影响模型中所有其他变量的;如果新息 ε_{1t} 与 ε_{2t} 是相关的,则表明它们包含一个不与特定变量相联系的共同成分,此时,将共同成分的效应归属于 VAR 模型中第一个出现的变量,如 ε_{1t} 与 ε_{2t} 的共同部分都归于 ε_{1t}。

从表 7-7 可以看到,GPIFP0 方程的残差与 PPI 方程的残差、CPI 方程的残差之间的相关系数分别为 0.747 7、0.796 2;PPI 方程的残差和 CPI 方程的残差之间的相关系数为 0.926 9;说明这些方程之间存在一定的相关。

然后进行脉冲响应分析。因为这些变量之间存在的相关性较大,所以分别对这些变量的相互脉冲影响进行分析。横坐标表示时期数,纵坐标表示脉冲响应函数大小,红色虚线表示正负两倍的标准差偏离带(±2SE)。

首先,对于方程 GPIFP0 受到冲击,从而对农产品价格、PPI 和 CPI 的影响,实证结果见图 7-4。

Response to Cholesky One S.D.Innovations ± 2 S.E.

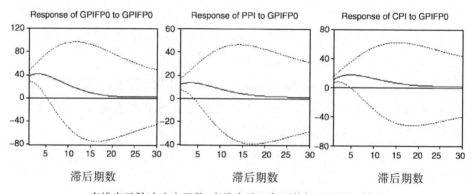

实线表示脉冲响应函数,虚线表示正负两倍标准差的置信带

图 7-4 GPIFP0 脉冲分析

从图 7-4 可以看出,GPIFP0 对自身、PPI 对 GPIFP0、CPI 对 GPIFP0 的冲击都立即做出了响应,这种响应在随后的第 5 期均达到最大,且都是正向的。随后,它们各自对 GPIFP0 的响应有所下降,到了第 20 期左右就基本趋向于 0。

其次,对于方程 PPI 受到冲击,从而对农产品价格、PPI 和 CPI 的影响,实证结果见图 7-5。

从图 7-5 可以看出,GPIFP0 对 PPI、PPI 对自身、CPI 对 PPI 的冲击都立即做出了响应,这种响应在随后的第 8 期均达到最大,且都是正向的。随后,它们各自对 PPI 的响应有所下降,但是下降幅度不大。可以这样认为,GPIFP0 和 CPI 对 PPI 的冲击影响是持续的、长久的。

最后,对于方程 CPI 受到冲击,从而对农产品价格、PPI 和 CPI 的影响,实

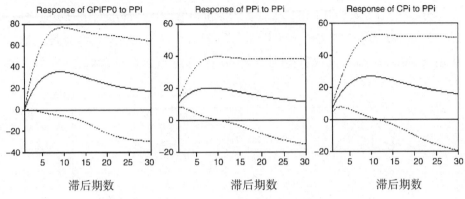

实线表示脉冲响应函数,虚线表示正负两倍标准差的置信带

图 7-5　PPI 脉冲分析

证结果见图 7-6:

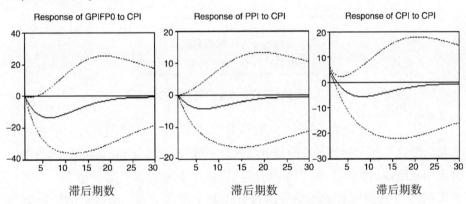

实线表示脉冲响应函数,虚线表示正负两倍标准差的置信带

图 7-6　CPI 脉冲分析

从图 7-6 可以看出,GPIFP0 对 CPI、PPI 对 CPI、CPI 对自身的冲击都立即做出了响应,这种响应在随后的第 8 期左右均达到最大,但是冲击影响是负向的。随后,它们各自对 CPI 的响应有所下降,到了第 25 期左右就基本趋向于 0。

3. 方差分解

分析了 GPIFP0、CPI 和 PPI 对农产品价格波动扰动冲击变化的响应之后，进一步利用方差分解方法分析 CPI 和 PPI 对农产品价格变动的贡献度。通过应用 EViews6.0 软件分析，得到变量 GPIFP0 方差分解结果的合成图，见图 7-7。

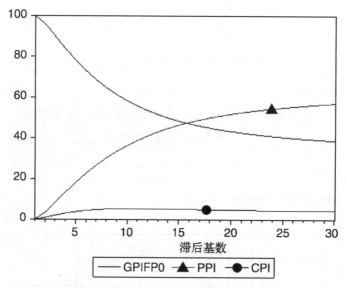

图 7-7　变量 GPIFP0 方差分解结果的合成图

从图 7-7 可以看到，随着预测期的推移，农产品价格预测方差中由农产品价格自身扰动所引起的部分的百分比明显下降；由 PPI 扰动所引起的部分的百分比明显增加，15 年后，由 PPI 所引起的扰动比例超过农产品价格本身所带来的影响；CPI 扰动所引起的部分的百分比基本保持不变。从这个结论可以知道，农产品价格本身以及 PPI 所带来的影响是比较明显的，而由 CPI 所带来的影响比较小。也就是说，通货膨胀所带来的直接影响，在农产品价格方面目前还没有得到很好的体现，但是工业品出厂价格指数的影响很明显，而且随着时间的推移，这种影响更加显著。

7.1.4　基本结论与政策启示

我国国内农产品价格对 PPI 和 CPI 的关系,由于供求关系、突发状况等各种因素的影响,使得农产品市场价格发生频繁波动。农产品价格波动必然会对国内的生产与生活带来影响。通过农产品价格波动、PPI 以及 CPI 三者之间变动关系的实证分析表明,GPIFP0 是 PPI 和 CPI 的原因;PPI 是 CPI 的原因,但不是 GPIFP0 的原因;CPI 是 PPI 的原因,但不是 GPIFP0 的原因。在接下来的方差分解中,也印证了前面这个结论。方差分解表明,农产品价格本身以及 PPI 所带来的影响是比较明显的,而 CPI 所带来的影响比较小。也就是说,通货膨胀所带来的直接影响,在农产品价格方面目前还没有得到很好的体现,但是工业品出厂价格指数的影响很明显,而且随着时间的推移,这种影响更加显著。

实证分析表明,农产品价格的变动对下游产品价格影响的传导途径通畅,短期内 PPI 的变动对最终消费品 CPI 变动的正向传导作用显著。同时,CPI 对 PPI 具有反向拉动作用,但是 PPI 对农产品价格的影响不明显。有鉴于此,一方面,我国应改革影响农产品价格传导的障碍。另一方面,要逐步改变政府对农产品价格的管理方式,理顺农产品价格传导的渠道,促进经济增长方式的转变。

7.2　农产品价格波动对经济增长的影响研究

由于近年来农产品价格的大幅震荡,跌宕起伏的农产品价格无疑会对我国经济增长产生重要的影响。因此,研究农产品价格与我国经济增长的长期关系无疑具有重要的研究价值和现实意义。在研究农产品价格与经济增长的关系方面,可以在常规的协整框架内进行研究。协整关系研究在金融和石油产品等领域中应用比较广泛。在农产品研究领域,为了进一步解释这些特征,采用协整框架方法来进行分析。

7.2.1　数据的选取

数据来于《中国统计年鉴 2011》和中国国家统计局网站。数据采用年度数据,收集了 1979—2010 年的数据。在研究中,由于反映农产品价格的指标种类较多,考虑到数据收集的完整性和连续性,本书采用了农产品生产价格指数进行研究。农产品生产价格指数分两个时间段,2000 年(含)以前的数据用农副产品收购价格指数代替,2001 年(含)之后的数据为农副产品生产价格指数。为了研究方便,本书所有数据均是通过一定处理之后取得的。首先,数据是以不变价格进行计算,在计算指数值时是以 1978 年为 100 作为基准。用 GPIFP0 代表农产品生产价格指数。国内生产总值指数(GDPI)是以不变价格计算的,以 1978 年为 100 作为基准。

7.2.2　实证检验结果

1. 时间序列的单位根检验

对序列 GPIFP0 和序列 GDPI 进行单位根检验,检验结果发现这两个序列都存在单位根,即它们是非平稳序列。对这两个序列进行差分,然后进行检验,经过二阶差分之后,再进行检验,结果见表 7-8 和表 7-9。

表 7-8　序列 GPIFP0 的单位根检验结果

		t 统计量	概率
ADF 检验		−4.428 709	0.008 5
临界值	1% level	−4.356 068	
	5% level	−3.595 026	
	10% level	−3.233 456	

从表 7-8 可以看出,序列 GPIFP0 二阶差分的 ADF 检验 t 统计量为 −4.428 7,其对应的概率值 p 非常小,远小于 1% 的检验水平,因而可以认为序列 GPIFP0 二阶差分平稳。

表 7-9　序列 GDPI 的单位根检验结果

		t 统计量	概率
ADF 检验		−5.344 130	0.000 8
临界值	1% level	−4.309 824	
	5% level	−3.574 244	
	10% level	−3.221 728	

从表 7-9 可以看出，序列 GDPI 二阶差分的 ADF 检验 t 统计量为−5.344 1，其对应的概率值 p 非常小，远小于 1% 的检验水平，因而可以认为序列 GDPI 二阶差分平稳。

2. 建立线性模型

运用线性回归方程建立关于 GPIFP0 和 GDPI 之间的线性模型。通过分析得到表 7-10。

表 7-10　GPIFP0 和 GDPI 之间的线性模型统计分析结果

变量	系数	标准误差	t 统计量	概率
C	170.661 4	22.453 96	7.600 503	0.000 0
GDPI	0.300 731	0.026 612	11.300 42	0.000 0
样本可决系数	0.804 662	因变量的均值		363.743 6
修正的样本可决系数	0.798 361	因变量的标准差		186.372 9
回归标准差	83.689 29	AIC 信息准则		11.750 79
残差平方和	217 120.8	SC 准则		11.841 49
对数似然值	−191.888 0	HQ 准则		11.781 31
F 统计量	127.699 5	DW 统计量		0.202 670
F 统计量的概率	0.000 000			

根据表 7-10 得到线性回归方程：

$$\text{GPIFP0}_t = 170.661\ 4 + 0.300\ 7\text{GDPI}_t + \varepsilon_t \tag{7.5}$$

t 统计量＝(7.600 5)　　(11.300 4)

从统计结果来看，方程估计的参数都很显著，$R^2 = 0.804\ 7$，调整 $R^2 =$

0.798 4,与 1 比较接近,表明模型的拟合效果比较好。GDPI 的系数估计值表示农产品价格波动的国民经济增长弹性系数,该系数估计值为 0.300 7,表示国内生产总值增长 1%,农产品价格增长 0.300 7%。回归方程的 t 统计量对应的概率都很小,所以可以认为通过了显著性检验。但是从 DW 统计量检验结果来看并不理想,所以对该模型进一步进行分析。通过对该模型的残差检验得到残差序列 RESID01,然后对该残差序列 RESID01 进行单位根检验,得到表 7-11。

表 7-11　残差序列的单位根检验结果

		t 统计量	概率
ADF 检验		−4.688 125	0.004 8
临界值	1% level	−4.356 068	
	5% level	−3.595 026	
	10% level	−3.233 456	

从表 7-11 可以看到,残差单位根检验的 t 统计量=−4.688 1,其相应的概率值 $p=0.004\ 8$,小于 5% 的检验水平,因而拒绝残差序列 RESID01 存在单位根的假设,即可以认为残差序列 RESID01 是平稳的。根据协整关系,可以认为序列 GPIFP0 和序列 GDPI 之间存在协整关系,且协整向量为(1,−0.300 7),所以可以认为模型(7.5)描述了序列 GPIFP0 和序列 GDPI 的长期均衡关系特征。为了考查真实 GPIFP0 与 GDPI 之间的动态关系,需要借助误差修正模型来进行分析。误差修正项 ECM_t 等于残差序列 RESID01。通过 EViews6.0 统计分析得到模型的估计结果见表 7-12。

表 7-12　误差修正模型的估计结果

变量	系数	标准误差	t 统计量	概率
C	180.092 9	10.210 42	17.638 14	0.000 0
GDPI	0.289 360	0.011 927	24.261 41	0.000 0
ECM(−1)	0.881 424	0.079 616	11.070 96	0.000 0
样本可决系数	0.962 033	因变量的均值		371.985 6
修正的样本可决系数	0.959 415	因变量的标准差		183.142 9

续表

回归标准差	36.895 66	AIC 信息准则	10.143 12
残差平方和	394 77.40	SC 准则	10.280 54
对数似然值	−159.290 0	HQ 准则	10.188 67
F 统计量	367.410 2	DW 统计量	1.143 447
F 统计量的概率	0.000 000		

根据表 7-12 得到误差修正模型：

$$\text{GPIFP0}_t = 170.661\ 4 + 0.300\ 7\text{GDPI}_t + 0.881\ 4\text{ECM}_t + \varepsilon_t \qquad (7.6)$$

t 统计量=(17.638 1)　　(24.261 4)　　(11.071 0)

从表 7-12 可以看到,模型估计结果的 F 统计量相应的概率值 p 非常小,从而表明模型估计整体上是显著的。GDPI 的系数估计值很显著,可以解释为农产品价格波动对国民收入的短期弹性,即 GDP 每增长 1%,短期内农产品价格增长 0.289 4%左右,稍微小于长期弹性 0.300 7%。误差项 ECM(−1)的系数估计值为 0.881 4,t 统计量=11.071 0,对应的概率值 p 非常小,因而在 1%的检验水平下是显著的。该系数反映了对农产品价格指数偏离长期均衡关系的调整力度,其绝对值越大,则非均衡状态恢复到均衡状态的速度就越快。特别是,若误差项 ECM(−1)的系数估计值为 0,则表明能迅速进行调整。该模型的误差项 ECM(−1)的系数估计值为 0.881 4,相对较大,表明从非均衡状态恢复到均衡状态的速度比较慢。

利用所估计的模型,我们可以对农产品价格短期波动进行分析。农产品价格波动的短期变动可以分为两部分:一部分是由于短期农产品价格波动的影响,另外一部分是由于前期农产品价格波动偏离长期均衡关系的影响。假如前一期农产品价格没有偏离长期均衡关系,即 $\text{CM}_t = 0$,那么,当期农产品价格波动则全部来自当期实际农产品价格波动的影响;假如前一期农产品价格波动偏离了长期均衡关系,即 $\text{ECM}_t \neq 0$,则为了维持农产品价格波动与国民生产总值之间的长期均衡关系,当期将以 0.881 4 的速度(即误差修正项系数估计值)对前一期农产品价格波动与国民生产总值之间的非均衡状态进行调整,将其拉回到长期的均衡状态。

7.2.3　实证结论和政策建议

通过对 1979—2010 年中国农产品价格波动与经济增长的关系研究,序列 GPIFP0 和序列 GDPI 存在较显著的长期均衡关系特征。为了考查真实 GPIFP0 与 GDPI 之间的动态关系,通过建立误差修正模型来进行分析,发现农产品价格波动对国民收入的影响,可以从短期弹性和长期弹性进行分析。GDP 每增长 1%,农产品价格增长的短期弹性为 0.289 4% 左右,长期弹性为 0.300 7%。显然,短期弹性稍微小于长期弹性。在分析中发现,当农产品价格指数偏离长期均衡关系时,从非均衡状态恢复到均衡状态的速度比较慢。

采用协整方法研究农产品价格变动和 GDP 之间是否存在长期关系,发现农产品价格的上升对经济所起的阻碍作用,比农产品价格的下降对经济带来的刺激作用要大。在我国也是这样,但是这种现象并不像工业化国家那样明显,主要原因在于长期以来,我国政府对国内农产品价格进行大量的财政补贴,使得农产品价格长期处于低位。相应的政策启示如下:第一,要尽快完善农产品定价机制,理顺农产品和其他产品之间的价格关系,推进和完善农产品价格改革;第二,要深化金融体制改革,加快完善农产品期货市场,避免因国际农产品价格波动而对国内经济产生影响;第三,要大力推广现代农业技术,普及科技成果,培养节能意识,实现农产品多元化的战略,减少对国外农产品的依赖;第四,要完善我国的农产品储备系统,考虑鼓励民间资本参与国家农产品储备的建设和流通储运,进一步完善竞争机制,逐步全面放开农产品市场。

7.3　农产品价格波动对第一、二、三产业经济增长的影响研究

7.3.1　引言

商品价格受供求关系的影响,围绕价值上下波动。当供求关系发生变化时,商品的价格也会发生变化。也就是说,价格具有波动性。我们常用风险这

个概念来衡量价格波动。风险是关于不愿发生的事件发生的不确定性,是可测定的不确定性,是可能发生的损失的变动性。在中国现在的经济条件下,农产品价格波动非常频繁。农产品价格波动会影响到农民对农产品未来的预期价格,而这种预期会导致经济的波动。一旦农产品价格发生波动,就会影响到整个国民经济的发展。因此,研究农产品价格波动传导效应,对国民经济发展具有重要的意义。

美国著名经济学家库兹涅茨(Kuznets,1971)认为,经济增长是一种增加的、提供经济商品的能力的上升。这个增长的能力的上升,是基于改进技术,以及它要求的制度和意识形态的调整。衡量经济增长数量的常见指标有国内生产总值、国民生产总值、工农业生产总值等指标。在这些指标基础上,进行增长值或增长率指标分析,国内生产总值(GDP)的增长率是我国广泛使用的衡量指标。

根据价格理论,价格的传导分为顺向传导和逆向传导两种。产业链中处于产业链上游产品的价格上升会使中下游产品的生产成本增加,并最终引起居民消费物价指数的上升,引发 GDP 上涨。这种价格传导过程称为顺向传导。相反,则称为价格的逆向传导。农产品是一种初级产品,处于产业链上游,它的价格波动会直接或间接体现在经济增长上。

近年来,西方学者对价格传导的研究,主要集中在非对称价格(asymmetry price)传导、国际市场价格传导、证券市场价格传导等方面。例如,陈(Li Hsueh Chen)等对原油和石油价格传导问题的研究;莫克(Mork,1989)、摩立(Mory,1993)、费德勒(Ferderer,1996)、布朗和尤谢尔(Brown、Yucel,2002)等人发现了存在非对称价格传导现象。国内学者对我国价格传导问题的研究也比较多。例如,顾海滨、周智高和王晓丽(2005),刘浩澜(2007),袁闯和李松龄(2009)等人均发现农产品价格传递存在非对称价格传导现象。

对国内生产总值与农产品价格之间关系的研究,目前也开始引起了学者的关注。国内很多学者研究了不同地区国内生产总值的影响因素。刘勇、王伟和易法海运用 VAR 模型研究通货膨胀、农产品价格、经济增长互相之间的影响。李丽敏和王秀波(2010)分析了吉林省经济增长的影响因素,发现在推动吉林省GDP 增长的各种因素中,第三产业的影响最大,工业次之,固定资产投资影响最弱,且表现出了负相关的情况。

但是国内对于农产品价格的传导效应,研究的成果不是很多,而且也缺乏系统性。本书试图从宏观角度,运用 VAR 模型对农产品价格波动在第一产业、第二产业和第三产业之间的传导效应进行研究。

7.3.2　数据来源

数据来源于《中国统计年鉴 2011》和中国国家统计局网站。数据采用年度数据,收集了 1979—2010 年的数据。在研究中,由于反映农产品价格的指标种类较多,考虑到数据收集的完整性和连续性,本书采用了农产品生产价格指数进行研究。农产品生产价格指数分两个时间段,2000 年(含)以前的数据用农副产品收购价格指数代替,2001 年(含)之后的数据为农副产品生产价格指数。为了研究方便,本书所有数据均是通过一定处理以后取得的。首先,数据是以不变价格进行计算,在计算指数值时是以 1978 年为 100 作为基准。用 GPIFP0 代表农产品生产价格指数。按照传统产业分类方法,把我国产业分为第一产业、第二产业和第三产业。为了更好地描述农产品价格波动对中国不同产业的影响,选用相应的指标进行分析,其中,第一产业采用国内生产总值指数 GDP1I,第二产业采用国内生产总值指数 GDP2I,第三产业采用国内生产总值指数 GDP3I。同时,用第一产业总值占国内生产总值的比率来反映中国农业经济的发展现状,目的是更好地研究农产品价格波动对中国经济的影响,并使影响程度显得更加详细具体。国内生产总值指数($GDPiI$)(其中 $i = 1, 2, 3$)是以不变价格计算的,以 1978 年为 100 作为基准。

7.3.3　实证检验

1. VAR 模型估计

通过研究发现,第一产业生产总值占国内生产总值的比率这个指标,在模型建立过程中并不显著,也就是说,农产品价格波动与这个指标之间,没有明显的统计意义上的关系,所以在建立模型时剔除掉这个变量。同时,经过研究发现可以建立一个 VAR 模型,该模型包含 3 个内生变量:农产品生产价格指数 GPIFP0、第一产业国内生产总值指数 GDP1I,第二产业国内生产总值指数 GDP2I,以及一个外生变量,第三产业国内生产总值指数 GDP3I。建立如下模型:

$$
\begin{bmatrix} \text{GPIFP0} \\ \text{GDP1I} \\ \text{GDP2I} \end{bmatrix}_t = \begin{bmatrix} \alpha_0 \\ \alpha_1 \\ \alpha_2 \end{bmatrix} + \begin{bmatrix} b_{11} & b_{12} & b_{13} \\ b_{21} & b_{22} & b_{23} \\ b_{31} & b_{32} & b_{33} \end{bmatrix} \begin{bmatrix} \text{GPIFP0} \\ \text{GDP1I} \\ \text{GDP2I} \end{bmatrix}_{t-1} + \cdots +
$$

$$
\begin{bmatrix} b_{11} & b_{12} & b_{13} \\ b_{21} & b_{22} & b_{23} \\ b_{31} & b_{32} & b_{33} \end{bmatrix} \begin{bmatrix} \text{GPIFP0} \\ \text{GDP1I} \\ \text{GDP2I} \end{bmatrix}_{t-i} + \begin{bmatrix} d_0 \\ d_1 \\ d_2 \end{bmatrix} \text{GDP3I}_t + \begin{bmatrix} \varepsilon_0 \\ \varepsilon_1 \\ \varepsilon_2 \end{bmatrix}_t \tag{7.7}
$$

应用 EViews6.0 对模型(7.7)进行估计。通过模型的特征根检验,得到两个稳定的 VAR 模型,分析结果见表 7-13。

表 7-13　单位根检验结果

VAR 模型稳定性检验	滞后 1 阶	滞后 2 阶	滞后 2 阶
VAR 模型稳定性检验	稳定	稳定	不稳定
AIC 信息准则	24.986 9	24.515 7	24.359 4
SC 准则	25.674 0	25.625 9	25.900 8

根据 AIC 信息准则和 SC 准则,滞后 2 阶的 VAR 模型更适合中国经济的特点。对应的 VAR 模型参数估计结果见表 7-14,VAR 模型的检验结果见表 7-15。

表 7-14　VAR 模型的参数估计结果

	GPIFP0	GDP1I	GDP2I
GPIFP0(−1)	1.089 476	0.017 936	−0.209 950
	(0.166 00)	(0.024 07)	(0.119 83)
	[6.563 03]	[0.745 18]	[−1.752 01]
GPIFP0(−2)	−0.244 943	−0.018 553	0.230 983
	(0.182 07)	(0.026 40)	(0.131 44)
	[−1.345 30]	[−0.702 77]	[1.757 38]
GDP1I(−1)	−1.008 924	1.063 037	1.497 487
	(1.509 26)	(0.218 83)	(1.089 51)
	[−0.668 49]	[4.857 83]	[1.374 46]

续表

	GPIFP0	GDP1I	GDP2I
GDP1I(−2)	1. 216 297	−0. 082 086	−1. 584 877
	(1. 409 38)	(0. 204 35)	(1. 017 41)
	[0. 863 00]	[−0. 401 70]	[−1. 557 76]
GDP2I(−1)	0. 625 984	0. 045 041	1. 183 461
	(0. 342 79)	(0. 049 70)	(0. 247 46)
	[1. 826 13]	[0. 906 22]	[4. 782 49]
GDP2I(−2)	−0. 873 221	−0. 035 393	−0. 432 534
	(0. 287 58)	(0. 041 70)	(0. 207 60)
	[−3. 036 41]	[−0. 848 81]	[−2. 083 48]
C	4. 306 368	9. 001 128	−17. 241 41
	(39. 450 8)	(5. 720 02)	(28. 478 9)
	[0. 109 16]	[1. 573 62]	[−0. 605 41]
GDP3I	0. 190 565	−0. 007 857	0. 337 519
	(0. 203 60)	(0. 029 52)	(0. 146 98)
	[0. 935 97]	[−0. 266 14]	[2. 296 42]

表 7-14 中,圆括号"()"中的数字是参数估计的标准差,方括号"[]"中的数字是参数估计值的 t 统计量。根据模型输出结果,建立 VAR 模型。

$$\begin{pmatrix} \text{GPIFP0} \\ \text{GDP1I} \\ \text{GDP2I} \end{pmatrix}_t = \begin{pmatrix} 4.306\ 4 \\ 9.001\ 1 \\ -17.241\ 4 \end{pmatrix} +$$

$$\begin{pmatrix} 1.089\ 4 & -1.008\ 9 & 0.626\ 0 \\ 0.017\ 9 & 1.063\ 0 & 0.045\ 0 \\ -0.210\ 0 & 1.497\ 5 & 1.183\ 5 \end{pmatrix} \begin{pmatrix} \text{GPIFP0} \\ \text{GDP1I} \\ \text{GDP2I} \end{pmatrix}_{t-1} +$$

$$\begin{pmatrix} -0.244\ 9 & 1.216\ 3 & -0.873\ 2 \\ -0.018\ 6 & -0.082\ 1 & -0.035\ 4 \\ 0.231\ 0 & -1.584\ 9 & -0.432\ 5 \end{pmatrix} \begin{pmatrix} \text{GPIFP0} \\ \text{GDP1I} \\ \text{GDP2I} \end{pmatrix}_{t-2} +$$

$$\begin{bmatrix} 0.190\ 6 \\ -0.007\ 9 \\ 0.337\ 5 \end{bmatrix} \text{GDP3I}_t + \begin{bmatrix} \varepsilon_0 \\ \varepsilon_1 \\ \varepsilon_2 \end{bmatrix}_t \tag{7.8}$$

表 7-15　VAR 模型的检验结果

	GPIFP0	GDP1I	GDP2I
样本可决系数	0.980 378	0.998 291	0.999 575
修正的样本可决系数	0.974 406	0.997 771	0.999 445
残差平方和	191 37.86	402.325 2	997 3.059
标准差方程	28.845 81	4.182 392	20.823 33
F 统计量	164.164 3	1 919.511	7 723.614
对数似然值	−143.581 4	−83.717 84	−133.478 8
AIC 信息准则	9.779 442	5.917 280	9.127 662
SC 准则	10.149 50	6.287 341	9.497 723
均值因变量	380.046 4	241.693 0	959.747 4
正交化因变量	180.307 5	88.588 99	884.181 3

表 7-15 给出了 VAR 模型的回归统计量,包括进行自由度调整、对数似然值、AIC 信息准则和 SC 准则等。从统计检验结果来看,模型的整体效果较为理想。

2. 模型模拟

为了更好地对上述模型的拟合程度进行分析,首先对农产品价格指数和国内生产总值指数(GDPiI)(其中 $i=1,2$)分别进行动态模拟和静态模拟分析,通过分析判断其真实情况与基准之间的差别。动态模拟是利用各序列每期预测值而不是实际观测值进行迭代计算。因此,在对农产品价格指数和国内生产总值指数(GDPiI)(其中 $i=1,2$)进行预测时,可以对超出样本期的未来值进行预测。静态模拟是利用序列滞后期实际值计算下一期预测值,所以在预测时最多只能对超出本期一期的未来值进行预测。

（1）动态模拟。

应用 EViews6.0 分别对农产品价格指数、第一产业国民经济增长指数和第二产业国民经济增长指数进行动态模拟分析。

首先，对 GPIFP0 进行动态模拟得到图 7-8。

然后，对 GDP1I 进行动态模拟得到图 7-9。

最后，对 GDP2I 进行动态模拟得到图 7-10。

从图 7-8、图 7-9 和图 7-10 的动态模拟分析中我们发现，第一产业和第二产业的动态模拟与基准基本一致，这说明动态模拟能很好地反映其波动趋势。但是对农产品价格指数的动态模拟分析中，出现了比较大的偏差，特别是1992—2000 年期间和 2006—2010 年期间，农产品价格指数波动很剧烈。因此，在对农产品价格进行分析时，要特别注意这个特点。

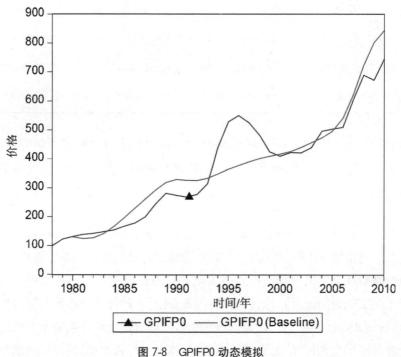

图 7-8　GPIFP0 动态模拟

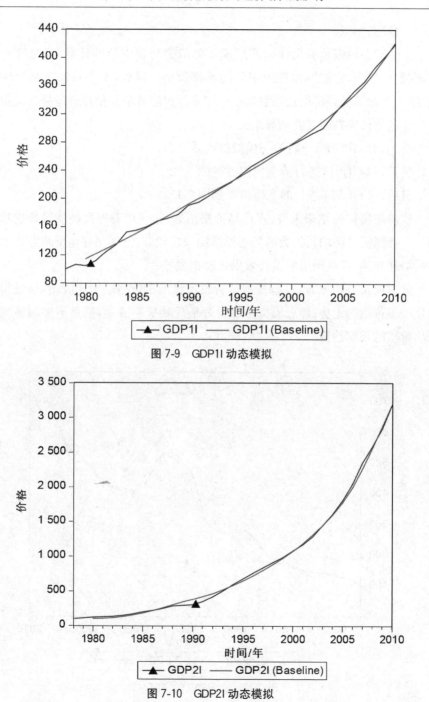

图 7-9　GDP1I 动态模拟

图 7-10　GDP2I 动态模拟

（2）静态模拟。

虽然静态模拟是利用序列滞后期实际值进行预测值的计算，但是我们发现，在很多场合，它能够体现出很好的预测价值。因此，本书对农产品价格指数、第一产业国民经济增长指数和第二产业国民经济增长指数进行静态模拟分析。通过分析来判断其波动规律。

首先，对 GPIFP0 进行静态模拟得到图 7-11。

然后，对 GDP1I 进行静态模拟得到图 7-12。

最后，对 GDP2I 进行静态模拟得到图 7-13。

从静态模拟的结果来看，农产品价格指数、第一产业国民经济增长指数和第二产业国民经济增长指数的静态模拟结果比较好，能够很好地反映各自的波动趋势和规律，且从图形的拟合效果来看也很好。

通过模拟分析发现，动态模拟尽管没有显示出价格的短期波动，但是很好地反映了价格的走势；静态模拟可以很好地反映短期波动，但是不能明显地显示出价格的长期趋势。

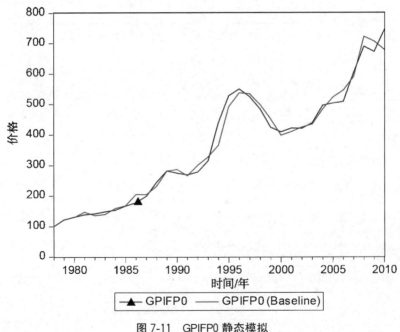

图 7-11　GPIFP0 静态模拟

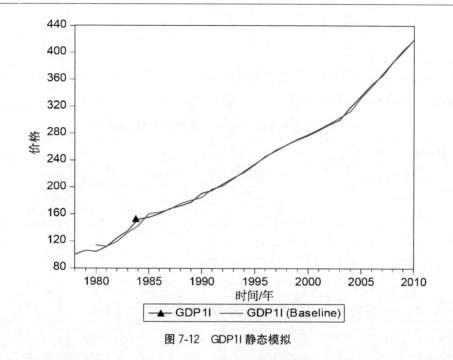

图 7-12　GDP1I 静态模拟

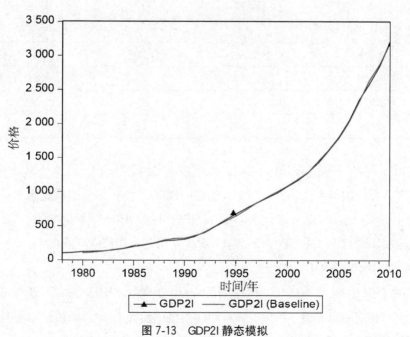

图 7-13　GDP2I 静态模拟

3. VAR 模型的一般分析

(1)因果关系检验。

根据前面的检验结果可知模型是稳定的。我们可以对 VAR 模型估计结果进行 Granger 因果关系检验,检验结果见表 7-16。

表 7-16　VAR 模型的 Granger 因果关系检验结果

因变量：GPIFP0

排除变量	χ^2 统计量	自由度	概率
GDP1I	1. 107 817	2	0. 574 7
GDP2I	11. 163 15	2	0. 003 8
All	15. 323 80	4	0. 004 1

因变量：GDP1I

排除变量	χ^2 统计量	自由度	概率
GPIFP0	0. 604 521	2	0. 739 1
GDP2I	0. 844 930	2	0. 655 4
All	2. 851 077	4	0. 583 0

因变量：GDP2I

排除变量	χ^2 统计量	自由度	概率
GPIFP0	3. 530 513	2	0. 171 1
GDP1I	2. 643 296	2	0. 266 7
All	5. 266 130	4	0. 261 1

对于内生变量 GPIFP0,其相对于内生变量 GDP1I 的 χ^2 统计量 = 1. 107 8,相应的概率值 p = 0. 574 7,相应的概率值大于 10% 的检验水平,因而不能拒绝该原假设,即可以认为 GDP1I 不是引起 GPIFP0 变化的 Granger 原因,记为 GDP1I $\not\rightarrow$ GPIFP0。同理,GDP2I 是引起 GPIFP0 变化的 Granger 原因,记为 GDP2I $\rightarrow$ GPIFP0。

对于内生变量 GDP1I,其相对于内生变量 GPIFP0 的 χ^2 统计量 = 0. 604 5,相应的概率值 p = 0. 739 1,相应的概率值大于 10% 的检验水平,因而不能拒绝该原假设,即可以认为 GPIFP0 不是引起 GDP1I 变化的 Granger 原因,记为 GPIFP0 ↛ GDP1I。同理,GDP2I 不是引起 GDP1I 变化的 Granger 原因,记为 GDP2I ↛ GDP1I。

对于内生变量 GDP2I,其相对于内生变量 GPIFP0 的 χ^2 统计量＝3.530 5,相应的概率值 $p＝0.171 1$,相应的概率值大于 10% 的检验水平,因而不能拒绝该原假设,即可以认为 GPIFP0 不是引起 GDP2I 变化的 Granger 原因,记为 GPIFP0 ↛ GDP2I。同理,GDP1I 不是引起 GDP2I 变化的 Granger 原因,记为 GDP1I ↛ GDP2I。

通过分析 VAR 模型的 Granger 因果关系检验结果中每个内生变量检验结果的最后一行 All 给出的对所有滞后内生变量联合显著检验的 χ^2 统计量和概率值 p,内生变量 GPIFP0 相对于 GDP1I 和 GDP2I 滞后项是联合显著的;内生变量 GDP1I 相对于 GPIFP0 和 GDP2I 滞后项是联合显著性不明显;内生变量 GDP2I 相对于 GDP1I 和 GPIFP0 滞后项是联合显著性不明显。因此,我们需要进一步对残差进行分析。

(2)滞后排除检验。

根据模型(7.8)给出被估计的 VAR 模型的滞后排除检验结果见表 7-17。

表 7-17　VAR 模型的滞后排除检验结果

	GPIFP0	GDP1I	GDP2I	联合检验
滞后 1 阶	75.824 39	27.449 17	23.405 47	145.245 6
	[2.22×10⁻¹⁶]	[4.74×10⁻⁶]	[3.32×10⁻⁵]	[0.000 000]
滞后 2 阶	21.464 95	2.558 044	6.763 508	39.367 56
	[8.43×10⁻⁵]	[0.464 893]	[0.079 830]	[9.89×10⁻⁶]
自由度	3	3	3	9

注:[]中的数据是 p 值。

根据表 7-17,对变量 GPIFP0 和滞后 1 阶所在的元素进行分析,χ^2 统计量＝75.824 4,相应的概率值 p 非常小,从而说明在 VAR 模型的 GPIFP0 方程中,所有的滞后 1 阶内生变量是联合显著的。滞后 1 阶和联合检验所在的元素的 χ^2 统计量＝145.245 6,相应的概率值 p 非常小,从而说明 VAR 模型(即三个方程)中所有的滞后 1 阶内生变量是联合显著的。

同样分析得到,在滞后 2 阶的情况下,VAR 模型只有两个方程的联合检验是显著的,对于 GDP1I 对应的方程,联合检验不显著。但是模型整体上联合检验所在的元素的 χ^2 统计量＝39.367 6,相应的概率值 p 非常小,说明从整体上来看是联合显著的。

（3）脉冲响应函数。

在进行脉冲响应函数分析之前,检查 VAR 模型三个方程回归残差之间的相关系数,得到残差的相关系数矩阵,见表 7-18。

表 7-18　VAR 模型残差的相关系数矩阵

	GPIFP0	GDP1I	GDP2I
GPIFP0	1.000 000	−0.090 875	0.508 096
GDP1I	−0.090 875	1.000 000	−0.009 969
GDP2I	0.508 096	−0.009 969	1.000 000

从残差的相关系数矩阵可以看到,GDP1I 方程的残差和 GPIFP0 方程、GDP2I 方程回归残差之间的相关系数分别为−0.090 9、−0.010 0,说明这些回归方程的残差之间存在比较小的相关。GPIFP0 方程的残差与 GDP2I 方程回归残差之间的相关系数为 0.508 1,表明这两个方程的残差之间存在一定的相关。

然后进行脉冲响应分析。对于模型(7.7),分别对不同变量分析其影响。

首先分析变量 GPIFP0 的影响,见图 7-14。

从图 7-14 可以看出,农产品价格指数波动对自身的一个标准差信息立即做出了响应,这种响应大约为 30,第 2 期响应达到最大(大约为 40),且是正向的。之后农产品价格的响应迅速下降,到第 8 期左右基本趋向于 0。但是从第 10 期到第 20 期,有较小的负向响应,但随后又趋向于 0。

GDP1I 对农产品价格扰动立即做出了响应,第 1 期响应大约为−0.2,在第 2 期左右达到最大(大约为 0.5)。之后 GDP1I 对农产品价格的响应迅速趋向于 0。从脉冲响应来看,第一产业国内生产总值对农产品价格的冲击影响较弱。

GDP2I 对农产品价格扰动立即做出了响应,第 1 期响应大约为 10,之后这种冲击对农产品价格的影响逐渐减小,第 2 期响应大约为 2,随后又发生响应变大的情况,到第 5 期之后,这种响应缓慢下降,到第 15 期左右基本趋向于 0。

Response to Cholesky One S.D.Innovations ±2 S.E.

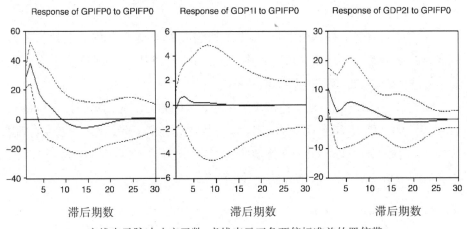

实线表示脉冲响应函数,虚线表示正负两倍标准差的置信带

图 7-14　GPIFP0 脉冲分析

在随后的几期当中,虽然产生了较微小的负向冲击,但总的来看可以近似认为冲击为 0。

　　然后分析变量 GDP1I 的影响,见图 7-15。

Response to Cholesky One S.D.Innovations ±2 S.E.

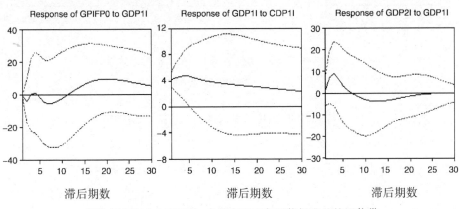

实线表示脉冲响应函数,虚线表示正负两倍标准差的置信带

图 7-15　GDP1I 脉冲分析

从图 7-15 可知,农产品价格对 GDP1I 扰动短期反应不明显,只有较小的

冲击,但是却产生了长期影响,其影响在第 10 期后才开始显现出来。但即便如此,这种冲击仍然比较小。

GDP1I 对自身立即做出了响应,第 1 期响应为 4,随后在第 5 期达到最大(大约为 5),然后开始缓慢下降。从图形上来看,可以认为 GDP1I 对自身的影响是持续的、长久的,但是这种影响并不是太大。

GDP2I 对 GDP1I 扰动迅速做出了响应,第 1 期响应为 0,第 3 期达到最大(大约为 10)。随后 GDP2I 对 GDP1I 扰动的响应有所下降,到第 7 期左右,响应为 0。之后 GDP2I 对 GDP1I 扰动的响应为负,到第 25 期基本趋向于 0。

最后分析变量 GDP2I 的影响,见图 7-16。

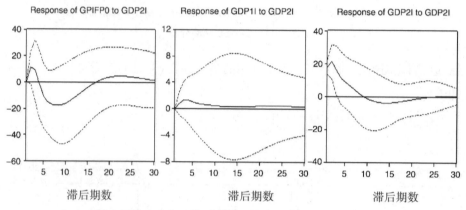

实线表示脉冲响应函数,虚线表示正负两倍标准差的置信带

图 7-16　GDP2I 脉冲分析

从图 7-16 可以发现,GDP2I 扰动影响比较明显。GPIFP0 对 GDP2I 扰动立即做出了响应,第 1 期响应为 0,到第 2 期左右达到最大(大约为 10),且是正向的。在第 5 期趋向于 0,之后 GPIFP0 对 GDP2I 扰动的响应有所下降,到第 8 期左右达到最小(大约为 -20),随后开始趋向于 0,在第 16 期响应为 0。随后又产生了一个长期的正向较小的响应。从图形上来看,GPIFP0 对 GDP2I 扰动的响应类似于一个周期增大、幅度衰减的正弦波形。

GDP1I 对 GDP2I 扰动立即做出了响应,但是比较微弱,即使是在第 2 期左右达到最大,其响应仍然只有 1 左右,随后又趋向于 0。从图形的特点来看,可以认为第二产业的波动影响很难对第一产业产生大的冲击。这个结论与我国农业经济发展和工业经济发展的现状较吻合。

但是分析 GDP2I 对自身的扰动发现,GDP2I 对自身的一个标准差信息立即做出了响应,第 1 期响应大约为 18,在第 2 期左右达到最大(大约为 21)。之后这种冲击对 GDP2I 的影响逐渐减小,到第 10 期基本趋向于 0。从第 11 期到第 22 期,GDP2I 的变化又趋向于 0。

4. 协整检验

(1)单位根检验。

为了更进一步研究,对前面建立的模型(7.8)进行 Johansen 协整关系检验。由于讨论变量序列之间的协整关系的前提是各个序列都是非平稳序列,因而需要先对 GPIFP0、GDP1I、GDP2I、GDP3I 这 4 个序列进行单位根检验,检验结果见表 7-19。

从表 7-19 可以看出,在 1% 检验水平下,4 个序列的原序列和一阶差分序列,其检验统计量都大于临界值,因而都包含单位根,从而表明它们都是非平稳序列。而其二阶差分序列的检验统计量都小于 1% 检验水平下的临界值,因而二阶差分序列不包含单位根,从而表明二阶差分序列是平稳的。

表 7-19 序列和差分序列的 ADF 单位根检验结果

序列	检验统计量	1%临界值	5%临界值	10%临界值	概率
GPIFP0	0.291 0	−3.689 2	−2.971 8	−2.625 1	0.973 5
GDP1I	4.070 4	−3.653 7	−2.957 1	−2.617 4	1.000 0
GDP2I	3.894 2	−3.699 9	−2.976 3	−2.627 4	1.000 0
GDP3I	3.454 1	−3.679 3	−2.967 8	−2.623 0	1.000 0
D(GPIFP0)	−3.378 9	−3.689 2	−2.971 8	−2.625 1	0.020 6
D(GDP1I)	−2.410 4	−3.670 1	−2.964 0	−2.621 0	0.147 4
D(GDP2I)	2.230 1	−3.679 3	−2.967 7	−2.623 0	0.999 9
D(GDP3I)	0.244 4	−3.661 7	−2.960 4	−2.619 2	0.971 1
DD(GPIFP0)	−4.480 3	−3.711 4	−2.981 0	−2.629 9	0.001 6
DD(GDP1I)	−9.131 7	−3.670 1	−2.964 0	−2.621 0	0.000 0
DD(GDP2I)	−4.923 9	−3.679 3	−2.967 8	−2.623 0	0.000 4

续表

序列	检验统计量	1%临界值	5%临界值	10%临界值	概率
DD(GDP3I)	−5.065 8	−3.670 1	−2.964 0	−2.621 0	0.000 3

(2)协整检验。

Johansen 协整检验是按照协整关系个数从 $r=0$ 到 $r=k-1$ 的顺序执行的,直到拒绝相应的原假设。采用迹统计量检验和最大特征根统计量检验。通过研究得到协整检验结果,见表 7-20 和表 7-21。

表 7-20　迹统计量检验结果

	特征值	迹统计量	5%临界值	概率
0 个协整关系	0.499 321	38.061 98	42.915 25	0.140 6
最多 1 个协整关系	0.282 765	17.308 30	25.872 11	0.392 3
最多 2 个协整关系	0.216 976	7.337 749	12.517 98	0.310 6

为了说明检验结果,先看迹统计量检验,第一列表示检验原假设"存在 0 个协整关系"。该假设下的迹统计量=38.062 0,5%临界值=42.915 3,迹统计量小于 5%临界值,因而不能拒绝原假设,从而表明在 5%检验水平上存在 0 个协整关系。

表 7-21　最大特征根统计量检验结果

	特征值	最大特征根统计量	5%临界值	概率
0 个协整关系	0.499 321	20.753 68	25.823 21	0.202 8
最多 1 个协整关系	0.282 765	9.970 553	19.387 04	0.622 0
最多 2 个协整关系	0.216 976	7.337 749	12.517 98	0.310 6

对于最大特征根统计量检验,第一列表示检验原假设"存在 0 个协整关系",该假设下的最大特征根统计量=20.753 7,5%临界值=25.823 2,最大特征根统计量小于 5%临界值,因而不能拒绝原假设,从而表明在 5%检验水平上存在 0 个协整关系。

7.3.4 实证分析结论

本书基于向量自回归模型,利用 Granger 因果关系检验对中国农产品价格波动与经济增长之间的关系和因果方向进行了实证研究。根据 1979—2010 年中国农产品价格指数数据和 GDP 数据进行分析,得到以下结论:

第一,农产品价格波动在不同产业的经济增长中表现不一样。其中,第一产业和第二产业是作为内生变量进入 VAR 模型,而第三产业是作为外生变量进入 VAR 模型。因此,我们可以这样认为,农产品价格波动在经济增长中的影响主要体现在第一产业和第二产业上,而对于第三产业来说,农产品价格波动的影响并没有很直接地体现在第三产业的经济增长方面。

第二,Granger 因果关系检验结论表明,GDP1I 不是引起 GPIFP0 变化的 Granger 原因,但是 GDP2I 是引起 GPIFP0 变化的 Granger 原因。这说明第二产业经济增长对农产品价格的影响比较大,是引起农产品价格变化的关键原因;而第一产业经济增长对农产品价格波动的影响比较小,是影响农产品价格变化的非关键因素。

GPIFP0 和 GDP2I 二者都不是引起 GDP1I 变化的 Granger 原因。这表明农产品价格波动和第二产业经济增长,对第一产业经济增长的影响比较小。这个结论与中国经济发展的现状比较一致。中国的第二产业发展比较快,农产品价格波动也比较大,但是第一产业的发展并没有明显的变化。

GPIFP0 和 GDP1I 二者都不是引起 GDP2I 变化的 Granger 原因。这表明农产品价格波动和第一产业经济增长都不是第二产业发展的关键因素。

从 Granger 因果关系检验结果来看,农产品价格波动对第一产业和第二产业的顺向传递不明显;第一产业对农产品价格波动逆向传递不明显;第二产业对农产品价格波动逆向传递明显。同时发现,第一产业和第二产业之间的相互影响也比较小。

农产品价格指数波动对于自身的一个标准差信息立即做出了响应。GDP1I 对农产品价格扰动立即做出了响应,第一产业国内生产总值对农产品价格的冲击影响较弱。GDP2I 对农产品价格扰动立即做出了响应,而且响应比较大。

农产品价格对 GDP1I 扰动短期反应不明显,只有较小的冲击,但是却产生了长期影响。GDP1I 对自身立即做出了响应,可以认为 GDP1I 对自身的影响是持续的、长久的,但是这种影响并不是太大。GDP2I 对 GDP1I 扰动迅速做出了响应,但是不明显。

GDP2I 扰动影响比较明显。GPIFP0 对 GDP2I 扰动立即做出了响应。GDP1I 对 GDP2I 扰动立即做出了响应,但是比较微弱,可以认为第二产业的波动影响很难对第一产业产生大的冲击。这个结论与我国农业经济发展和工业经济发展的现状较吻合。但是分析 GDP2I 对自身的扰动发现,GDP2I 对自身的一个标准差信息立即做出了响应,而且这种响应很明显。

最后进行协整分析,发现农产品价格波动与第一产业、第二产业、第三产业之间的长期模型不显著,协整关系不存在。而这个结论与之前进行的整体研究不一样,如果把经济作为一个整体进行研究,农产品与经济增长之间应具有明显的协整关系。

总之,农产品价格波动给经济增长带来了一定的影响,这种影响在不同的产业中的表现不一样,也给不同产业的经济增长带来了不同的冲击。至于其中的冲击机理和冲击效应,都有待于更进一步的研究。同时,农产品价格在不同产业之间的影响机制和机理也有待于更进一步的研究。

7.4　本章小结

本书通过对农产品价格波动对经济增长的影响进行分析,并在此基础上进行了传导机制的研究,得到了一些有价值的观点和结论。

第一,通过研究农产品价格波动、PPI 以及 CPI 三者之间的变动关系表明,农产品价格的变动对下游产品价格影响的传导途径通畅,短期内 PPI 的变动对最终消费品 CPI 变动的传导作用显著;同时,CPI 对 PPI 具有反向拉动作用,说明价格传递效应在最终消费品和工业品之间是畅通的。但是 PPI 对农产品价格的影响不明显,说明工业品价格对农产品价格的波动冲击不明显,即存在传递效应阻滞的现象。因此,我国应改革影响农产品价格传导的障碍,尤其是工业品价格对农产品价格的传递效应更应当引起重视,因为价格传递在这个环节出现了障碍。

第二,通过对农产品价格波动对经济增长影响的研究发现,农产品生产价格指数和国民生产总值指数之间存在较显著的长期均衡关系。农产品价格波动对国民收入的影响存在短期弹性和长期弹性。GDP 每增长 1%,农产品价格增长的短期波动弹性为 0.29%,长期弹性为 0.30%。另外,当农产品价格指数偏离长期均衡关系时,恢复到均衡状态的速度比较慢。采用协整方法证实了农产品价格波动和 GDP 之间存在着长期关系。农产品价格上升对经济产生的影响要比农产品价格下降产生的影响大。

第三,为了进一步研究农产品价格波动对经济增长的影响,把经济增长分别从第一产业、第二产业和第三产业来进行研究。研究发现,农产品价格波动所产生的影响在不同产业之间不同。在建立 VAR 模型时,把第三产业作为外生变量看待。也就是说,农产品价格波动带来的冲击主要作用于第一产业和第二产业。在 Granger 因果关系检验中发现,第二产业经济增长对农产品价格波动的影响,比第一产业经济增长对农产品价格波动的影响要大,是引起农产品价格变化的关键原因。农产品价格波动和第二产业经济增长对第一产业经济增长的影响比较小,这个结论与中国目前经济发展的现状比较一致。从 Granger 因果关系检验来看,农产品价格波动的顺向传递不明显;第一产业对农产品价格波动逆向传递不明显;第二产业对农产品价格波动逆向传递明显。

第四,脉冲分析结论表明,农产品价格指数波动对于自身的一个标准差信息立即做出了响应,GDP1I 和 GDP2I 对农产品价格扰动立即做出了响应。农产品价格指数对 GDP1I 扰动短期反应不明显,GDP2I 扰动影响比较明显。GPIFP0 对 GDP2I 扰动立即做出了响应。GDP1I 对 GDP2I 扰动立即做出了响应,第二产业的波动影响很难对第一产业产生大的冲击。最后进行协整分析,当具体分析每个产业与农产品价格指数的协整关系时,发现不存在明显的协整关系。

总之,农产品价格波动给经济增长带来了一定的影响,这种影响在不同产业中的表现不一样,也给不同产业的经济增长带来了不同的冲击。至于其中的冲击机理和冲击效应,都有待于更进一步的研究。同时,农产品价格在不同产业之间的影响机制和机理,也有待于更进一步的研究。

第8章 玉米价格波动与经济增长的关系研究

8.1 玉米产业的基本情况

8.1.1 玉米对中国经济的重要性

玉米是重要的农产品之一,也是中国重要的粮食作物。一直以来,玉米的生产和销售都得到全国广泛关注。随着生产技术的提高和政府的扶持,玉米总产量在谷物作物中位居前列。玉米产量是影响我国粮食供求的关键因素之一,玉米供求关系的变化对其他产业有重要影响。玉米为中国粮食安全问题做出了重要贡献。

玉米营养成分十分丰富,广泛应用于各行业和产业发展。玉米最初是人们生活中最重要的口粮之一,随着社会需求的变化,玉米渐渐成为食品加工的重要原材料之一。除加工成食品以外,将玉米加工制成的玉米油也获得了市场青睐。用玉米为原材料的各种食品丰富了广阔的消费市场。

除重要食品及食品来源以外,玉米在畜禽养殖业中也占据了举足轻重的地位。从玉米用作饲料的情况来看,玉米的叶片和茎干可以制作成优质的青贮饲料,籽粒可以作为营养全面的畜禽饲料,其粗脂肪、粗蛋白、粗纤维、碳水化合物和矿物质的含量均非常丰富,玉米制成的饲料饲用价值非常高。玉米已经成为全球畜牧业国家的首选饲料。

除广泛应用于食品、纺织、医药和化工等行业之外,玉米在清洁能源领域也起着非常重要的作用。利用玉米进行深加工制成玉米乙醇,经进一步加工制成生物燃料,为探索开发新的可利用能源提供了新的思路。最后,从玉米在医药中的应用来看,它还是青霉素、葡萄糖和消毒剂等药物的生产源。我国的中医学中,玉米的药用价值非常高,其根、须、叶都可以作为药材。

总之,玉米的开发利用价值非常高,而且玉米的生产和消费也是涉及我国民生的重要领域,玉米产品对中国经济的发展起到非常重要的作用。

8.1.2　玉米市场价格波动影响因素分析

与其他粮食作物相比,玉米产业链比较长。玉米价格波动的影响因素非常多。因此,分析玉米价格波动时,需要从各个方面进行详细研究,这样才能更好地理解玉米价格波动的特征。玉米供求关系的变化是重要的影响因素,其他影响因素也对分析玉米价格波动有重要的意义,在这些因素中,天气因素、替代品价格、宏观经济环境等具有典型代表性。

1. 供求关系因素

根据经济学观点,供求关系的变化对产品价格有重要影响。供给定理说明了价格随供给量变化而变化的一般关系,即在其他条件不变的前提下,供给量与价格成正比关系,随着价格的上涨,供给量增加,随着价格的下降,供给量减少。同样,在需求不变的前提下,价格与供给量成反比例变动关系,随着供给量增加,价格下降。

玉米的需求主要取决于玉米消费的情况,由于玉米的用途广泛,因而国内总消费的组成分为饲用消费、工业消费、食用消费、种用消费和损耗等。从近年国内玉米消费的具体情况来看,饲用消费占国内总消费的比例有所下降,而工业消费却大幅上升。与此同时,由于人们生活水平的提高,玉米作为食物的比例在逐步降低,而用于饲料加工的需求增加。因此,收入因素对玉米供求双方都会产生影响。一般情况下,随着人们收入的提高,对玉米的食用需求将会下降。

从玉米的供给情况来看,加入 WTO 之前,我国一直坚持自给自足的玉米供给政策。加入 WTO 之后,我国的贸易政策放开,由于国际玉米价格明显低于国内,因而进口量逐渐增加,我国的加工企业更是争相进口国际市场的玉米。如美国玉米,美国是全球最大的玉米生产国和出口国,美国农业生产技术水平发达,尤其是转基因技术。美国的转基因玉米生产成本低、品质高,具有较强的市场竞争力。美国玉米的出口价格是国际市场玉米价格的指示器。

2. 天气因素

我国传统农业"靠天吃饭"的生产模式对中国农业生产效率有不利影响,这也是农业被视为弱势产业的原因之一。随着农业科学技术水平的进步和农业机械化水平的提高,传统农业开始进入现代农业阶段。我国的农业生产者在农产品生产和供给中越来越主动,但是天气因素仍然是影响农业生产的关键因素之一。玉米的生产效率高低与天气因素关联比较大。在玉米的生产过程中,如果风调雨顺,玉米生产既节省了人力物力,又能丰产丰收。反之,如果生产过程中出现降雨过多或者雨量不足,都将导致玉米产量下降。因此,天气因素是影响玉米供给的重要一环,天气因素对玉米的供给产生很大的影响。但是受到供求关系的影响,玉米增产,但农产品生产者不一定增收。"谷贱伤农"现象在玉米市场中依然存在。

玉米的生产过程遇到好的天气条件,如风调雨顺,可使玉米增产,增加市场供应量。相反,生产过程中出现灾害性天气,如旱涝灾害或其他自然灾害,将会导致减产,从而无法保障市场供应,灾害面积越大,市场供给量越少,价格则上涨。

3. 替代品价格因素

玉米的替代品种类多,替代品对玉米价格的影响很大。如玉米与小麦都可以用于加工饲料,二者在饲料领域有明显的替代关系。如果市场上玉米价格上涨,饲料加工企业就会更多地选择小麦作为原料,因而对玉米的需求量减少,进而导致玉米价格下降,而小麦价格会因加工需求的拉动而上涨,此时加工企业又会加大对玉米的采购,再度拉升玉米价格。玉米市场价格与替代品价格之间呈现正向变动。在饲料领域,小麦替代玉米的优势比较明显,对玉米价格造成了一定影响。除此之外,在食用油领域,花生、大豆等产品对玉米的影响也非常大。这些替代品的出现,使得影响玉米价格的因素分析更加复杂。

4. 宏观经济环境因素

国家宏观经济环境和政策是影响玉米价格波动的重要因素。国家的农产品政策对玉米价格的影响非常大。过去,我国政府采取最低收购价来稳定和确保玉米合理的价格。从实践效果来看,玉米最低收购价的调控始终是逐步上涨的节奏,表现为玉米价格越调越高。因此,国家为了规范玉米的价格,对玉米的价格体系进行了一系列的制度改革。玉米产业以及玉米市场价格的发展与宏观经济环境有很大的联系。玉米的用途极其广泛,在加工产业中扮演着重要角色,宏观经济环境景气,工业发展迅速,对玉米的需求旺盛;反之,对玉米的需求减少。显然,玉米加工业与经济环境的冷暖关系很大。经济环境景气,工业呈现出发展的上升势头,玉米作为工业加工品的原材料,市场需求量会增加,价格也会随之提升。反之,经济形势不佳,在供给不变的情况下,玉米的市场价格会随之下降。

8.2　我国玉米价格宏观调控政策

我国玉米价格波动深受政策因素影响,回顾改革开放四十多年玉米调控政策的演变,深入分析不同时期政策的利弊,有助于新时期进一步调整和完善玉米价格调控政策。

8.2.1　玉米市场的统购统销制度阶段

改革开放前,我国对玉米等粮食长期实行高度集中的计划管理,由政府定价,统一收购,统筹定量供应,简称统购统销。自1978年起,我国开始流通体制转轨,逐步缩小对玉米等粮食的计划管理范围,扩大市场调节比重。

改革开放初期,我国仍实行统购统销制度,但为了促进玉米等粮食生产,缓解供求紧张格局,出台了“减购提价”政策,减少玉米等粮食征购数量,提高统购价格和超购加价幅度。同时,适当开展玉米等粮食议购议销,议购价格按市场价格确定,允许多渠道经营,提高玉米等粮食流通效率。通过对原有的计划调控方式改革探索,国家对玉米等粮食统购统销制度进行调整,初步形成了合同定购等市场调节的雏形,这有效调动了农民种粮的积极性,玉米产量逐年增加,改善了玉米供给短缺的状况,为进一步推进流通体制转轨创造了条件。

从1985年起,国家取消玉米等粮食统购,实行合同定购,定购以外的粮食可以自由上市。但受玉米大幅减产,市场价格迅速上涨的影响,合同定购推行遇到困难,1990年改为国家定购。同时,为了解决农民“卖粮难”问题,保护农民种粮积极性,以及增强宏观调控能力,国家建立了粮食专项储备制度。

传统的玉米定价模式下，存在购销价格倒挂，这加重了政府的财政负担。为了解决这个问题，国家决定进一步加大玉米价格定价的改革力度。1992 年底，国家取消统销价格，放开玉米销售价格，我国实行了近四十年的粮食统购统销制度由此结束。

8.2.2　玉米价格市场宏观调控阶段

为了进一步完善玉米定价机制，国家开始建立依靠市场手段对玉米等粮食价格进行宏观调控的政策体系。同时，为了进一步完善政府宏观调控手段，国家出台了粮食保护价收购等政策。

由于放开销售价格后遭遇减产，引发玉米价格空前暴涨。1993 年，国务院发出的《关于建立粮食收购保护价格制度的通知》中，玉米是粮食收购保护价格的品种之一。1994 年，国家加强对玉米市场的管理，加强了政府定价的力度，玉米收购和批发由国有粮食部门统一经营，玉米等粮食实行最高限价。受玉米大丰收和宏观经济不景气的影响，1996 年，玉米市场价格大幅下滑。1997 年，国家出台粮食保护价收购政策，当市场价格低于政府确定的保护价后，国有粮食收储企业将以保护价敞开收购农民交售定购粮之后可供出售的余粮。保护价收购对市场形成支撑，控制和减缓了市场价格下滑的局面。这一时期，国家对玉米价格的宏观调控，强调计划手段与市场手段并存，同时，国家建立了玉米粮食储备制度，但由于相关政策和措施不健全，玉米价格波动较大。这不利于玉米市场的健康发展。

8.2.3　玉米定价的市场化阶段

经过长期的改革探索，玉米流通体制得到了完善和发展。但是，在转轨时期，玉米的政府定价仍占主导地位，玉米的市场机制建立不够完善，没有发挥好市场在资源配置中的基础性作用。随着我国玉米由长期短缺变成总量大体平衡，甚至在部分地区出现阶段性过剩的现象，以及加入 WTO 使玉米市场面临国际竞争，自 1999 年起，国家推进粮食市场化改革，以增强国家宏观调控能力。

1999 年进入市场化改革时期，通过主销区试点，全面放开市场，发挥市场机制的作用,逐步形成较为完整的宏观调控政策体系。经过主销区试点收购市场化改革后,国家全面放开玉米购销市场,实现玉米购销市场化。国家对玉米市场从直接调控转向间接调控,主要通过向种粮农民提供粮食直补、农作物良种补贴、农资综合补贴和农机具购置补贴四大类补贴政策、玉米深加工政策、国家专项储备、进出口贸易政策,引导玉米市场供求及价格的发展。一方面,通过实施粮食补贴政策促进生产,保障市场供应,稳定市场价格。另一方面,通过调整玉米深加工政策和进出口贸易政策,扩大或减少玉米供给,间接影响市场价格。

8.2.4　临时收储为主的价格调控阶段

2008 年,针对玉米价格下跌和"卖粮难"问题,国家适时出台临时收储政策,在主产区对玉米实施临时收储。当玉米价格过低时,由国家托市收储,减少市场流通,促使价格回升,保护种粮农民利益。之后根据市场需求,通过公开拍卖、定向投放等方式投放市场。临时收储政策实施后常态化,延续至今成为现阶段国家调控玉米价格的主要手段。我国每年对玉米的收储规模不同,但收储价格逐年稳步提升。临时收储政策起到了较强的托市作用,有利于保护种粮农民利益,但也使玉米市场政策化,其弊端已日益显现。随着我国经济发展进入增速减缓的新常态,未来稳定玉米市场的形势更为严峻,临时收储政策调整已势在必行。

国家对玉米等粮食的宏观调控突出表现在托市的作用上,尤其是 2008 年以来实行的玉米临时收储政策,在市场需求低迷时,有效地支撑了国内的玉米价格,但也造成市场供应趋紧时,难以抑制市场价格过度上涨的局面。临时收储价格逐年提高,政策主导了市场价格攀升,是玉米价格屡创新高的重要原因,也是导致 2010 年玉米价格异常波动的重要推动因素。

8.2.5　"市场化收购"加"补贴"的新机制阶段

2016 年,国家取消玉米临时收储政策,调整为"市场化收购"加"补贴"的新机制。一方面,玉米价格由市场形成,反映市场供求关系,调节生产和需求,生产者随行就市出售玉米,各类市场主体自主入市收购。另一方面,建立玉米生产者补贴制度,给予一定的财政补贴,中央财政补贴资金拨付到省区,由地方政府统筹补贴资金兑付到生产者,以保持优势产区玉米种植收益基本稳定。

国家建立了市场形成玉米价格的新机制,并按照市场定价、"价补分离"的原则,对玉米生产者提供适当补贴,鼓励多元市场主体入市收购。废止玉米"临储"政策,建立由市场定价的竞争,使玉米价格如实反映市场供求关系。这是实施玉米收储制度改革取得的有本质意义的一个成效,也标志着玉米价格改革迈出了重要步伐。这样就形成了相对合理的玉米总体价格水平,同时兼顾了地区间、品种间、品质间的合理价差,玉米价格信号作用机制得到体现。

总之,玉米作为国家重点调控的粮食品种之一,其价格走势深受国家宏观调控政策影响。在市场化改革之前,我国经历了近四十年的统购统销以及合同定购、保护价收购模式下的政府定价,政府定价主导了整个玉米市场价格水平。逐步推进市场化改革后,对玉米的宏观调控手段趋向多样化,更强调间接调控。

8.3 我国玉米价格波动特征分析

8.3.1 国内外玉米价格波动的研究现状

1. 国外研究

国外学者对粮食价格波动的研究起步较早,研究成果丰富。贝纳维德斯(Benavides,2009)通过建立时间序列模型,认为汇率和库存是影响玉米价格波动的主要因素。塞拉(Serra,2013)等运用半参数回归方法分析了玉米价格与生物乙醇价格之间的波动关系,发现二者之间存在明显的双向溢出效应。黄和罗泽尔(Huang and Rozelle,2006)发现,中国玉米价格与世界玉米价格具有协整关系。米特拉(Mitra,2008)应用非线性蛛网模型分析得出粮食库存对粮价波动具有重要影响。卢(Lu,1999)通过研究发现,粮食价格波动主要来源于生产成本和供求缺口等方面。德里克·拜尔利(Derek Byerlee,2006)指出,粮食价格波动与政府宏观经济政策、价格风险和粮食市场本身有关,并且,粮食价格波动会对粮食安全产生影响。

2. 国内研究

国内学者对玉米价格波动的研究起步较晚,但研究成果丰富。如王天穹和于冷(2014)发现,上一年的玉米价格对下一年的玉米预期价格起重要作用,农户对玉米价格的预期是影响农户玉米种植规模最重要的因素。邵飞和陆迁(2010)通过农作物价格波动短期和长期福利效应模型,得出了中国玉米价格波动较大的结论,且不利于生产者判断市场走势。

贾伟和秦富(2012)研究发现,玉米生产省际间的玉米价格相互影响明显,主要玉米生产省份的玉米价格之间存在着双向的 Granger 因果关系,并存在长期的均衡关系。主要玉米价格明显冲击本省玉米价格的波动,而对于其他省份的影响则相对较弱。主销省份玉米价格波动所产生的影响高于主产省份,既是主产又是主销的省份受玉米价格波动最为显著。

金三林和张江雪(2012)研究国际玉米价格波动变化时,通过成分分解的方法得出结论,认为玉米品种实际价格主要受季节成分和周期成分影响。武拉平(2000)、丁守海(2009)、贾伟(2012)、吕捷(2013)等学者对玉米价格传导机制进行了大量研究,认为中国玉米价格和世界玉米价格之间存在一定程度的关联性,国际玉米价格波动对国内玉米价格影响较为显著。肖小勇、李崇光和李剑(2014)借助 VEC-BEKK-GARCH 模型表明,受政府政策干预影响,玉米的国际价格对国内价格不存在波动溢出效应。

方燕和李玉梅(2011)认为,玉米最低收购价政策对玉米的生产和销售都有积极意义。习银生(2015)分析了玉米临时收储政策所带来的负面影响,主要表现在大量粮源进入国家库存,形成市场垄断,导致价格扭曲。于左(2013)认为,我国玉米过高的劳动成本和土地成本,加上不完善的农业补贴机制,导致玉米价格缺失竞争力。王伟(2016)发现,国家玉米临储政策的推行,使国家财政面临巨大压力。

蒋和平和王爽(2016)通过构建粮食库存与粮食价格波动之间的动态关系,深入分析了粮食库存与大米、小麦和玉米三大主粮价格波动的关系,并提出合理调节库存,促进形成较为完善的粮食价格机制的政策建议。贾娟琪和李先德(2016)利用我国小麦、大米和玉米三种主粮的相关数据建立 VAR 模型,并通过脉冲响应函数和方差分析,研究了我国粮食价格支持政策、粮食储备政策和粮食进出口政策对三种主粮市场价格波动的影响。

3. 研究评述

研究玉米价格波动及其调控政策的主要目的发现玉米价格形成机制,很多专家和学者取得了丰富的成果。农产品价格形成机制,对建立和完善我国的市场经济发挥着极其重要的作用。同时,分析玉米价格波动对经济增长的影响对研究发展玉米产业具有重要意义。

8.3.2 数据来源

所选用的数据为 1978—2016 年我国玉米生产者价格指数的时间序列数据。其中,2000 年以前(含),农产品生产价格指数为农产品收购价格指数。从 2001 年开始的数据为玉米生产者价格指数。2001 年玉米价格指数为了更好地兼顾两个价格指数,所以在取值时,综合考虑 2000 年玉米价格的收购价格指数(89.9)和 2002 年玉米生产者价格指数(91.5),本书中,采取二者的平均值,即 90.7。把数据转化为定基数据(1978=100)。

对数据进行基本分析,得到玉米生产者价格指数(GPIC)随时间的波动曲线和描述性统计分析。

1. 玉米生产者价格波动曲线分析

利用 EViews 统计分析软件,对 1978—2016 年玉米生产者价格波动情况进行分析,得到波动曲线,见图 8-1。

从图 8-1 可以看出,玉米价格波动很大,从整体趋势来看,玉米价格持续上涨。但是在不同阶段,玉米价格波动特征不一样。1978—1990 年,玉米价格波动比较平缓,呈缓慢上涨势头。从 1990 年开始到 1995 年,玉米价格持续暴涨,到了 1995 年,玉米价格达到一个短期顶部。从 1995 年开始到 2001 年,玉米价格开始回落,直到 1993 年的价格水平。从 2002 年开始到 2014 年,玉米价格重新进入上涨通道,并达到了历史最高水平。从 2015 年开始,玉米价格进入了短期的价格回落阶段。

2. 描述性统计分析结果

对玉米生产者价格指数波动分区间进行分析,得到表 8-1 和图 8-2。

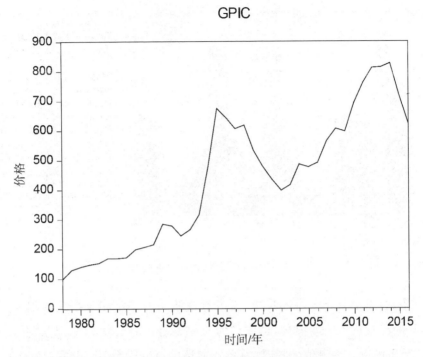

图 8-1　1978—2016 年玉米生产者价格波动曲线(1978＝100)

表 8-1　GPIC 分组统计结果

GPIC	均值	标准差	观测值
[0,200)	153.132 8	28.387 33	9
[200,400)	276.474 0	60.954 03	8
[400,600)	495.931 8	55.305 70	10
[600,800)	660.708 6	55.033 87	9
[800,1 000)	817.872 8	8.495 261	3
All	434.597 5	225.705 8	39

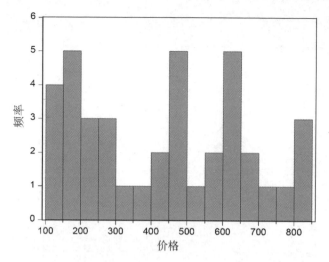

图 8-2　GPIC 的直方图与统计量

从表 8-1 和图 8-2 可以看出,玉米价格波动的幅度和频率差异很大。在[0,200)范围内有 9 观测值,即频数为 9,占总体的百分比为 23.1%;在[200,400)范围内有 8 观测值,即频数为 8,占总体的百分比为 20.5%;在[400,600)范围内有 10 观测值,即频数为 10,占总体的百分比为 25.6%;在[600,800)范围内有 9 观测值,即频数为 9,占总体的百分比为 23.1%;在[800,1 000)范围内有 3 观测值,即频数为 3,占总体的百分比为 7.7%。

8.3.3　玉米价格波动特征与经济增长之间的关系实证检验

1.数据的选取

数据来源于《中国统计年鉴 2017》和中国国家统计局网站。数据采用年度数据,收集了 1979—2016 年的数据。本书采用了玉米生产者价格指数(GPIC)进行研究。农产品生产价格指数分两个时间段,其中,2000 年以前的数据为农产品收购价格指数。从 2001 年开始的数据为玉米生产者价格指数。2001 年玉米价格指数为了更好地兼顾两个价格指数,所以在取值时,综合考虑 2000 年玉米价格的收购价格指数(89.9)和 2002 年玉米生产者价格指数(91.5),本书中,采取二者的平均值,即 90.7。为了研究方便,本书所有数据均是通过一定处理以后取得的。首先,数据是以不变价格进行计算,在计算指数值时是以 1978 年为 100 作为基准。用 GPIC 代表玉米生产者价格指数。按照传统产业分类方法把我国产业分为第一产业、第二产业和第三产业。为了更好地描述玉米价格波动对中国不同产业的影响,选用相应的指标进行分析,其中第一产业采用国内生产总值指数 GDP1I,第二产业采用国内生产总值指数 GDP2I,第三产业采用国内生产总值指数 GDP3I。国内生产总值指数(GDPiI)(其中 $i=1,2,3$)是以不变价格计算的,以 1978 年为 100 作为基准。

2. VAR 模型估计

(1)VAR 模型的建立。

通过研究发现,可以建立一个 VAR 模型,该模型包含三个内生变量:玉米生产者价格指数 GPIC、第一产业国内生产总值指数 GDP1I、第二产业国内生产总值指数 GDP2,以及一个外生变量:第三产业国内生产总值指数 GDP3I。即建立如下模型:

$$
\begin{bmatrix} \text{GPIC} \\ \text{GDP1I} \\ \text{GDP2I} \end{bmatrix}_t = \begin{bmatrix} \alpha_0 \\ \alpha_1 \\ \alpha_2 \end{bmatrix} + \begin{bmatrix} b_{11} & b_{12} & b_{13} \\ b_{21} & b_{22} & b_{23} \\ b_{31} & b_{32} & b_{33} \end{bmatrix} \begin{bmatrix} \text{GPIC} \\ \text{GDP1I} \\ \text{GDP2I} \end{bmatrix}_{t-1} + \cdots +
$$

$$
\begin{bmatrix} b_{11} & b_{12} & b_{13} \\ b_{21} & b_{22} & b_{23} \\ b_{31} & b_{32} & b_{33} \end{bmatrix} \begin{bmatrix} \text{GPIC} \\ \text{GDP1I} \\ \text{GDP2I} \end{bmatrix}_{t-i} + \begin{bmatrix} d_0 \\ d_1 \\ d_2 \end{bmatrix} \text{GDP3I}_t + \begin{bmatrix} \varepsilon_0 \\ \varepsilon_1 \\ \varepsilon_2 \end{bmatrix}_t \qquad (8.1)
$$

(2)模型特征根检验。

应用 EViews6.0 对模型(8.1)进行估计。通过模型的特征根检验,得到稳定的 VAR 模型,分析结果见图 8-3。

从图 8-3 可以看出,该 VAR 模型所有根的倒数的模均小于 1,即位于单位圆内,证明该 VAR 模型是稳定的。同时,根据 AIC 信息准则和 SC 准则,滞后 2 阶的 VAR 模型更适合中国经济的特点。对应的 VAR 模型参数估计结果见表 8-2,VAR 模型的检验结果见表 8-3。

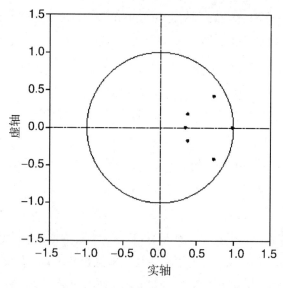

图 8-3　单位圆和特征根

表 8-2　VAR 模型的参数估计结果

	GPIC	GDP1I	GDP2I
GPIC(−1)	1.101 490	0.021 435	−0.088 284
	(0.184 38)	(0.014 91)	(0.097 01)
	[5.974 17]	[1.437 49]	[−0.910 05]
GPIC(−2)	−0.372 835	−0.022 433	0.071 112
	(0.187 01)	(0.015 12)	(0.098 40)
	[−1.993 63]	[−1.483 22]	[0.722 70]
GDP1I(−1)	−1.011 244	0.977 845	2.062 409
	(2.443 05)	(0.197 58)	(1.285 42)
	[−0.413 93]	[4.949 03]	[1.604 46]
GDP1I(−2)	1.655 273	0.017 024	−1.798 001
	(2.272 96)	(0.183 83)	(1.195 93)
	[0.728 24]	[0.092 61]	[−1.503 43]

续表

	GPIC	GDP1I	GDP2I
GDP2I(−1)	0.861 695	0.012 192	1.500 303
	(0.403 09)	(0.032 60)	(0.212 09)
	[2.137 74]	[0.373 98]	[7.074 02]
GDP2I(−2)	−0.759 076	−0.015 159	−0.747 914
	(0.286 30)	(0.023 16)	(0.150 64)
	[−2.651 29]	[−0.654 65]	[−4.964 90]
C	−5.740 501	7.303 351	−53.876 62
	(61.185 3)	(4.948 40)	(32.192 9)
	[−0.093 82]	[1.475 90]	[−1.673 56]
GDP3I	−0.191 903	0.005 655	0.261 084
	(0.292 83)	(0.023 68)	(0.154 07)
	[−0.655 35]	[0.238 78]	[1.694 56]

表 8-2 中,圆括号"()"中的数字是参数估计的标准差,方括号"[]"中的数字是参数估计值的 t 统计量。根据模型输出结果,建立 VAR 模型。

$$
\begin{bmatrix} \text{GPIC} \\ \text{GDP1I} \\ \text{GDP2I} \end{bmatrix}_t = \begin{bmatrix} -5.740\ 5 \\ 7.303\ 4 \\ -53.876\ 6 \end{bmatrix} +
$$

$$
\begin{bmatrix} 1.101\ 5 & -1.011\ 2 & 0.861\ 7 \\ 0.021\ 4 & 0.977\ 8 & 0.012\ 2 \\ -0.088\ 3 & 2.062\ 4 & 1.500\ 3 \end{bmatrix} \begin{bmatrix} \text{GPIC} \\ \text{GDP1I} \\ \text{GDP2I} \end{bmatrix}_{t-1} +
$$

$$
\begin{bmatrix} -0.372\ 8 & 1.655\ 3 & -0.759\ 1 \\ -0.022\ 4 & 0.017\ 0 & -0.015\ 2 \\ 0.071\ 1 & -1.798\ 0 & -0.747\ 9 \end{bmatrix} \begin{bmatrix} \text{GPIC} \\ \text{GDP1I} \\ \text{GDP2I} \end{bmatrix}_{t-2} +
$$

$$
\begin{bmatrix} -0.191\ 9 \\ 0.005\ 7 \\ 0.261\ 1 \end{bmatrix} \text{GDP3I}_t + \begin{bmatrix} \varepsilon_0 \\ \varepsilon_1 \\ \varepsilon_2 \end{bmatrix}_t \tag{8.2}
$$

表 8-3　VAR 模型的检验结果

	GPIC	GDP1I	GDP2I
样本可决系数	0.962 842	0.999 164	0.999 780
修正的样本可决系数	0.953 872	0.998 962	0.999 727
残差平方和	63 914.81	418.057 9	17 694.05
标准差方程	46.946 34	3.796 813	24.701 01
F 统计量	107.348 7	4 949.086	18 835.98
对数似然值	−190.406 9	−97.357 71	−166.646 9
AIC 信息准则	10.724 70	5.695 012	9.440 375
SC 准则	11.073 00	6.043 318	9.788 682
均值因变量	451.873 0	277.773 5	1 496.557
正交化因变量	218.585 1	117.831 4	1 495.045

表 8-3 给出了 VAR 模型的回归统计量,包括进行自由度调整、对数似然值、AIC 信息准则和 SC 准则等。从统计检验结果来看,模型的整体效果较理想。

3. VAR 模型的一般分析

(1)因果关系检验。

根据前面的检验结果可知模型是稳定的。我们可以对 VAR 模型估计结果进行 Granger 因果关系检验,检验结果见表 8-4。

表 8-4　VAR 模型的 Granger 因果关系检验结果

因变量: GPIC

排除变量	χ^2 统计量	自由度	概率
GDP1I	1.830 899	2	0.400 3
GDP2I	7.031 736	2	0.029 7
All	14.802 85	4	0.005 1

因变量: GDP1I

排除变量	χ^2 统计量	自由度	概率
GPIC	2.542 435	2	0.280 5

续表

| GDP2I | 0.486 942 | 2 | 0.783 9 |
| All | 6.611 004 | 4 | 0.157 9 |

因变量：GDP2I

排除变量	χ^2 统计量	自由度	概率
GPIC	0.848 328	2	0.654 3
GDP1I	2.610 092	2	0.271 2
All	4.683 426	4	0.321 3

对于内生变量 GPIC，其相对于内生变量 GDP1I 的 χ^2 统计量＝1.830 9，相应的概率值 p＝0.400 3，相应的概率值大于 10% 的检验水平，因而不能拒绝该原假设，即可以认为 GDP1I 不是引起 GPIC 变化的 Granger 原因，记为 GDP1I $\nrightarrow$ GPIC。同理，GDP2I 是引起 GPIC 变化的 Granger 原因，记为 GDP2I $\rightarrow$ GPIC。

对于内生变量 GDP1I，其相对于内生变量 GPIC 的 χ^2 统计量＝2.542 4，相应的概率值 p＝0.280 5，相应的概率值大于 10% 的检验水平，因而不能拒绝该原假设，即可以认为 GPIC 不是引起 GDP1I 变化的 Granger 原因，记为 GPIC $\nrightarrow$ GDP1I。同理，GDP2I 不是引起 GDP1I 变化的 Granger 原因，记为 GDP2I $\nrightarrow$ GDP1I。

对于内生变量 GDP2I，其相对于内生变量 GPIC 的 χ^2 统计量＝0.848 3，相应的概率值 p＝0.654 3，相应的概率值大于 10% 的检验水平，因而不能拒绝该原假设，即可以认为 GPIC 不是引起 GDP2I 变化的 Granger 原因，记为 GPIC $\nrightarrow$ GDP2I。同理，GDP1I 不是引起 GDP2I 变化的 Granger 原因，记为 GDP1I $\nrightarrow$ GDP2I。

通过分析 VAR 模型的 Granger 因果关系检验结果中每个内生变量检验结果的最后一行全部变量给出的对所有滞后内生变量联合显著检验的 χ^2 统计量和概率值 p，内生变量 GPIC 相对于 GDP1I 和 GDP2I 滞后项是联合显著的；内生变量 GDP1I 相对于 GPIC 和 GDP2I 滞后项是联合显著性不明显；内生变量 GDP2I 相对于 GDP1I 和 GPIC 滞后项是联合显著性不明显。因此，我们需要进一步对残差进行分析。

(2)滞后排除检验。

根据模型(8.1)给出被估计的 VAR 模型的滞后排除检验结果见表 8-5。

表 8-5　VAR 模型的滞后排除检验结果

	GPIC	GDP1I	GDP2I	联合检验
滞后 1 阶	94.261 56	36.311 05	71.200 46	180.436 2
	[0.000 000]	[6.44×10^{-8}]	[2.33×10^{-15}]	[0.000 000]
滞后 2 阶	26.005 58	5.633 230	33.277 83	55.388 2
	[9.51×10^{-6}]	[0.130 884]	[2.81×10^{-7}]	[1.03×10^{-8}]
自由度	3	3	3	9

注:[]中的数据是 p 值。

根据表 8-5,对变量 GPIC 和滞后 1 阶(Lag1)所在的元素进行分析,χ^2 统计量=94.261 6,相应的概率值 p 非常小,从而说明在 VAR 模型的 GPIC 方程中,所有的滞后 1 阶内生变量是联合显著的。滞后 1 阶和联合检验所在的元素的 χ^2 统计量=180.436 2,相应的概率值 p 非常小,从而说明 VAR 模型(即三个方程)中所有的滞后 1 阶内生变量是联合显著的。

同样分析得到,VAR 模型中在滞后 2 阶(Lag2)的情况下,VAR 模型只有两个方程的联合检验是显著的,对于 GDP1I 对应的方程,联合检验不显著。但是模型整体上联合检验所在的元素的 χ^2 统计量=55.388 2,相应的概率值 p 非常小,说明从整体上来看是联合显著的。

(3)脉冲响应函数。

通过估计 VAR 模型的脉冲响应函数分析玉米价格波动的影响。对模型(8.1)的 GPIC 变量进行分析,见图 8-4。

从图 8-4 可以看出,玉米生产者价格指数波动对于自身的一个标准差信息立即做出了响应,这种响应大约为 50,第 2 期响应达到最大(大约为 56),且是正向的。之后玉米价格的响应迅速下降,到第 6 期左右基本趋向于 0。但是在第 10 期左右,有较小的负向响应,但随后又趋向于 0。

GDP1I 对玉米价格扰动不明显,第 1 期响应接近于 0,第 3 期左右影响程度达到最大(大约为 1)。之后 GDP1I 对玉米价格的响应迅速趋向于 0。从脉冲响应来看,第一产业国内生产总值对玉米价格的冲击影响较弱。在随后的几

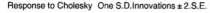

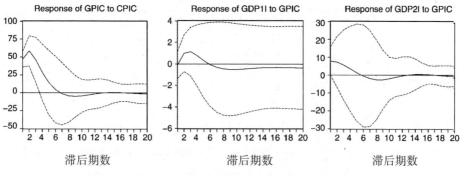

实线表示脉冲响应函数,虚线表示正负两倍标准差的置信带

图 8-4　GPIC 脉冲分析

期当中产生了较微小的负向冲击。

GDP2I 对玉米价格扰动立即做出了响应,第 1 期响应大约为 8,之后这种冲击对玉米价格的影响逐渐下降,到第 8 期左右,这种响应为−1,到第 12 期左右,基本趋向于 0。在随后的几期当中,可以近似认为冲击为 0。

8.4　实证结论和稳定玉米价格的对策建议

8.4.1　实证结论

从实证结果来看,玉米价格波动受到政策影响非常大。在涉及玉米价格方面的政策年份,玉米价格的波动出现明显的异常,价格上涨幅度(或下跌幅度)异常增大。在分组统计中发现,在波动区间为[800,1 000)时,出现的频数为 3,数据特别小。在分析这三个时间段数据时发现,这一阶段都有涉及玉米生产管理方面的政策。而在其他玉米价格波动区间,每一阶段出现的频数近似相同,表明在这些区间内,玉米价格波动相对正常。

在分析玉米价格波动与经济增长之间的关系时发现,从整体上来看,玉米价格波动与经济增长是相关的,二者之间有较明显的因果关系。但是玉米价格波动在第一产业、第二产业和第三产业之间的关系相差比较明显。玉米价格波

183

动对第一产业的影响没有明显的 Granger 因果关系,而与第二产业存在明显的 Granger 因果关系,同时还发现,玉米价格波动与第三产业没有明显的 Granger 因果关系。这表明玉米价格波动对经济增长的传导中,第二产业发挥了很大的作用,第一产业的影响次之,第三产业的影响相对最少。为了进一步研究玉米价格波动的影响程度和深度,通过实证发现,玉米价格波动对自身的影响最大,这与玉米生产者的盲目性可能有一定关系,这个影响非常迅速,并能在下一期当中同样产生很大影响。第二产业也对玉米价格波动产生很大影响,而且这个影响持续到第 8 期左右,这说明玉米在第二产业的影响可能涉及更长的生产链环节。而第一产业和第三产业对玉米价格波动的影响程度和深度很小,这说明玉米价格波动在第一产业和第三产业领域有广阔的空间需要挖掘,玉米需要在这些产业中起到更加重要的作用。

8.4.2　稳定玉米价格的对策

玉米价格波动对经济产生影响,而且玉米价格的影响因素很多,为了更好地发挥玉米在中国经济发展中的作用,需要从以下几个方面进行规范管理。

1. 加强玉米生产成本控制

我国的农业现代化发展速度较慢,需要采取更多的有效措施促进农业现代化。尽管经过多年的改革开放实践,但是在我国经济中,城乡二元结构、工业与农业的剪刀差现象依然存在,这对玉米市场有很大的冲击。从整体上来看,玉米价格上涨幅度无法跟上经济增长速度,玉米价格相对处于较低水平。因此,结合我国实际,玉米价格应当有适度的上升幅度。然而,分析近年来玉米价格大幅上涨的原因,发现主要是生产和市场流通成本增加过快所导致的。玉米生产成本的增加是导致玉米价格上涨的主要动力。从影响玉米生产成本的因素中分析,发现农药、化肥等施用量的过度增加,不仅导致农业生产资料价格普遍上涨,同时对我国的耕地质量造成长期的不利影响。另外,我国地租的增加也是玉米生产成本增加的重要原因。从玉米生产者的角度来看,虽然玉米价格得到了一定的上涨,但是玉米生产者的利润并没有得到相应的增加。此外,因为玉米生产分散、玉米的流通环节多等问题,所以市场的流通成本也挤压了玉米生产者的利润空间,严重影响了玉米生产者的积极性,不利于玉米的生产和玉米市场的健康发展。

2. 加强玉米价格机制的宏观调控作用

根据农业投入品市场价格波动情况，政府相关部门应研究制定相关政策，合理提高现有补贴水平，如根据生产成本增加的幅度，相应调整种粮直补、农资综合直补等补贴额度，以控制生产成本，稳定玉米市场价格，确保玉米种植农户的收入，改善福利，提高其生产积极性。政府部门应通过实施宏观调控政策稳定玉米市场价格，合理推进玉米目标价格制度改革。

粮食补贴是最常用的一种政策工具，加快玉米等粮食补贴立法，将各项补贴政策纳入法律的框架之内，推进玉米等粮食补贴制度化、规范化、长期化，保证玉米等粮食补贴发放有法可依、科学合理，提高玉米等粮食支持政策的效力和稳定性。

3. 强化市场观念，充分发挥市场机制的作用

从长远角度来看，当前，我国玉米生产面临"三量齐增"的情况，玉米库存积压严重，政府财政压力加大，玉米产业的健康发展受到严重影响。随着玉米临时收储政策的取消，政府完全放开玉米市场，在玉米主产区按照"市场定价，价补分离"的原则实施"市场化收购"加上"补贴"的措施，玉米供求关系完全由市场进行调节，玉米价格由市场供求关系决定。在发达国家农业补贴的实践中，差价多为过渡性政策，以各种农业保险形式进行补贴更为常见。根据市场情况，向玉米种植户预告当年玉米收储价格及市场情况，更好地稳定玉米生产，确保国内供给和玉米安全。我国玉米市场的改革方向，是进一步发挥市场的调节作用，发挥市场在资源配置中的决定性作用，减少政府对市场的过度干预，还原市场经济下的玉米生产结构和价格水平。政府应在指导农户根据市场行情进行生产决策、鼓励玉米市场主体的多元化发展、完善玉米市场机制，提高玉米市场的自身调节能力等方面进行宏观调控，真正实现市场在玉米价格形成中的主导作用。

4. 加强玉米生产的风险意识教育

随着政府对玉米市场的放开，政策对玉米价格的支撑作用立即消失，生产者销售玉米所面临的价格不再受到政府政策的支持，代之由市场行情决定。玉米生产者应及时调整以往仅根据政策做出生产决策而忽略市场信息的策略，提高对市场变化的敏感度，尤其是对玉米市场价格变化的关注。为了有效保障玉米生产者和其他农户的利益，政府应加强对农户进行市场相关知识的宣传和培

训,使其能及时获取和读懂市场信号,在提高市场警觉性的同时,能够根据市场信息及时调整生产决策,充分根据市场需求调整种植方案,提高生产决策的科学性,减少"谷贱伤农"悲剧的产生,使玉米价格能逐渐回归市场,实现我国玉米市场的健康稳定发展。为玉米生产者和消费者进行价格预测和预警提供良好的基础,从而做出科学的生产和种植决策,进而降低生产和经营的风险,保障玉米市场主体的利益。

5. 完善玉米期货市场

利用期货市场,可以有效降低和避免因现货市场价格剧烈波动而引起的风险。从目前来看,我国玉米期货市场已经进入稳步发展的新时期,规模逐步扩大,价格规避和套期保值等功能逐步显现。不论长期还是短期,国内玉米期货市场均对国内玉米现货市场产生了较为重要的影响,但我国玉米期货市场还有较大的提升空间。完善玉米期货市场,不仅起到引导我国玉米的生产与消费的作用,而且将对国际市场的玉米价格产生影响,增强我国玉米产业的竞争力,从而提升我国农产品期货市场在国际市场中的地位。

6. 加强进出口调控措施

进出口调节是玉米宏观调控的重要措施。鉴于国际玉米市场对国内市场存在较为明显的传导效应,应切实加强对国际玉米市场的分析和监测,建立较为全面的玉米进口监控体系和预警机制。关注国际市场变化趋势,把握好进口规模和节奏,避免进口玉米对国内生产和市场造成冲击。同时,应根据国内供求形势和价格变化趋势,及时调整玉米深加工产品出口政策,有度有序的稳定出口。此外,要积极推动农业"走出去",加快建设稳定、安全的全球玉米供应链,切实提高利用国际市场、国外资源的能力和水平,降低国际玉米价格对国内玉米市场的冲击,从而削弱国际玉米价格对国内玉米市场的不利影响。

第9章 农产品价格波动性管理研究

9.1 农产品价格体系存在的问题

农产品价格波动增加了农户收益的不确定性和生产决策的难度。各国政府尝试通过市场干预农产品价格,常用的干预手段有补贴机制和稳定机制两种。但是,对于财政实力有限的发展中国家,这些手段难以持续维持。干预政策扭曲了市场价格,不利于农业的长远利益。一个健康完善的农产品价格体系对经济的稳定增长具有重要的意义。而目前,在农产品价格体系中,影响农产品价格波动的因素很多,农产品价格体系存在以下不足之处。

9.1.1 农产品定价机制存在难以克服的缺陷

农产品定价机制存在难以克服的缺陷,这种缺陷造成了农产品价格波动。农产品价格波动会给农产品生产经营者的收入带来较大的不确定性,最终形成了农产品价格风险。农产品价格风险是农产品生产经营者面临的主要风险,对于农产品生产经营者而言,农产品价格波动越大,意味着收入的不确定性越大。

农产品价格形成机制存在难以克服的缺陷,主要有以下原因:

一是,农产品价格的非连续性使得价格机制影响了市场调节。农产品在生产方面呈现季节性供给而全年消费的特点,而农产品现货市场交易的时间特征非常突出,一些水果等农产品的现货市场交易时间十分短暂。相对工业产品而言,农产品在大量上市供给的季节以及非大量上市供给的季节,其价格往往出现相当大的差别。因此,在农产品上市时,其价格信号机制的作用时间显得短暂和短促,价格机制发挥作用的时间和空间均得不到充分展开。

二是，农产品流通领域的多环节、流通组织的专业化分工等多种因素影响和制约了农产品价格。改革开放以前，我国农产品价格由国家统一定价，对农产品实行统购统销。改革开放以后，农产品由农户自主经营，农产品直接进入市场，农产品由市场定价。农产品进入市场这一流通领域以后，农产品流通领域的地位和重要性越来越明显，农产品流通领域的专业化组织程度也越来越高。随着社会分工越来越细，逐渐产生如专业收购、专业运输和超市零售等许多新行业。农产品流通环节的专业化分工，在一定程度上解决了农产品销售难的问题，加快了农产品流通周期，提高了农产品流通效率。但是这种传统的流通渠道，随着社会经济的发展，越来越显示出与农业经济发展要求的不相适应。传统大宗的农产品流通渠道呈现"产地收购→物流仓储→逐级批发→零售"的流通形式。这种传统的流通渠道，由于流通环节较长，因而交易成本较高，每个流通环节的成本改变，都会影响农产品的最终价格。随着农产品流通领域的专业化趋势增强，将许多影响因素传导到农产品价格中，增加了更多的不确定因素，加大了农产品市场的风险。

三是，农产品的生产者和消费者均不能掌控定价权。我国农业生产大多为粗放型的生产方式和"一家一户"的小规模生产格局，长期以来没有发生改变。"小生产、大市场"的农产品市场特点，给农产品的生产和需求双方均带来很多问题。在农产品生产方面，由于生产集中度低，农产品生产者在市场上缺乏定价权，只是作为价格的被动接受者，购买农产品的消费者也是价格的被动接受者。定价权既不在农产品生产者手中，也不在消费者手中，农产品市场价格的决定权由集中在流通领域的少数经销商控制。在这种情况下，容易出现处于中间环节的销售商垄断定价的状况。也正是因为小规模分散化生产，农民对农产品价格影响较小。

四是，政府通过政策价格调整农产品价格作用有限。农业价格政策体系的重要组成部分，是农产品价格调节基金和主要农产品专项储备制度等。农业的政策价格是基于农业的特殊性，采取政策性的定价手段。但是，政策价格的实施实质上反而造成了很多不利的后果，既加重了政府财政负担，也扭曲了市场价格信号，加剧了农产品过剩危机。而且，政策价格的调节具有不稳定性和滞后性，容易导致价格风险。目前，我国专项储备制度也存在储备规模过大，管理市场和调节价格的经验不足等问题。

此外,农产品价格波动的原因也与农产品市场的组织形式有关。农产品市场大致由产地市场和逐级批发市场组成。在产地市场,农产品交易是零散的,因而不同农产品的产地价格差别较大,产品定价方式也多样。在农产品批发市场中,很容易形成买方或者卖方垄断价格。因此,农产品无论是在产地市场,还是在批发市场,均容易出现价格信号失真现象,价格不能很好地调节市场。

9.1.2　农产品的生产状况影响了生产的积极性

农业是一个社会效益高而自身经济效益低的弱质产业。在农产品生产中,如果利益调节机制缺乏或者不完善,就不能调动和维持发展农产品生产的积极性,很难使农产品持续稳定增产。

我国农产品的生产状况对农产品生产产生了多方面的影响,主要表现在以下几个方面。

一是,农产品比较效益不高,农民的生产积极性不高。农产品生产成本增加较快,农业务工报酬、农业机械、农用柴油、化肥、农药等人工成本和农资价格持续上升。二是,农业科技投入严重不足,科技对农产品生产支撑不够。农村的农业科技人才严重流失,基层农技服务推广体系很不健全,一些适用的农产品生产先进技术难以推广普及。三是,我国正处于快速工业化时期,农村的人才、资金等生产要素不是留在农村和农业生产上,反而加速向城市和工业部门转移。在农村,青壮年劳动力大量外出务工,主要依靠留守农村的老人和妇女从事农业生产。农产品生产和劳动力的素质明显下降,导致了农业经济发展受到极大的限制。四是,对农业生产的认识存在偏差,认为农业的出路不大,地方政府发展农业生产的积极性不高。

另外,没有形成合理的投入保障机制,农产品生产者的收入无法得到有效保障,同时农产品生产的物质技术基础比较薄弱。从 2004 年起,我国陆续出台了许多惠农和支农政策,加大对农业的投入,并通过各种办法改善农业的基础设施条件,促进农业发展,但是保障机制不成熟,而且现有的农业补贴水平和农业投入水平都偏低。农业的金融问题一直以来都制约着农业的发展。随着国有商业银行逐步退出农村,农村信用社也出现了一些问题,这就使得金融体系对农业的支持力度不够。在中国,农业贷款难的问题,一直没有从根本上得到改善。

9.1.3　社会化服务体系和生产组织形式均不够完善

中国农产品价格体系既缺乏完善的社会化服务体系,也缺乏高效的生产组织形式。二者的缺乏使农产品生产既难以有效克服自然风险,也不能很好地应对市场风险。一是,农业现代化难以在目前这种小面积土地上进行,不可能大规模地应用农业机械,加上农业生产要素包括土地、资本、劳动力、技术等,均无法有机地结合在一起,形成生产规模经济,致使农产品的生产成本高、利润很低。分散经营的家庭个体,也限制了农业科学技术的推广应用。二是,农业公共服务体系不健全,综合服务能力较差,农业资源的综合利用效率差。三是,农村专业化合作组织程度不高,发育程度较低。多数农户没有加入农村专业化合作组织,不能合力共同来抗御市场风险。

9.1.4　农产品价格风险向国际市场转移的渠道不够顺畅

与发达国家相比,我国农产品生产方式落后,生产力水平低下,农产品的国际竞争力不强。我国农产品国内市场竞争激烈,国内市场价格受国际市场影响较大。尽管国内市场和国际市场的联动紧密,我国农产品价格风险向国际市场转移的渠道却不够顺畅。在我国,以自身套期保值为目的的境外期货交易受到很大的限制。参与国际期货交易的主体过少的现状,使得农产品价格波动风险无法有效转移,我国农产品参与国际竞争的程度不高[①]。在这种情况下,大量农产品价格波动风险只能通过国内现货市场和期货市场来消化。

发达国家一方面对农产品市场价格进行干预,以维护农业生产的可持续发展,保障农产品生产者的合理收入。另一方面,发达国家也对农产品实施高关税、关税高峰、关税升级、高补贴和各种壁垒政策,这就对包括我国和其他国家的农产品出口形成了很大的障碍。我国是农业大国,农产品国际贸易壁垒的设

---

① 我国农产品在参与国际竞争中,农产品进口长期依赖进口许可证、进口配额及非关税措施调控,各种非关税措施只能转化为相关的等效关税。我国农产品参与的国际竞争,也从过去单纯的关税转向以技术性壁垒为主的限制政策和措施。发达国家对农产品技术壁垒、环境壁垒不断加强,特殊保护措施和反倾销诉讼的运用日益增长,使得我国具有比较优势的农产品出口势头受阻。

置,使得我国农产品成本增加,农产品价格竞争力降低,我国农产品在国际市场上的价格风险增大。

9.1.5　国内农产品市场尚缺乏足够的风险管理工具

我国农产品价格风险管理工具发展落后。国内外农产品市场融合不断加快,相互影响日益加深,农产品价格波动影响越来越复杂,因而对市场风险管理的要求也越来越高。目前,中国农产品市场价格管理现状不乐观,国内企业的市场风险意识较弱,而且国内期货市场[①]、远期合同等市场风险管理工具也不健全,未形成有效防范和控制市场风险的管理机制。

世界各国都很重视通过市场化价格风险管理机制,将农产品价格风险转移。随着经济全球化进程的不断加快,农产品价格呈现出更多的不确定性,价格风险成为主要风险。虽然有部分农业企业采取市场化手段来管理价格风险,但从实际使用效果来看,大多还是依赖于政策性价格的保护,而采取以市场化风险管理工具来规避风险的农产品生产者和企业十分有限。因此,建立多元化价格管理体系显得非常重要。

农产品价格受到现货市场和期货市场的共同影响,现阶段我国期货市场的不完善制约着农产品市场的发展。首先,我国期货交易制度不完善,缺点较多[②]。其次,我国农产品商品期货的交易品种较少、市场范围小、交易方式单

---

①　期货期权等农产品价格风险管理工具,只有满足一定条件才能充分发挥其作用。我国市场经济起步较晚,许多企业以及小生产者并没有意识到期货期权市场的重要性,参与积极性不高。在期货期权市场中,产品的标准化等级和质量是紧密联系在一起的。期货总是与标准化产品相联系,例如规模、等级、运送地及到期日。农产品拥有许多等级和质量变动性,很多农产品在标准化方面,并不完全适合一个成功的期货合约。因此,需要通过比较复杂的设计、经过一定的过程才能制定出公认的标准。

②　我国期货市场交割成本偏高,交割规则的设计欠科学,交割环节过多,效率低下。与成熟的期货市场相比,这种交易现状不利于吸引更多更成熟的交易者入市。另外,我国期货经纪公司规模小,管理粗放,抗风险能力弱。中介组织不发达,农民很难参与期货市场。一些不规范的小公司成为市场操纵者的工具,扰乱了市场秩序,增加了市场风险。在我国,农民合作组织发育很不完善,从事农产品生产的合作组织多,但是能够带领农民参与农产品经营的合作经济组织却为数不多,而且普遍规模不大,管理制度不健全,这些组织结构的稳定性较差。这些问题制约了农民有效地参与期货市场。期货市场的风险控制能力有待加强,风险控制机制缺乏前瞻性,没有形成有效的风险预警机制。从现状来看,我国期货交易所的抗风险能力也比较脆弱,可用于处理风险的资金数额十分有限,无法承受规模较大的结算风险的冲击。

一。再次,期货市场的定价机制不健全,不能满足商品预测价格和分散市场风险的需要。最后,期货市场的监管能力不足,限制了期货市场的进一步发展。

9.2　农产品价格风险管理原则

我国农产品价格受到国内市场和国际市场的双重影响,农产品市场兼具封闭经济和开放经济两种特点。在现阶段我国的农产品风险管理体系之下,存在的风险包括市场价格风险和政策价格风险。为了降低农产品价格风险,减小价格波动,需要建立价格风险管理体系。

我国建立的农产品价格风险管理体系,必须遵循以下几个基本原则。

9.2.1　完善利益导向机制原则

遵循价值规律,完善利益导向机制,调动农产品生产者的积极性。在加快工业化、城镇化进程的推进时期,必然出现农业劳动力和各类资源的"去农化"趋势。正确处理加快工业化、城镇化进程和保障农业安全的关系非常重要。"去农化"趋势的表现如下,从农产品生产主体来看,农产品生产者开始有了更多的机会向第二产业、第三产业转移。从资本流向来看,资本的逐利性决定了资金必然流向效益更高的领域。目前,中国农业的效益不高,农业资本呈流出状态也就成为必然,而且还有进一步加大的趋势。从科技资源来看,由于农业科技人员不够,农业科技技术不高,农业科技投入不多,所有这些都使得农业技术创新和推广比较困难。更重要的是农业科技人员的价值得不到充分体现,导致了大量的农业科技人力、资本从农业流出。

从地方政府来看,在目前的体制下,抓好农产品生产所产生的绩效成果不明显,而抓好第二产业、第三产业能带来巨大的经济增量、大量的就业岗位以及高额的财政收入,且效果明显。在目前的经济状况下,地方政府如果将资源过多地投入到农产品生产方面,必然会延缓当地的经济增长和人民生活水平提高的速度,地方政府抓好农产品生产的积极性也就不高。因此,需要在国家层面上通过体制机制创新,创造有利于农产品持续稳定增长的政策环境,调整好涉农各方的利益关系,使农产品生产者的利益得到足够有效补偿。这样才能充分调动农民、地方政府、科技人员以及社会资本的积极性。

9.2.2　加强风险监控原则

农产品价格风险包括自然风险和市场风险。有效防范和减少农产品生产的自然风险和市场风险,是建立风险管理体系的必然要求。农业产业是一个与自然交织的产业,无论是传统农业,还是现代农业,都是如此。农业的弱质性特征表现在以下几个方面。首先,农业对自然环境的高度依赖,导致农业要承担高强度的自然风险。从自然风险来看,即使在科技水平高度发达的现代,粮食生产对洪涝、干旱、冰雹、霜冻等特大自然灾害仍然无法抵御。

其次,农产品要面对市场风险。农产品是生存必需的生活必需品和工业原料,但是农产品需求弹性小,一旦满足了一定范围内的产品需求,农产品就容易发生过剩现象。同时,多数农产品难以长期保存,所以农产品价格无法充分体现。

从市场风险来看,农产品生产具有季节性、周期性和收成的不稳定性等特点,农产品消费却呈连续性特征,这种不对称性决定了农产品生产者在决策上经常处于被动和盲目的状态。农产品的生产特点决定了其供给调整远远滞后于市场变化,从而使农产品应对较大的市场风险。因此,加强对农产品生产和市场的风险监控是十分必要的。

9.2.3　实现农产品增产和农业可持续发展的原则

中国改革处在一个十分重要的转折点上。经过四十年的改革开放,中国经济取得了令人瞩目的巨大成就,工业经济得到了迅猛发展,中国经济也开始步入了工业反哺农业的时代。大力发展和实现现代化的农业,是中国未来重要战略的一项迫切而艰巨的任务。

未来一段时期,我国对农产品消费需求将继续呈刚性增长的态势,而耕地面积仍将继续减少。后备土地资源匮乏和水资源短缺等矛盾已经显现,尤其是水资源分布极不均衡。农业的产出效率低下、农产品经济附加值低等弊端,仍然是我国未来面临的巨大挑战。农业的可持续发展也越来越引起人们的重视。因此,在经济发展中重视环境与资源可持续发展的问题,围绕农业现代化实现生产方式转变,提高资源利用效率,以及高科技、节约型技术在农业生产方面的大力推广问题,都是摆在我们面前的艰巨任务。只有依靠科技求突破,提高农产品生产效率和可持续发展能力,建立促进农产品生产稳定增长的长效机制,形成一条工业化与现代农业"双赢"的路子,才能保证我国的现代化进程不因农产品支撑能力不足而停滞。

9.3 构建中国农产品价格风险管理体系

为了有力控制农产品价格波动,稳定农产品价格,转移或降低农产品价格风险,我国必须在农产品价格风险管理中构建起自己的目标体系。管理目标体系应该呈现模式多样性和管理科学性的特点。建立农产品价格风险管理体系的目的,就在于实现农民收入提高,农业生产稳定发展以及新农村建设任务全面完成。

9.3.1 体系构架

针对农产品面临的主要价格风险[①],采用不同风险管理工具。为了应对市场价格风险,可以采用市场管理工具;针对政策价格风险,可以采用农产品储备、储备基金体系、价格保护等国内价格支持工具;针对国际间价格风险,可以采用绿色与技术壁垒、汇率管理、关税与配额等边境政策工具。

9.3.2 农产品价格风险管理体系的组织保证

我国已经形成了由政府管理机关、企业型管理组织以及农产品生产者层面构成的一个复杂的农产品价格风险管理的体系,形成了一个"政府(农业部门)-

---

① 我国农产品价格面临三大风险,包括市场价格风险、政策价格风险和国际间价格风险。

企业组织（风险管理机构）-农民（协会）"的农产品价格风险管理组织体系。目前，这个体系组织的协调还不统一，运行效率还不高。因此，还需对组织体系的作用和功能进行进一步完善。

一是，政府管理农产品价格的部门包括农村农业部、发改委等。为了使管理协调一致，避免政出多门，可以考虑由农村农业部牵头，对农产品价格风险进行统一管理[①]。

二是，发挥各种各样的企业型管理组织的功能。在企业组织层面，由大型龙头企业、交易所、保险公司、银行和经纪公司等组织将管理功能进一步发挥出来，同时组建政府扶持的农产品价格风险管理公司[②]。

三是，建立健全农产品营销中介机构。农业行业协会等组织为农产品进入市场提供了便利条件，在保护农产品价格、应对贸易壁垒等方面发挥了巨大的作用。政府部门应引导建立农产品生产者自己的中介组织。

9.3.3　建立以市场导向为主的农产品价格风险管理体系

农产品价格风险管理体系应具有以下特点：管理和运作成本较低；能够利用农业产业外部资金；与世界贸易组织贸易规则相一致；与传统的政策相比，能为生产者提供更好更合理的资源配置等。

农业是国民经济的基础，也是社会稳定的基础。然而，农业产业在国民经济中处于弱势地位，在地区之间的资源禀赋上存在较大差异。现阶段我国农产品价格风险管理应以政策支持与市场管理相结合，逐步拓展市场管理空间，形成以市场管理为主的农产品价格风险管理模式，具体措施如下。

1. 强化市场工具，建立农产品安全责任机制

我国需建立政府、企业、社会共同承担农产品安全责任的新机制。利用市场工具，可以为游资提供投资机会，并将农产品风险转移出去。同时，根据

---

① 具体来讲，一是，负责农产品的生产和管理，以达到市场供求平衡，稳定农产品价格的目的。二是，负责农产品政策的制定和保护政策的实施，以达到增加农民收入、保护国内农业生产、维护农产品安全的目的。

② 这些农业风险管理企业通过在市场上运用市场行为来加强农产品价格风险管理，并根据具体的情况对风险采取规避、控制、分担和转移等手段。以市场机制为出发点，达到高效有序的风险管理目的。

WTO贸易规则的基本原则,保护政策实施的空间将越来越小,价格风险必须依靠市场工具加以解决。

(1)规范农业合约。

农业合约发展存在着一些问题,风险问题尤为突出。为了规范地对农业合约进行管理,首先,要实现农业合约的规范化管理,规范合同形式和内容,完善农业合约签订程序。目前,在我国农业合约中,合同本身存在很多问题[①],还需进一步改进。其次,提高农业合约的规模效益,要以市场需求为导向,逐步解决农户经营规模过小的问题,避免因规模过小而影响农业合约。在履行农业合约过程中,通过引进现代农业经营模式,引入现代农业生产技术来改变分散的、小型的经营模式,扩大经营规模。实现规模经济,关键在于抓好农业科技进步,同时广泛应用重大农业科技成果和先进农业技术。最后,建立适合中国国情的农产品收购验级制度,避免大型或垄断企业在收购农产品时的压级、压价行为,保证收购的公正性,维护农产品生产者的权益。

(2)完善期货市场。

利用金融创新工具,建立合理的风险分担机制,这也是市场经济的本质要求。鉴于利益的驱动影响,农户和企业之间的违约现象必然存在。这种风险不能只由一个主体来承担,应建立合理的风险分担机制。期货市场的远期价格综合了各种因素,能够较好地为价格预测提供帮助,为科学确定价格提供依据。农产品生产者也能根据期货市场的信息及时调整种植结构,减少盲目生产的风险。因此,大力发展商品期货市场,增加期货交易品种,加强期货市场与现货市场之间的联系,构建包括商品期货和商品期权组成的我国订单农业有效避险的模式。结合我国实际情况,现阶段应该采取以下几个方面的措施。

①创新农产品期货交易品种。

我国农产品期货市场的品种较少、交易规模小。随着我国市场体系得到进一步发展,可以逐步增大农产品期货的数量和品种。总的来说,我国的期货市场是比较平稳的,基础设施也在日益完善。期货市场价格发现、风险规避的功

---

① 比如农产品名称不明确、计量单位不准确、等级等质量标准不具体、产品包装不规范、价格不合理、交货时间及地点不确定等问题。针对这些存在的问题,设定供参考的标准示范性合约,并规范合约的签订程序,规定违约责任,可以避免因合约条款不明而带来的经济纠纷,维护订单合同的严肃性及法律效力,维护合同双方的合法权益,提高农业合约的应用效果。

能也开始得到重视,期货市场对整个国民经济的影响日益增强。伴随着农产品价格波动风险的增大,探讨期货管理的新体制,探索管理的新办法,创新期货的新品种,为投资者提供更多更安全的经营选择,才能更好地规避和降低风险。

②培育期货市场的交易主体。

在中国农产品期货市场中,缺乏稳定市场的机构投资者,中小散户所占比例过大,而且对大户违规操纵市场的行为缺乏有效的制约手段。这个特点决定了农产品期货市场存在较多的不稳定性因素,操纵期货价格的现象比较严重,农产品价格失真风险加大。因此,需要培育一个理性成熟的套期保值者和投机者群体,同时要加大对期货投资者的培训力度,建立严格的制度和措施,防止过度投机。在期货市场,机构投资者对稳定金融市场起着至关重要的作用。

③培育中介组织。

发达成熟的中介组织,经常使用期货市场风险转移功能。中介组织的出现,有利于转移农产品的价格风险。中介组织是连接期货市场和农产品生产者的重要纽带。农产品生产者要学会使用期货市场的风险分散功能。通过培育中介组织,大力推行实现农业现代化和产业化。

2. 建立合理完善的农产品利益补偿调节机制

国内农产品价格必然随着国际农产品价格的变化而变化。因此,若全面放开农产品价格,必然会导致国内农产品价格的剧烈波动。要确保农业生产持续稳定的发展,政府必须要积极发挥政策保护的作用。

自然风险和市场风险是农业产业面对的两个主要风险。仅依靠国家的农业优惠政策去缓解农产品生产者的生产风险不是一种长效机制,这种政策也不能长久地持续下去。只有扩大农业保险的范围,才能加强和提升农产品生产者抵御风险的能力。

首先,应该充分利用政策支持空间,在允许范围内,以恰当的方式实施农产品保护价格政策。良好的保护价格政策能把农产品价格面临的政策风险和市场风险的影响降到最低。但保护价格政策在具体实施中面临的情况非常复杂,不可能对所有的农产品都实施价格保护,而且很多时候对一些农产品实施价格保护也没有太大的价值。一般来说,只需对关系到国计民生的农产品实施价格保护。

其次,合理保护价格的确定。保护价格应以市场价格为参照,并根据国内通货膨胀率、国际价格水平、未来市场供求趋势等多项因素进行适当调整。要做到确定的保护价格能最大限度地减少价格扭曲，最大力度地有利于农产品价格市场化发展。在这些保护价格政策中，特别要谨慎使用农产品的"最低收购价"政策。因为这个政策价格有很大的制度性风险。一旦农产品市场价格跌落到最低收购价以下，就会严重影响到市场的健康发展，甚至可能在短期内出现农产品流通体制重新回到垄断经营的状态。

最后，要选择科学的保护价格支付方式。保护价格政策在施行过程中，可以对不同领域或环节进行补贴，如果补贴的时段或范围不当，就会严重影响到价格政策的效果。从目前的执行效果来看，要改变对流通领域进行价格补贴的方式，而采取直接将补贴发放给农民的方式，目前一些省市已经开始进行直接补贴改革的试点工作。

3. 优化制度环境

农产品价格波动受环境影响，其中受制度环境影响很大。在很多时候，一旦出现比较大的制度风险，就会严重影响到农产品真实价格的形成。因此，必须要建立一个完整的法制框架。

首先，在这个框架中，要明确农产品各个利益相关者的权利和义务，确保农产品各利益相关方的依法运营。要想对不同利益相关方建立相应的制度，农产品的市场主体是关键。要培养市场主体的法制意识和信用意识，依照有关法律、法规对利益相关当事人进行管理，同时要提高法律服务水平。

其次，要建立健全我国期货市场的法律法规体系。如果法规缺失，就不能保证合法利益者的权益。尤其在农产品期货市场，需要对规范市场行为、规范管理和依法治市提供法规支持。对于中介机构的管理，更加需要有完备的法律体系。

最后，要重视发挥农业保险的积极作用和重要意义。农业保险是目前化解农业风险最有效的方式之一，但是在农业保险方面缺乏相应的制度和措施。尤其是对于涉及农业政策性的农业保险业务，缺乏完整的法律、法规，一旦出现纠纷，往往得不到有效处理，这样就大大伤害了农产品生产者的积极性。因此，要加强农业保险的立法，并以法律的形式明确政府在农业保险中的职能和作用，并以此提高农民的保险意识。

4. 建立稳定农产品价格应急投放机制

为了防止农产品价格大起大落,要想确保农产品稳产稳销,最核心的就是抓好两条:一是农产品信息,依托市场预测全国各地农产品的品种和数量,随后有针对性地引导种植、生产;二是密切关注国际市场粮食等大宗商品价格的变化,国际或者国内大的灾害对农产品生产经营造成的影响,在农产品价格大幅上涨的地区及时投放粮食、肉类、蔬菜、食糖等重要的农产品,在全国建立应急商品集散地和应急商品投放网点,完善主要大中城市的应急投放机制。

农产品价格在短期内恢复平衡的速度较慢,突发事件对于短期内农产品价格的影响比较突出。应对灾害性、突发性事件的关键,是要健全防范和应急两项机制,重点要建立长期性的防范政策和措施,制定一套科学、灵敏的应急响应预案。

5. 建立农业贷款风险补偿机制

由于农业产业的特殊性,涉农贷款风险相对较大、成本较高,而其风险补偿机制又十分匮乏,贷款风险和收益的不对称性,严重影响了涉农金融机构支持农村经济的积极性。目前,迫切需要建立多层次、多角度的金融涉农、惠农政策机制,提高涉农金融机构支持农村经济发展的主动性和积极性。

第一,发挥贷款利率风险补偿的作用。进一步完善目前贷款利率定价机制,根据贷款的风险程度制定利率。目前,国家对农业实施的扶持性农业贷款,贷款利率相对较低,基本不需要担保;对于一些信用担保方式的贷款,利率较高;而采用抵押、质押方式获得的贷款,实行低利率。通过利率的调节,优化信贷资源配置,实现农产品市场中资金的供求平衡。

第二,加快农村金融服务创新。进一步加大农村金融产品创新力度,将信贷政策产品化,并建立监督机制,督促、鼓励农村金融机构创新金融服务。出台相关规定,鼓励农村金融机构实现由单一存贷向信贷、咨询、保险、理财等综合服务转变,以业务组合的形式来分散金融机构所面临的信贷风险。创新多种形式担保的涉农信贷产品,在满足农户及乡镇企业实际信贷需求的同时,实现农村金融机构对风险管理的要求。

第三,加大政府支持力度,加强风险补偿金拨付管理工作。有关部门要加强组织落实对已发放生源地国家助学贷款、小额担保贷款等政策性贷款风险补偿金、补贴利息的拨补工作,认真落实政策规定,充分调动农村金融机构发放政策性贷款的积极性。实施税收减免政策,对农村金融机构进行补偿。建立财政支农风险补偿基金,发挥政府的主导作用,对支农贷款的损失进行补偿。

6. 发展农业保险

农业保险是指专为农业生产者在生产过程中为降低自然灾害和意外事故所造成的经济损失而提供的保险。农业保险是市场经济体制之下,国家扶持农业发展的通行做法。通过政策性农业保险,可以在世贸组织规则允许的范围内,代替直接补贴对我国农业实施合理有效的保护,减轻加入世贸组织带来的冲击,减少自然灾害对农业生产的影响,稳定农民收入,促进农业和农村经济的发展。在中国,农业保险又是解决"三农"问题的重要组成部分。

我国农业保险与其他商业保险在运作上基本相同,这样导致了农业保险无法起到它应有的保障作用。根据发达国家的成功经验,在农业保险领域,风险很大,一般的保险公司根本无力承受这么巨大的风险,所以政府往往会给予适当的补贴。在中国,要发展农业保险,就必须实行农业保险补贴制度。针对买不起保险、农业保险经营成本过高等问题,应对大宗农产品进行保费补贴。

及时构建一个多元化的、新型的农产品生产保险体系。通过积极探索,健全涵盖农业和农产品生产需要的风险保障机制,提高农产品生产者抵御风险的能力。国家可支持在农产品生产核心地区设立农业保险公司,并加大对政策性农业保险补贴范围和补贴扶持的力度;对关系国家战略安全的农产品,国家可实行政策性农业保险,并明确长期、稳定的保费补贴政策等。

9.4　本章小结

本章根据我国农产品市场风险的特征,建立了农产品价格波动防范模式及农产品价格风险管理体制。这个体制包含以下几个方面的制度和内容:强化市场工具,建立农产品安全责任机制;建立合理完善的农产品利益补偿调节机制;优化制度环境;健全农产品风险管理信息系统;建立农产品价格应急机制和农产品市场风险补偿机制;加强农产品市场信息服务,加强对农民、企业和市场的信息服务力度;搞好农产品市场信息发布制度建设,通过高效的信息服务手段,在农产品生产前就尽可能避免或减少农产品价格波动所带来的损失,同时减少农产品市场风险;完善期货市场建设,充分利用期货市场的价格形成机制,大力发展农产品期货市场,提高期货市场的地位和作用;增加农产品期货交易品种,充分利用其价格发现和套期保值功能,有效控制农产品价格风险;期货市场应不断适应农产品流通领域新形势,创新服务模式,更好地为国家农产品宏观调控发展服务。

第 10 章　研究结论与展望

本书在对我国农产品定价机制的历史变迁和现状进行深入剖析的基础上，结合国外农产品定价机制，系统地研究了我国农产品价格波动的规律以及对中国经济的影响，并在此基础上，对中国农产品价格波动如何控制进行了探讨。

10.1　研究结论

本书基于管理经济学、经济学、经济增长等相关理论，通过理论联系实际，结合中国农产品定价机制的现状，运用系统构建的思路，采用现代经济计量学方法，从应用层面对农产品价格对经济增长的影响进行深入研究。首先，研究农产品价格波动现状，在此基础上分析了农产品价格波动与经济增长的相关理论。其次，采用相应的经济计量模型对农产品价格波动特性进行分析。再次，在分析农产品价格波动特性的基础上，进一步分析农产品价格波动对中国经济的影响，具体来说，包括农产品价格波动的传导影响、传导机制等方面。最后，提出构建农产品价格风险管理体系。本书结合中国农产品价格的现状所提出的观点，具有一定的理论意义与实践指导意义。具体来说，本书有以下几个方面的一般性结论。

第一，在经济增长理论的基础上，结合中国经济增长的特点，提出中国经济增长具有明显的二元经济结构特点，把经济部门分为农业经济部门和非农业经济部门。由于不同经济部门的经济稳态条件不同，整个经济中存在两个局部均衡稳态增长路径，即农业部门的经济稳态增长和非农业部门的经济稳态增长。这两个局部均衡在特定条件下再形成一个经济总体均衡增长状态。

第二,中国农产品价格经历了 6 个完整波动周期阶段。周期最短为 3 年,最长为 9 年,平均周期长度为 5.3 年。中国农产品价格周期性波动有明显的波峰和波谷阶段,但是波动周期长度不稳定。从波动的幅度来看,从 1979 年开始,波动幅度逐渐加大,在 1992 年到 2001 年期间,波动幅度达到最大值,波动幅度为 52.1%。从 2001 年开始,农产品价格波动幅度相对较小,波动幅度也相对稳定。这也表明影响中国农产品价格波动的因素很多。

第三,基于我国农产品生产价格指数数据,运用 ARCH 模型、EGARCH 模型,从农产品生产价格指数描述性统计分析及其显著性结果来看,在我国农产品价格波动序列均值过程当中,不存在显著的长期记忆性效应。通过构造似然比(LR)统计量,利用 AIC 信息准则和 SC 准则,应用 GARCH 族模型分析,EGARCH 模型和 TARCH 模型的估计效果比较好。但是从分析当中可以看出存在一定的长期记忆性效应。然后研究农产品价格波动对"利空消息"的非对称效应,即"杠杆效应",发现在农产品领域"利空消息"的非对称效应存在。在农产品价格波动中,正的冲击比负的冲击对波动性的影响更大。这表明,当市场出现"利好消息"时,农产品价格波动会出现比较大的波动;而当市场出现"利空消息"时,市场反应比较平稳。

第四,我国农产品生产价格指数,以 1979—2010 年的年度数据为基础,采用 EViews6.0 统计分析软件,建立 ARMA(5,1)模型,即模型中包含一个 MA(1)过程,说明移动平均部分只有 1 期记忆,也就是说,观察值仅受本期和上一期的影响,自相关部分有 5 期影响。运用 ARMA(5,1)模型进行短期预测,在 2011 年、2012 年和 2013 年农产品生产价格指数的预测结果分别是 112、102、108。

第五,提出了对中国农产品定价机制进行改革的建议。

首先,完善市场价格的形成机制,应逐步健全和完善国内农产品市场,充分发挥市场配置资源的基础性作用,形成合理的市场竞争机制,培育多元化的农产品市场主体,鼓励民营资本和外资进入国内农产品流通市场,打破大型国有企业垄断农产品市场的不利局面。

其次,政府增强对农产品市场价格的调控力度,政府的角色由价格的制定者逐渐转变为价格的监管者。政府在农产品市场管理方面面临着很多难题。例如,农产品在结构方面所采取的调整措施收效不大,农产品需求刺激办法不多,农产品价格支持措施乏力,缺乏有效的事先干预手段,等等。要解决这些问题,就要积极探索并不断改进政府对农产品市场的管理方法,增强政府对农产品市场价格的调控能力。

再次,健全和完善农产品期货交易市场相关法规,建立规范的农产品期货市场,丰富农产品期货品种,有助于中国农产品参与国际定价。

从次,建立有效的农产品价格保护机制。在深化农产品流通体制改革的基础上,要健全农产品价格保护制度,合理确定主要农产品的国家保护价格。

然后,建立缓冲农产品价格波动的避险体系。农产品战略储备对平抑农产品价格的波动非常重要。我国农产品价格机制的发展方向是农产品价格市场化、国际化。

最后,完善外商投资准入制度,这也是国际的普遍做法。扩大农业对外开放,必须维护国内农产品市场稳定和产业安全。我国加入世界贸易组织后,外资企业、跨国公司、国际战略投资集团对农产品的影响逐渐加大,所以需要采取合理措施,完善外商投资准入制度。

第六,通过对农产品价格波动对经济增长的影响进行分析,从传导关系和农产品价格波动对经济增长影响两个方面进行了研究。

首先,通过研究农产品价格波动、PPI以及CPI三者之间的变动关系表明,农产品价格的变动对下游产品价格的影响的传导途径通畅;同时,CPI对PPI具有反向拉动作用,即价格传递效应在最终消费品和工业品之间是畅通的。但是PPI对农产品价格的波动冲击不明显,即存在传递效应阻滞的现象。因此,我国应改革影响农产品价格传导的障碍,尤其是工业品价格对农产品价格的传递效应更应当引起重视,因为价格传递在这个环节更容易出现障碍。

其次,通过对农产品价格波动对经济增长影响的研究发现,农产品生产价格指数和国民生产总值指数存在较显著的长期均衡关系。农产品价格波动对国民收入的影响存在短期弹性和长期弹性。GDP每增长1%,农产品价格增长的短期弹性为0.29%,长期弹性为0.30%。另外,当农产品价格指数偏离长期均衡关系时,恢复到均衡状态的速度比较慢。

再次,农产品价格波动对第一产业、第二产业和第三产业经济增长的影响不一致。在建立VAR模型时,发现农产品价格波动带来的冲击主要作用于第一产业和第二产业,而对第三产业的冲击似乎不明显。在Granger因果关系检验中发现,第二产业经济增长是引起农产品价格变化的关键原因。农产品价格波动和第二产业经济增长对第一产业经济增长的影响比较小,这个结论与中国目前经济发展的现状比较一致。从农产品价格传递结果来看,农产品价格波动的顺向传递不明显,第一产业对农产品价格波动的逆向传递不明显,第二产业对农产品价格波动的逆向传递明显。

从次,脉冲分析结论表明,农产品价格指数波动对于自身的一个标准差信息立即做出了响应,GDP1I 和 GDP2I 对农产品价格扰动立即做出了响应。农产品价格指数对 GDP1I 扰动短期反应不明显,GDP2I 扰动影响比较明显。GPIFP0 对 GDP2I 扰动立即做出了响应。GDP1I 对 GDP2I 扰动立即做出了响应,第二产业的波动影响很难对第一产业产生大的冲击。

最后,对农产品价格传递机制提出了一些建议和观点。农产品价格的决定因素无法脱离供求关系。农产品的价格周期比其他商品更明显,可以归结为以下两个原因:一是,农产品的需求曲线弹性较小,较小的供应缺口会导致较大的价格波动。而农产品生产具有周期性特征,出现集中供应现象,使得供给波动与工业类商品相比更具不确定性。二是,农产品的种植和养殖时间比较长,农产品生产对农产品价格的波动反应往往滞后。农产品生产者的行为并不因消费者的行为而改变。完善农产品价格传递机制,应该从理顺价格传导机制、深化价格体制改革、加强农产品价格监测三个方面进行。

第七,提出构建中国农产品价格风险管理体系。本书提出建立以市场导向为主的农产品价格风险管理体系。农产品价格风险管理体系应具有以下特点:管理和运作成本较低;能够利用农业产业外部资金;与 WTO 贸易规则相一致;与传统的政策相比较,能为生产者提供更好更合理的资源配置等。具体要求如下。

首先,强化市场工具,建立农产品安全责任机制。我国需建立政府、企业、社会共同承担农产品安全责任的新机制。WTO 贸易规则的基本原则是减少政府对农产品的直接补贴,实行农产品的自由贸易。价格风险只有依靠市场工具才能得到最终解决,主要在规范农业合约和完善期货市场两个方面。

其次,建立合理完善的农产品利益补偿调节机制。加入 WTO 之后,在政府对农业保护机制不完善的情况下,若全面放开农产品价格,必然会导致农产品价格剧烈波动。因此,政府可以通过谨慎使用价格保护政策和发展农业保险等方法进行利益补偿调节。

再次,优化制度环境,建立一个完整的法制框架,为农产品价格管理提供法律依据和保障。

从次,健全与我国农产品风险管理相配套的信息系统。一是,政府应承担起农业信息化的责任,组建和管理我国农产品信息系统。二是,政府应制定优惠政策,为农户提供便利有效的信息咨询服务。三是,提高农业科技教育普及程度,加强农产品生产、经营管理知识的培训。四是,完善社会化服务体系。建立和完善政策性金融业务和政策金融机构,积极稳妥地发展农产品生产者金融组织,健全农民小额贷款担保体系。五是,积极参与国际合作,从全球化的视角来不断完善我国农产品市场风险防范和监管制度。

最后,建立农产品价格应急机制和农产品市场风险补偿机制。农业产业面临自然风险和市场风险的双重压力,国家的农业补贴政策在一定程度上缓解了农产品生产者生产风险压力,但这并不是一种长效机制,还需建立一种能长期规避风险的农业保险机制。

10.2　研究的创新之处

本书的可能创新点有以下几个方面:

首先,经济增长理论的创新研究。经济增长理论在不同国家得到了不同程度的创新和发展。本书试图结合中国特色的社会主义市场经济这个国情,对经济增长创新理论进行探索,希望能够找出符合中国国情的经济发展理论和经济发展思想。在分析中国农业发展现状及存在问题的基础上,根据世界现代农业发展的客观趋势以及农业在国民经济发展中的独特产业定位,进一步研究中国特色的农业经济发展理论。从我国人多地少、资源不足的现实国情出发,通过农业经济制度创新和组织创新,探讨具中国特色的可持续发展的路径选择。

其次,通过 GARCH 等计量经济学模型进行分析,发现在农产品领域存在"利空消息"的非对称效应。在农产品价格波动中,正的冲击比负的冲击对波动性的影响更大。当市场出现"利好消息"时,农产品价格波动会出现比较大的波动;而当市场出现"利空消息"时,市场反应比较平稳。对这个问题的进一步研究,有助于揭示中国农产品价格波动风险。

再次,采用 ARMA 模型分析方法,研究中国农产品价格波动。中国农产品价格 ARMA(5,1)模型中包含一个 MA(1)过程,移动平均部分只有 1 期记忆,也就是说,观察值仅受本期和上一期的影响,而自相关部分有 5 期影响。在此基础上,提出要充分利用当前的有利时机,完善中国农产品定价机制。

从次,应用 VAR 模型,分析中国农产品价格波动对我国 PPI 和 CPI 的传导机制,并利用 VAR 模型,分析中国农产品价格波动对我国经济增长产生的影响。

最后,运用 Granger 因果关系检验等方法,分析中国农产品价格波动与我国经济增长之间的关系,并进一步分析中国农产品价格波动特性与不同产业经济增长之间的关联性,提出中国农产品价格波动效应对中国经济增长所产生的影响。

10.3　研究的不足与展望

本书联系中国农产品价格波动较大的实际背景,基于相关理论对农产品定价机制、农产品价格波动对经济增长的影响和农产品价格波动管理等方面进行研究。但是,农产品价格研究与实践是涉及国家、行业、农业生产者等多个相关部门相互配合的、长期的、艰巨的过程。本书的选题涉及农产品定价机制的深层研究,加之以往对这个方面相关研究资料的匮乏,以及本人能力水平的局限,所以在研究的写作过程中存在以下不足,需要在今后的研究和学习中加以提升和改进。

一方面,鉴于研究对象多、考察时间长、涉及产业广,想要透过纷杂的表象得出客观的结论不甚容易,而且对空间方面的深入分析需要一些比较高深的数学知识。因此,数理方面知识还存在一些不足。

另一方面,在实证研究分析部分,在数据收集等方面存在一定困难。由于调研涉及的产业较多、地域较大,需要相关政府部门的配合,同时需要大量人力、物力和财力,调研任务完成的难度较大。在使用指数作为研究对象时,研究结论反映的是农产品价格波动的总体发展趋势,对于具体的农产品价格来说,可能会出现相异的情况。因此,对具体农产品价格趋势的分析、判断,还需要进行专项研究。

目前,中国对农业经济研究的优秀成果不多,尤其是关于农产品价格方面的研究更少。同时,相关的数据库资料也不完善,中国经济还处于转轨时期,一些经济运行规律还没有明显的显现。因此,在理论突破方面比较困难。

参考文献

[1] HEADEY D, FAN S. Anatomy of a crisis: the causes and consequences of surging food prices[J]. Journal of Agricultural Economics, 2008(39): 375-391.

[2] GILBERT C L. How to understand high food prices [J]. Journal of Agricultural Economics, 2010(61): 398-425.

[3] MEYER J, VON C T. Asymmetric price transmission: a survey[J]. Journal of Agricultural Economics, 2004(55): 581-611.

[4] FREY G, MANERA M. Econometric models of asymmetric price transmission[J]. Journal of Economic Surveys, 2007(21): 349-415.

[5] IVANIC M, MARTIN W. Implications of higher global food prices for poverty in low-income countries[J]. Journal of Agricultural Economics, 2008(39): 405-416.

[6] NERLOVE M. Estimates of elasticities of supply of selected agricultural commodities [J]. Journal of Farm Economics, 1956(38): 496-509.

[7] FOX K A. A spatial equilibrium model of the livestock-feed economy in the United States [J]. Economitrica, 1953(41): 547-566.

[8] GARDNER. The farm retail price spread in a competitive food industry[J]. American Journal of Agricultural Economics, 1975, 57(3): 399-409.

[9] LAPP J S, SMITH V H. Aggregate sources of relative price variability among agricultural commodities [J]. American Journal of Agricultural Economics. 1992, 74(1): 1-9.

[10] FRANKEL J A. Expectations and commodity price dynamics: the overshooting model [J]. American Journal of Agricultural Economics, 1986, 68(2): 344-348.

[11] FAFCHAMPS M. Cash crop production, food price volatility and rural market integration in the Third World [J]. American Journal of Agricultural Economics, 1992, 74(1): 90-99.

［12］TROSTLE. Outlook report: global agricultural supply and demand ［EB/OL］. ［2010-02-11］. http: //www. ers. usda. gov/Publications/WRS0801/.

［13］ENGLE R F. Autoregressive conditional heteroscedasticity with estimat-es of the variance of United Kingdom inflation［J］. Economitrica, 1982(50): 987-1008.

［14］BOLLERSLEV. Generalized autoregressive conditional heteroskedasticity［J］. Journal of Economet-rics, 1986(31): 307-327.

［15］TONGEREN V. Global models applied to agricultural and trade poli-cies: a review and assessment［J］. Agricultural Economics, 2001(26): 149-172.

［16］ENGLE R F, RANGEL J G. The spline-GARCH model for low-frequency volatility and its global macroeconomic causes ［J］. Review of Financial Studies, 2008, 21 (3): 1187-1222.

［17］SIMS C A. Macroeconomics and reality ［J］. Economitrica, 1980(1): 1-48.

［18］KOOP G, PESARAN M H, POTTER S M. Impulse response analysis in nonlinear multivariate models［J］. Journal of Econometrics, 1996(9): 119-147.

［19］RESARAN H H, SHIN Y. Generalized impulse response analysis in linear multivariate models［J］. Eeconomics Letters, 1998(1): 17-29.

［20］DOUGLAS J M, HAYENGA M L. Price cycle and asymmetric price transmission in the U. S. pork market［J］. American Journal of Agricultural Economics, 2001(3): 551-562.

［21］ZHANG P, FLETCHER S M, CARLEY D H. Peanut price transmission asymetry in peanut butter［J］. Agribusiness, 1995, 11(1): 13-20.

［22］WILLETT L S, HANSMIRE M R, BERNARD J C. Asymmetric price response behavior of red delicious apples［J］. Agribusiness, 1997, 13(6): 649-658.

［23］JOHNSON, DALE G, SONG G Q. Inflation and the real price of gain in China, in food security and economic reform: the challenges facing China's grain marketing system ［M］. London: Macmillan Press, 1999.

［24］CUMMINGS R, RASHID S, GULATI A.Grain price stabilization experiences in Asia: what have we learned［J］.Food Policy, 2006(31): 328-341.

［25］SHIVELY G E.Food price variability and economic reform: an GARCH approach for Ghana［J］.American Journal of Agricultural Economics, 1996(78): 126-136.

［26］DANA J, GILBERT C, SHIM E.Hedging grain price risk in the SADC: case studies of Malawi and Zambia［J］.Food Policy, 2006(31): 357-371.

［27］ROSEN S. Rising food prices intensify food insecurity in developing countries［R］.

Washington D. C.：USDA-ERS，2008：67-82.

[28] TROSTLE R. Global agricultural supply and demand：factors contributing to the recent increase in food commodity prices[R].Washington D. C.：USDA，2008：143-175.

[29] APERGIS N，REZITIS A. Mean spillover effects in agricultural prices：the case of Greece[J]. Agri-business，2003，19（4）：69-78.

[30] [英]亚当·斯密. 国民财富性质和原因的研究[M]. 北京：商务印书馆，1997.

[31] 大卫·李嘉图.政治经济学赋税原理[M]. 北京：华夏出版社，2005.9.

[32] [英]罗伊·哈罗德. 动态经济学[M]. 北京：商务印书馆，1981.

[33] [美]正伊夫斯·多马. 经济增长理论[M]. 北京：商务印书馆，1983.

[34] [美]R·索洛. 经济增长论文集[M]. 北京：北京经济学院出版社，1989.

[35] SOLOW R M. A contribution to the theory of economic growth [J]. Quarterly of Economics，1956，70（1）：65-95.

[36] [美]戴维·罗默. 高级宏观经济学[M]. 北京：商务印书馆，2004.

[37] ROMER，PAUL M. Endogenous technological change[J]. Journal of Political Economy，1990，98（5）：71-102.

[38] ROBERT E，LUCAS. On the mechanics of economic development[J]. Journal of Monetary Economics，1988（7）：3-42.

[39] 王秀清，WELDEGEBRIEL H T，RAYNER A J. 纵向关联市场间的价格传递[J]. 经济学，2007（3）：885-898.

[40] 罗锋，牛宝俊. 国际农产品价格波动对国内农产品价格的传递效应——基于VAR模型的实证研究[J]. 国际贸易问题，2009（6）：16-22.

[41] 程国强，胡冰川，徐雪高. 新一轮农产品价格上涨的影响分析[J]. 管理世界，2008（1）：57-62.

[42] 丁声俊. 从深层次认识和看待农产品价格波动[J]. 价格理论与实践，2007（9）：11-12.

[43] 黄季焜. 食品价格、通货膨胀和对策[J]. 中国金融，2008（12）：51-53.

[44] 丁守海. 国际粮价波动对我国粮价的影响分析[J]. 经济科学，2009（2）：60-71.

[45] 顾国达，方晨靓. 中国农产品价格波动特征分析——基于国际市场因素影响下的局面转移模型[J]. 中国农村经济，2010（6）：67-76.

[46] 顾国达，方晨靓. 农产品价格波动的国内传导路径及其非对称性研究[J]. 农业技术经济，2011（3）：12-20.

[47] 胡华平，李崇光. 农产品垂直价格传递与纵向市场联结[J]. 农业经济问题，2010（1）：10-17.

[48] 李兴平，严先溥. 重新审视价格传导机制[J]. 金融与经济,2004(5)：4-7.

[49] 杜鹏. 对价格传导机制变异的解析[J]. 价格理论与实践，2004(11):13-14.

[50] 肖六亿，常云昆. 价格传导关系断裂的根本原因分析[J]. 中国物价，2005(12)：18-21.

[51] 程建华，黄德龙，杨晓光. 我国物价变动的影响因素及其传导机制的实证研究[J]. 统计研究，2008(1):30-34.

[52] 何新华. 中国指数间的关系研究[J]. 世界经济,2006(4)：31-36.

[53] 顾海兵，周智高，王晓丽. 对我国价格传导过程的实证分析[J]. 价格理论与实践，2005(4)：37-38.

[54] 张利痒，张喜才. 我国农业产业链中价格波动的传导与调控机制研究[J]. 经济理论与经济管理，2011(1):104-112.

[55] 吴宗源.农产品价格上涨成因分析及对策[J].湖南经济，1996(3)：66-68.

[56] 康竹君，马红瀚.关于中国农产品价格上涨的经济学分析及对策[J].云南社会科学，2007(6)：98-102.

[57] 郭晓慧，葛党桥.中国农产品价格波动特征研究[J].安徽农业科学，2009,37(19)：9153-9155.

[58] 周姁，张建波.我国农产品价格上涨原因及农业政策分析[J].江西财经大学学报，2008(4)：60-64.

[59] 杨芳.美国农产品价格风险管理机制与启示[J].江苏农村经济，2009(12)：72-73.

[60] 戴冠来.确定粮食目标价格的一些思考[J].价格理论与实践，2009(10)：35-38.

[61] 胡冰川，徐枫，董晓霞. 国际农产品价格波动因素分析——基于时间序列的经济计量模型[J]. 中国农村经济，2009(7):86-95.

[62] 卢峰，谢亚. 我国粮食供求与价格走势(1980—2007)——粮价波动、宏观稳定及粮食安全问题探讨[J]. 管理世界，2008(3):70-81.

[63] 方松海，马晓河. 当前农产品价格上涨的原因分析[J]. 农业经济问题，2008(6);20-26.

[64] 林建永，赵瑾璐. 农产品价格波动的非典型因素探析[J]. 理论探索，2009，179(5)：73-75.

[65] 杨波. 农产品价格上涨的结构因素[J]. 发展研究，2004(10)：55-56.

[66] 曾德超. 增长极理论对中国经济发展的启示[J]. 经济与管理研究，2005(12)：11-16.

[67] 姜照华. 中国区域经济增长因素分析[J]. 大连大学学报,2004,25(5):66-69..

[68] 汪同三,周明武. 当前的经济形势与存在的问题[J]. 数量经济技术经济研究，1998(3)：3-9.

[69] 蒋伏心. 略论影响经济增长方式根本转变的几个因素[J]. 南京师大学报(社会科学版)，

1996(3):15-19.

[70] 华民,袁锦. 论中国经济增长方式的转变[J]. 复旦学报(社会科学版),1996(4):12-17.

[71] 胡兵,乔晶. 对外贸易、全要素生产率与中国经济增长——基于 LA-VAR 模型的实证分析[J]. 财经问题研究,2006(5):12-20.

[72] 曾福生,李明贤. 技术进步与农业增长方式的转变[M]. 长沙:国防科技大学出版社,2001:8.

[73] 阿瑟·刘易斯. 1955:经济增长理论[M]. 上海:生活·读书·新知三联书店,1955.

[74] 吕剑. 人民币汇率变动对国内物价传递效应的实证分析[J]. 国际金融研究,2007(8):53-61.

[75] 罗永泰,李津. 我国农产品价格波动对通货膨胀的影响分析[J]. 上海金融,2010(7):14-17.

[76] 易丹辉. 数据分析与 EViews 应用[M]. 北京:中国统计出版社,2003.

[77] 卢二坡,王泽填. 制度、增长与收敛——一个基于索洛模型的分析框架[J]. 财经理论与实践,2007(3):33-39.

[78] 李蓉丽. 国外发展现代农业的经验及其对我国的启示[J]. 农业现代化研究,2007(5):594-596.

[79] 李仙娥,周骏. 关于传统农业向现代农业转变基本理论问题研究[J]. 陕西农业科学,2007(4):12-15.

[80] 李京文,龚飞鸿,明安书. 生产率与中国经济增长[J]. 数量经济技术经济研究,1996(12):27-40.

[81] 陈璋,张晓娣. 投入产出分析若干方法论问题的研究[J]. 数量经济技术经济研究,2005(9):10-13.

[82] 余建斌,乔娟,乔颖丽. 中国大豆国际贸易与国内市场价格关系的实证分析[J]. 中国农村经济,2005(11):31-35.

[83] 谭崇台. 发展经济学的新发展[M]. 武汉:武汉大学出版社,1999:11.

[84] 高铁梅. 计量经济分析方法与建模:EViews 应用及实例[M]. 北京:清华大学出版社,2006:1.

[85] 巫国兴. 我国农产品价格波动研究[J]. 农业经济问题,1997(6):18-23.

[86] 赵亮,陶红军. 基于斯旺-索洛模型的福建省区域经济增长和收敛研究[J]. 福建农林大学学报(哲学社会科学版),2009(12):4-9.

[87] MURAT I. Clusters of invention, life cycle of technologies and endogenous growth[J]. Journal of Economic Dynamics & Control, 2006(30):687-719.

[88] DAVID A D, WAYNE A F. Likelihood ratio statistics for auto-regressive time series with a unit root[J]. Econometrica, 1981(49): 355-367.

[89] SEN A. Poverty: an ordinal approach to measurement[J]. Econo-metrica, 1976, 44(2): 219-231.

[90] GRANGER C W. Investigating of causal relations by economic and cross spectral methods[J]. Econometrics, 1969(37): 169-210.

[91] BESSLER D A. Relative prices and money: a vector autoregression on brazilian data[J]. American Journal of Agricultural Economics, 1986, 66(2): 25-30.

[92] BAHMANI O, MOHSEN, NIROOMAND F. Long-run price elastici-ties and the Marshall-Lerner condition revisited[J]. Economics Letter, 1998(61): 101-109.

[93] LEWIS W A. Economic development with unlimited supply of labour [J]. The Manchester School, 1954(5): 139-191.

[94] LUIS A R, PAUL M R. Economic integration and endogenous growth[J]. Quarterly Journal of Economics, 1991, 106(2): 531-555.

[95] KATHERINE B. The spillover effects of state spending [J]. Journal of Public Economics, 2005, 89(2-3):529-544.

[96] RABIN, MATTHEW. Psychology and economics[J]. Journal of Economic Literature, 1998(12): 11-46.

[97] HONG H, STEIN J. A unified theory of undereaction, momentum trading, and overreaction in asset markets[J]. Journal of Finance, 1999(6): 143-184.

[98] PLUNKETT M D, GAISFORD J D. Limiting biotechnology: infor-mation problems and policy responses [J]. Cafri Current Agriculture, Food & Resource Issues,2009(1): 21-28.

[99] KIERAN Mc Q, MAURICE J R. Grain price volatility in a small open economy[J]. European Review of Agricultural Economics, 2002, 30(1): 77-98.

[100] BESSEMBINDER, SEGUIN. Price volatility, trading volume, and market depth: evidence from futures markets[J]. Journal of Financial and Quantitative Analysis, 1993(28): 21-40.

[101] PETRONI A. The analysis of dynamic capabilities in a competence oriented organization[J]. Technical Innovation, 2006(18):179-189.

[102] DAVID A. D. Innovation and structural changer in post-socialist countries [M]. London:Kluwer Academic Publisher, 2005.

[103] MARTIN C R, HORNE D A, SCHULTZ A M. The business to business customer in the service innovation process[J]. European Journal of Innovation Management, 1999, 2 (2): 55-62.

[104] ALLYN A Y. Increase returns and economic progress [J]. Economic Journal, 1928 (38): 527-542.

[105] RAINER A, FRANCO N. Endogenous innovation waves and economic growth[J]. Structural Change and Economic Dynamics, 2005, 16(4): 522-539.

[106] AGHION, PHILIPPE, PETER H. A model of growth through creative destruction [J]. Econometrica, 1992, 60(2): 323-351.

[107] PIETRO F P. Cost reduction, entry and the interdependence of market structure and economic growth[J]. Journal of Monetary Economics, 1999(43):173-195.

[108] PATRICIA H S. International trade, economic growth and intellectual property rights: a panel data study of developed and developing countries[J]. Journal of Development Economy, 2005(78): 529-547.

[109] CARMINE O. Spillovers in product and process innovation: evidence from manufacturing firms[J]. International Journal of Industrial Organization, 2006(24): 349-380.

[110] MURAT I. Clusters of invention, life cycle of technologies and endoge-nous growth[J]. Journal of Economic Dynamics & Control, 2006(30): 687-719.

[111] SCULLY G. The institutional framework and economic development[J]. Journal of Political Economy, 1988, 96(3): 652-662.

[112] ELIAS S. Technology, technical and organizational innovations, econo-mic and societal growth [J]. Technology in Society, 2004(26):67-84.

[113] SCHULTZ T W. Investment in human capital[J]. American Economic Review, 1961 (51): 1-17.

[114] ENGEL R F, GRANGER C W J. Cointegration and error cor-rection: representation, estimation and testing[J], Econometrica, 1987(55): 251-276.

[115] FARE R, GROSSKOPF S, LINDGREN B, et al. Produetivity changes in Swedish pharmacies 1980—1989: a nonparametric Malmquist approach [J]. Journal of Produetivity Analysis, 1992: 81-97.

[116] CHARNES A, CLARK W, COPPER W, et al. Measuring the efficiency of decision-making unites[J]. European Journal of Operational researeh, 1998(2): 429-444.

[117] DOMAR E. Capital expansion, rate of growth and employment[J]. Econometriea, 1946, 14(2): 137-147.

[118] DOLLAR D, KRAAY A. Growth is good for the poor[J]. Journal of Economic Growth, 2002, 7(3): 195-225.

[119] BRUCE L G. Economic growth and low income in agriculture[J]. American Journal of Agricultural Economics, 2000, 82(5): 1 059-1 074.

[120] LERMAN R, YITZHAKI S. Income inequality effects by income source: a new approach and applications to the United States[J]. The Review of Economics and Statistics, 1985, 67(1): 151-156.

[121] ADAMS R. Non-farm income and inequality in rural Paklstan: a decomposition analysis [J]. Journal of Development Studies, 1994, 31(1): 110-133.

[122] HONOHAN P. Inequality and poverty[J]. Journal of Economic Perspectives, 2004, 18 (2): 271-272.

[123] LIN, JUSTIN Yifu. Rural reforms and agricultural growth in China[J]. American Economics Reviews, 1992, 82(1): 34-51.

[124] RAM R. Economic development and income inequality: an overlooked regression constraint[J]. Economic Development and Cultural Change, 1995, 43(2): 425-434.

[125] RONALD A B, FRED J R, DAVID A B. U. S. corn exports: the role of the exehange rate[J]. Journal of Agricultural Economics, 1995, 13(12): 75-88.

[126] BATTEN D S, BELONGIA M T. Monetary poliey, real exchange rates and U. S. agricultural exports[J]. American Journal of Agricultural Economics, 1986, 68(5): 422-427.

[127] STIGLITZ J. Markets, market failures and development[J]. American Economic Review, 1989, 79(1):197-203.

[128] ALWYN Y. The Razor's edge: distortions and incremental reform in the People's Republic of China[J]. The Quarterly Journal of Economies, 2000, 115(4): 1091-1135.

[129] LANCE D, DOUGLASS N. Institutional change and American economic growth[M]. New York: Cambridge University Press,1971.

[130] VERNON W R. Induced innovation, evolutionary theory and path dependence: sources of technical change[J]. Royal Economic Society, 1997: 1523.

[131] ARROW K J. The economic implication of learning by doing[J]. Review of Economic Studies, 1962, 29(3): 155-173.

［132］ JOVANOVIC，BOYAN. Learning and growth in advances in economics and econometrics：theory mad applieatians，seventh World Congress［M］. Cambridge：Cambridge University Press，1997：11.

［133］ SHESHINSKI E. Optimal accumulation with learning by doing［M］. Cambridge：MIT Press，1967：31-35.

［134］ JONES，CHARLES L. Time series tests of endogenous growth models［J］. Quarterly Journal of Economics，1995（5）：495-525.

［135］ UZAWA H. Optimum technical change in an aggregative model of economic growth ［J］. International Economic Review，1965（6）：18-31.

［136］ LI H C，MILES F，KON S L. A threshold cointegration analysis of asymmetric price transmission from crude oil to gasoline prices［J］. Economic Letters，2005（89）：233-239.

［137］ 袁闯，李松龄. 基于 VAR 的我国产业间价格传导实证分析［J］. 财经理论与实践，2009，30(160)：86-89.

［138］ 王秀清，钱小平. 1981—2000 年中国农产品价格上涨的波及效应［J］. 中国农村经济，2004(2)：12-15，61.

［139］ 刘勇，王伟，易法海. 我国通货膨胀与农产品价格、经济增长动态关系分析［J］. 生态经济，2009(2)：61-65.